T0243679

THE KING

BIENVENIDOS AL UNIVERSO LITERARIO DE STEPHEN KING

STEPHEN KING · RODRIGO FRESÁN · MARIANA ENRIQUEZ
EDMUNDO PAZ SOLDÁN · LAURA FERNÁNDEZ · TONY MAGISTRALE
GREG LITTMANN · KATHERINE ALLEN · GARRET MERRIAM ET AL.

errata naturae

PRIMERA EDICIÓN: mayo de 2019

© Tony Magistrale, «Steve's Take: an Interview with Stephen King», from *Hollywood's Stephen King*, New York, Palgrave Macmillan US, 2003.
Reproduced with permission of SNCSC.
© de la traducción de este texto, David Muñoz Mateos, 2019
© de los textos ingleses, Rowman & Littlefield Publishing Group, 2016.
All rights reserved.
© de la traducción de estos textos, David Muñoz Mateos, 2019
© de los textos en castellano, sus autores
© Errata naturae editores, 2019
C/ Alameda 16, bajo A
28014 Madrid
info@erratanaturae.com
www.erratanaturae.com

ISBN: 978-84-17800-09-3
DEPÓSITO LEGAL: M-11489-2019
CÓDIGO BIC: AP
IMAGEN DE PORTADA: David Sánchez
MAQUETACIÓN: A. S.
IMPRESIÓN: Kadmos
IMPRESO EN ESPAÑA — PRINTED IN SPAIN

Índice

LA VERSIÓN DE STEVE:
UNA ENTREVISTA CON STEPHEN KING
Tony Magistrale

Este libro comienza con un viaje en coche por la Ruta 2, dirección este. Sobre las Green Mountains del norte de Vermont, cruzando las White Mountains de Nuevo Hampshire, hasta Maine, donde por fin el relieve empieza a suavizarse. Los paisajes del norte de Nueva Inglaterra consisten en una sucesión de pueblos dispersos, prados ondulados, y bosques y ciénagas impenetrables. Es el territorio de Stephen King. Cruzo Lancaster, Nuevo Hampshire, Skowhegan, en Maine. Cualquiera de estos lugares podría servir perfectamente de plató para rodar una adaptación de *El misterio de Salem's Lot*, *It*, o *Cuenta conmigo*. Cada vez me cruzo con menos vehículos. La mayoría son camiones cargados de madera y gas propano. El invierno gobierna la imaginación en esta tierra hasta, como mínimo, finales de mayo. También encuentro menos emisoras de radio, sobre todo en los ascensos a las montañas. Sólo algunas notas de música *country* o *heavy metal* puntúan los largos periodos de interferencias. He perdido todo contacto con la música clásica.

La primera señal que indica el camino hacia Bangor, Maine, aparece, de forma incoherente, en la frontera estatal entre

Vermont y Nuevo Hampshire. Otra señal aparece justo después, dándole al viajero la bienvenida a Nuevo Hampshire y los Great North Woods. Y luego, como si se les hubiera olvidado, otra señal más: BRAKE FOR MOOSE. IT COULD SAVE YOUR LIFE [Reduce la velocidad por los alces. Puede salvarte la vida]. Ése es el momento en que se me ocurre que el Jonathan Harker de *Drácula* y yo compartimos algunas cosas: ambos cruzamos pronunciadas montañas en nuestro viaje hacia el este, a ambos nos espera allí algo que puede resultar tan terrorífico como bello.

Bangor no es una ciudad muy grande. Sin embargo, como la mayoría de las localidades de Nueva Inglaterra, es difícil llegar a conocerla; guarda secretos que no comparte con nadie. Por un lado, está el Bangor de las encantadoras tiendecitas del centro y los canales pintorescos que cortan y atraviesan los sólidos bloques de granito. La casa de la ópera en Main Street es el epicentro de la ciudad. Pero en ese mismo centro está el Bangor de los barrios obreros, unas calles que, salvo por los adolescentes que se reúnen en los aparcamientos de un Dunkin' Donuts, están completamente desiertas a las diez de la noche de un viernes. Un páramo de fábricas abandonadas y el hormigón de los depósitos de gas que se parece más a Baltimore o a Búfalo que a los vecinos enclaves costeros, más lujosos, de Kennebunkport o Portland. Mientras cenaba, aquella primera noche en la ciudad, un camarero oriundo de Bangor me hizo saber que la ciudad tenía treinta y cinco mil habitantes «y bajando. Esto está en las últimas».

Stephen King vive en la que es, sin duda, la más elegante de las calles de Bangor, jalonada de grandes casas separadas entre sí por bonitas parcelas, casas que pertenecieron a los potentados de la industria maderera del siglo XIX. De todas ellas, la casa de King es la más grande y la más aislada, una mansión victoriana restaurada, diez veces más larga que ancha. Por debajo de los aleros del primer piso asoman cámaras de vigilancia amarillas, como gigantes panales de abejas colgantes. El jardín frontal, al que no le falta un detalle, está ahora lleno de flores. Una enorme verja de hierro negro, parecida a las que pueden verse rodeando los cementerios, delimita la propiedad de King. No hay que ser muy listo para entender el mensaje: has llegado a un lugar hermoso, a un lugar bien cuidado, pero no te molestes en llamar a la puerta si no tienes invitación.

La oficina en que Stephen King atiende sus negocios se encuentra en el otro lado de la ciudad, detrás de una de las pistas del Aeropuerto Internacional de Bangor, junto a una planta energética de la General Electric, de torreones azules. Es un anodino edificio prefabricado de hormigón, de una sola planta —más parecido a un barracón que a una oficina— en el lado derecho de un callejón sin salida, llena de hierbas que han crecido entre el asfalto. Allí trata con el día a día el gran narrador americano.

El contraste entre la oficina de King y su casa es asombroso y es, también, muy instructivo desde un punto de vista simbólico. La mansión victoriana viene con el particular sueño americano de King, a la manera de Horatio Alger. Es un monumento de su enorme éxito literario, cinematográfico y financiero. La modesta oficina, en cambio, habla de sus orígenes y su ética de clase trabajadora. Es un espacio cómodo y nada pretencioso en el que los humildes héroes y heroínas que pueblan sus novelas —personajes como Dolores Claiborne, Stu Redman, Johnny Smith— se sentirían como en casa.

Tony Magistrale: He dedicado la mayor parte de la mañana a pasear por el centro de Bangor. Hubo varios momentos en los que habría jurado que por el rabillo del ojo veía a un payaso acecharme. Es posible, claro, que lo imaginara. ¿Puedes hablarme de cómo te ha influido Bangor durante todos estos años para crear los escenarios de tus novelas y guiones?

Stephen King: Nos instalamos aquí en 1979. Cuando decidimos que los niños necesitaban contacto con otros niños y no sólo con los bosques —vivíamos en Lovell en aquella época—, encontramos dos opciones: Portland y Bangor. Tabby quería ir a Portland y yo quería venir a Bangor porque me pareció que Bangor era el tipo de ciudad de clase obrera, de callos en las manos —la *nouvelle cuisine* desaparece en cuanto subes por encima de Freeport—, y pensé que *la historia*, la *gran* historia que quería escribir estaba aquí. Estaba pensando en ponerme con una narración que mezclara ciertas ideas que yo tenía sobre los monstruos con elementos del cuento infantil «Las tres cabras macho Gruff», y no quería que transcurriera en Portland porque Portland es una ciudad para pijos. En aquella época, mientras buscábamos a dónde mudarnos, leí un artículo en el periódico sobre un joven que, durante la feria de Bangor, salió de una taberna de la ciudad, el Jaguar. Era gay y algunos hombres empezaron a meterse con él. La broma se les fue de las manos y acabaron arrojándolo por un puente y matándolo. Y pensé, eso es sobre lo que quiero escribir. Tabby no quería mudarse aquí, pero al final lo hicimos.

Antes de empezar *It*, solía hacer lo mismo que has hecho tú hoy: me recorría a pie la ciudad y le pedía a todo el mundo que me contara historias sobre los lugares que más me llamaban la atención. Muchos de los relatos que obtenía eran falsos, claro, pero eso no importaba. Cuanto más, digamos, mítica era una historia, más encendía mi imaginación. Hubo una persona que me contó algo que aún no sé si es cierto o no. Al parecer, si te subes a una piragua en los conductos del alcantarillado que empiezan allí, casi al otro lado de la calle, en el Westgate Mall, puedes cruzar el subterráneo de toda la ciudad y salir al cementerio Mount Hope. Es una de esas historias de las que te dices a ti mismo que, si no son ciertas, deberían serlo. Me gusta mucho fantasear con una especie de regata en el inframundo. Esa misma persona me contó que el sistema de cloacas de Bangor lo construyeron durante la WPA[1] y que nadie sabe todo lo que hay ahí abajo. El gobierno federal les daba dinero para el alcantarillado, así que se pusieron a construir túneles como si no hubiera mañana. Con el tiempo, muchos de los planos originales se han perdido; es fácil que tú también te pierdas si te metes. Decidí que quería que todo eso apareciera en un libro, y al final lo hice. Recuerdo que hubo una imagen de la que no fui capaz de desprenderme durante todo ese tiempo previo a la escritura. En este lado de la ciudad hay dos cementerios realmente bellos y cada vez que paseaba por ellos veía, donde el suelo empieza a inclinarse para descender hacia los bosques, montones de flores muertas de más de un metro de altura. Eran los restos que quedaban sobre las tumbas, lo que el viento y la lluvia habían arrastrado por los regueros, y pensaba, he aquí la verdad de los muertos, he aquí donde todos terminan. Esto es lo que no vemos en la superficie.

En cierto momento, Bangor se convirtió, al menos en mi geografía mental, en Derry. Existe un Bangor en Irlanda, en el condado de Derry, así que bauticé la ciudad ficticia con el nombre de Derry. Hay una correlación directa entre ellas. Es un lugar al que siempre vuelvo, incluso en *Insomnia*, igual que a Castle Rock. En un artículo que apareció el domingo de la semana pasada en el *Telegram*, titulado «Stephen King's Maine» [el Maine de Stephen King], los periodistas decían que Castle Rock es en realidad Lisbon Falls, donde fui al instituto, pero no es cierto. Castle Rock tiene mucha más ficción que Derry. Derry *es* Bangor.

TM: Están también todas esas construcciones públicas de las que te has apropiado, ese paisaje icónico, como la estatua de Paul Bunyan o el depósito de agua.

13

sk: Y no te olvides del auditorio de Bangor, que en los libros es el auditorio de Derry. Tiene un papel importante en *Insomnia*, donde aparece un tipo que quiere estrellar un avión contra él para matar a todos los que están dentro.

tm: Antes de seguir con la entrevista, te confieso que por mi formación me interesan mucho las adaptaciones al cine que se han hecho a partir de tu obra pero, para serte sincero, con la notable excepción de *El resplandor* de Kubrick, a la que se le ha dedicado tanta bibliografía crítica como al resto de tus películas juntas —y creo que eso se debe fundamentalmente a que Kubrick la dirigió— ninguna de ellas está lo suficientemente analizada, y mucho menos «trillada».

Michael Collings escribió una excelente introducción a las primeras películas que Hollywood adaptó de tus novelas, hasta *Miedo azul*, pero su libro apareció en 1986 y lleva tiempo descatalogado. Después, hay revistas académicas en las que puedes encontrar algún ensayo crítico sobre una película en concreto y libros publicados por editoriales universitarias que le dedican un capítulo entero a una de las adaptaciones, siempre que pertenezca al canon de un director específico (David Cronenberg, por ejemplo, o Stanley Kubrick) o esté relacionada con un tema en particular. Por lo demás, sólo existen los *fanzines* sobredimensionados que se dedican a analizar todo lo que aparezca en una pantalla y esté vagamente conectado contigo. El problema de esas publicaciones, a medio camino entre el libro y la revista, es que están llenas de instantáneas saturadas y de información sobre la producción, a veces útil, pero carecen de análisis fílmicos serios. Sin contar las reseñas de siete párrafos que publican los periódicos y las revistas generalistas cuando estrenas una película, en las bibliotecas no hay nada más.

14

sk: Me pregunto a qué se debe eso. ¿Por qué las películas no han recibido una atención crítica más seria, de mayor profundidad? ¿Tú lo sabes? Espero que hables de ello en alguna parte porque, francamente, yo no tengo la respuesta. Me gustaría saberlo.

tm: Ya lo retomaremos. Por el momento querría preguntarte lo siguiente: Del siglo xviii a nuestros días, el género de terror siempre ha provocado un amplio interés entre la gente. ¿Crees que las razones para esa popularidad han cambiado a lo largo del tiempo, o que el terror ha sido constante en la manera de enganchar a su público?

sk: Creo que el terror posee un atractivo que no varía demasiado. A la gente le gusta detenerse delante del accidente y mirar. Ésa es la base de la que partimos. La semana pasada salí y compré una copia de The National Enquirer porque se suponía que no debía hacerlo. Traía un artículo sobre Dylan Klebold y Eric Harris, los chavales que cometieron la masacre de Columbine. Habían censurado y retirado de varios lugares el tabloide porque incluía fotos de los dos chicos muertos. A su lado, había varios textos de acompañamiento en los que intentaban explicar, no, justificar, por qué The National Enquirer estaba actuando en beneficio del país al publicar esas fotografías. Una auténtica barbaridad. No era más que un intento, por parte de los editores, de justificar la publicación de esas imágenes, los dos chicos desplomados sobre un reguero de sangre. Y, por supuesto, yo compré un ejemplar para ver eso, para ver las fotografías de los dos chicos desplomados sobre un reguero de sangre.

En todos estos años he tenido que responder a un montón de preguntas sobre el libro de recortes de Charles Starkweather que hice cuando era pequeño. Ahora diría que había un propósito constructivo detrás de él: era una prueba, al menos para mí, de que el hombre del saco estaba muerto. Pero creo que no era el único motivo. Siempre está el impulso de ver a alguien muerto y reconocer que no eres tú. Ésa es la premisa central en el viaje que emprenden los niños de *Cuenta conmigo*. Y es un impulso que no cambia por mucho que cambie la sociedad o la civilización. Está integrado en lo más profundo de la mente humana. Es un indicio de mal gusto, tal vez, pero también una necesidad humana perfectamente válida, ese poder decir «estoy bien», ese poder juzgarlo en el hecho —la referencia, podríamos decir— de que hay otra gente que no lo está.

TM: En *Danza macabra*, dices que el género de terror a menudo ha sido capaz de aprovechar los «puntos de presión fóbica nacionales... Esos temores, que a menudo son más políticos, económicos y psicológicos que sobrenaturales, otorgan a las mejores obras de horror una agradable sensación alegórica... Un tipo de alegoría con el que la mayoría de los cineastas parecen sentirse a gusto»². Cuando echas la vista atrás y analizas cómo Hollywood ha tratado tu obra, ¿qué películas te parece que han tenido más éxito a la hora de capturar y representar esos «puntos de presión fóbica nacionales»?

SK: *Carrie*. En esa película se encuentra todo lo que nos atemorizaba cuando estábamos en el instituto. Y explora también las emociones que todos teníamos entonces, la sensación de que el mundo entero está riéndose de nosotros. La frase crucial de la película es la advertencia de Piper Laurie: «Todos van a reírse de ti». Es un miedo que sentíamos en el instituto y que incluso sentimos al salir de él.

TM: La manera en que Margaret White (Piper Laurie) le ha explicado el mundo a su hija termina triunfando y enajenándola cuando el cubo lleno de sangre cae sobre ella. La invasiva presencia de la voz de la madre se hace dominante en esa escena catastrófica en que Carrie le prende fuego al gimnasio del instituto. Sin embargo, la señora White estaba equivocada: no todo el mundo se estaba riendo de Carrie. Brian De Palma, el director, lo deja muy claro. La profesora de gimnasia siente una lástima casi insoportable al ver la forma en que la humillan —se puede leer en su cara—, y lo mismo hacen la mayoría de sus compañeros, salvo, evidentemente, la perversa Norma. Siempre he pensado que uno de los aspectos más perturbadores de la película es que todos son castigados, tanto los que se compadecen de Carrie como los crueles bromistas.

sk: Bueno, en el libro sí que se ríen todos de ella, sin excepción, pero se trata de una reacción provocada por el terror histérico. Volviendo a tu pregunta, diría que, además de *Carrie*, *La zona muerta* de Cronenberg consigue desarrollar una excelente dimensión de alegoría política, y *El misterio de Salem's Lot: La película*, plantea la vida en un pueblo como una especie de cultura vampírica. *El cazador de sueños* tiene una escena en la que un grupo de estadounidenses desconcertados aparecen encerrados en un campo de internamiento, detrás de una alambrada de púas. A veces creo que escribí toda la novela sólo para hacer que a una mujer se la identifique por su tarjeta Blockbuster, del videoclub. A lo largo de toda la película se masca el absoluto terror que provoca el Gobierno, y eso es algo que recorre muchas de las películas —*Ojos de fuego*, *Apocalipsis*—, la idea de que preferirían matarnos a todos antes que contarnos la verdad. Es algo que deberíamos tener en cuenta.

tm: Desde la perspectiva del novelista, ¿tienes alguna reflexión con respecto al proceso de producción que transforma un texto literario en una película? ¿Cuánto poder de decisión tienes cuando trabajas con los directores y guionistas?

sk: La verdad es que tanto como quiero. Hace años, cuando salió *Cuenta conmigo*, llegué a un acuerdo con Castle Rock Entertainment. Les dije que iba a venderles mis obras por un dólar. Que todo lo que yo quería era tener la última palabra acerca del guion y la elección de director y actores, y quería tener la posibilidad de pulsar el botón de parar la producción en cualquier momento, sin importar el dinero que ellos [la productora] hubieran invertido, ya que era un dinero que no había ido a parar a mis bolsillos.

Al final, si todo sale bien, lo que yo me llevo es el cinco por ciento. Es decir, cinco centavos de cada dólar que se cobra en la taquilla del cine. En la mayoría de los casos no es ninguna barbaridad de dinero, pues la mayoría de las películas que se han hecho de mis libros no han recaudado millonadas. Aun así, incluso en películas como *La tienda*, que no fue precisamente un exitazo, a mí no me va mal. Aquí, en Estados Unidos, sólo recaudó veinte millones de dólares, de los que yo me llevo medio millón. No parece mucho, sobre todo si tienes en cuenta lo que podría haber ganado si hubiera vendido los derechos directamente, pero luego salen películas como *La milla verde*, por la que me llevé veinticinco millones de dólares, y así compenso las otras.

tm: Y además estás invirtiendo en tu propia reputación. En ese sentido, entiendo por qué quieres dar el visto bueno a la selección de director y actores. Tal vez, en este momento de tu carrera, esa cuestión es más importante que el dinero.

sk: Desde luego. Pero creo que la reputación que me he labrado en Hollywood es la de «escritor rentable». A Castle Rock es a la que mejor le ha ido con mis películas, porque ellos son los que mejor las han entendido. Con la excepción, es cierto, de *La tienda*. Esa película era otra historia. La primera versión apareció en TNT. Tengo una copia, dura cuatro horas. En realidad, como miniserie de cuatro horas funciona, pero cuando la montaron y editaron para que tuviera «duración de película» la convirtieron en algo casi indescifrable, pues no hay metraje suficiente para contar todas las historias ni desarrollar todas las tramas. Es un libro difícil.

TM: Lo mismo pasaba con *El misterio de Salem's Lot*. Cuando salió en 1979 como miniserie funcionaba bastante bien. Pero cuando la cortaron y la convirtieron en *El misterio de Salem's Lot: La película*, no llegaba a la altura de los zapatos de su antiguo ser (y no es mi intención hacer un chiste de vampiros).

SK: Mejor. Cuando Tobe Hooper la terminó, se habló bastante de comprársela de nuevo a CBS y hacer una película en lugar de una miniserie. El motivo por el que nunca se llevó a cabo fue que no había manera de editarla y que siguiera siendo comprensible.

Pasó al revés con la miniserie danesa *El reino*, del director Lars von Trier. La vi cuando estábamos en Colorado trabajando en el *remake* de *El resplandor*, y me resultó terrorífica, maravillosa, y pensé que teníamos que adquirirla y traerla a Estados Unidos. En cuanto *El resplandor* salió y tuvo buenos niveles de audiencia, fui a la ABC y les dije que quería hacer una versión de *El reino*, también como miniserie. El problema era que Columbia Pictures la había comprado y no querían deshacerse de ella. Pretendían convertirla en una película. Habían costeado cuatro guiones diferentes y todos ellos tenían el mismo problema. Es lo que yo llamo «el problema de las toallas de hotel»: cuando vas a robar todas las toallas de la habitación e intentas meterlas en una sola maleta. Te sientas encima, tratas de colocarlas, pero no hay manera de que la maleta cierre porque tienes demasiado material. Ese problema lo tienen todos los directores a la hora de adaptar una novela. En cierto sentido, los productores son como esos tiburones que aparecen en las películas de terror. Máquinas de comer que compran un título tras otro y acaban con un montón de proyectos sobre el escritorio mientras se preguntan qué narices van a hacer con ellos. Columbia intentaba hacer una película con *El reino* mientras yo rezaba para que no saliera adelante. Es decir, sabía que si la hacían no iba a ser más que otra basura que duraría dos semanas en cartel, se sacaría en vídeo y se olvidaría. Y me parecía que nosotros podíamos hacer algo bastante bueno con ella.

Al final, Columbia Pictures vino y me preguntó si estaba dispuesto a darles algo mío para hacer una obra de teatro a cambio de los derechos de *El reino*. En la industria cinematográfica, ésa es la única manera en que se consiguen llevar a cabo muchos proyectos. Es el trueque, la cuenta de la vieja. Les di la historia de «Ventana secreta, jardín secreto», de *Las cuatro después de la medianoche*. Nadie estaba interesado en hacer nada con ella. Y ahora Anthony Minghella[3], que ha dirigido *El paciente inglés* y *El talento de Mr. Ripley*, la va a convertir en una película. El texto es perfecto para ello: es corto y toda la historia transcurre en el mismo lugar. Columbia tiene la oportunidad de realizar una gran película. Castle Rock hizo una gran película con *Misery* porque es corta y ocurre en un solo lugar. Y lo mismo sucede con *El juego de Gerald*, de la que he decidido conservar los derechos. He recibido muchas ofertas por ella y las he rechazado todas. Estoy pensando que, algún día, cuando me jubile, si tengo tiempo, quiero escribir yo el guion[4] .

Ahora que tengo los derechos de *El reino*, ABC quiere convertirlo en una serie de televisión. Tengo la impresión de que podría funcionar. Me gustaría seccionarlo y sacar una serie de quince horas, lo que le daría a ABC para emitir dos o tres temporadas[5] . Verás, lo que toda la industria quiere ahora mismo cuando hace una serie de televisión es conseguir algo parecido a lo que ha pasado con *CSI* o *Seinfeld*. El momento mágico sucede al final de la quinta temporada, cuando se llega a los ciento cincuenta episodios, más o menos. El programa entra en redifusión y de repente todo el mundo se vuelve muy rico. Mi plan es trabajar con *El reino* y extenderlo. Si tienes un relato corto siempre puedes extenderlo, mientras que si trabajas con una novela sólo piensas en quitar material. Eso no quiere decir, por supuesto, que no pueda hacerse una película de una novela.

Vuelvo ahora a tu pregunta, porque sabía en cuanto la hiciste que era aquí donde más nos detendríamos. Me encantan las películas. Siempre me han gustado. Y uno de los motivos por los que me compran las novelas para adaptarlas es porque escribo de una manera muy cinematográfica. Los productores eligen mis obras porque son cinematográficas. Pueden enseñárselas a los directores y siempre, tarde o temprano, uno de ellos dice: creo que aquí hay algo, quiero hacer algo con esto. Es lo que sucedió con la novela *El cazador de sueños*. El primer borrador del guion que hizo Bill Goldman era bueno, pero es probable que no fuera lo suficientemente bueno como para justificar un presupuesto de ocho millones de dólares. Lawrence Kasdan [el director de la película] lo rehízo porque entendió eso que Castle Rock entiende desde hace años: que no es una novela sobre naves espaciales o guerras interestelares o el fin del mundo. Es la historia de cuatro tipos que todos los años van a una casa en el bosque y preparan una «comida de hombres». La definición de «comida de hombres» es que no se puede utilizar el horno; todo lo que se come tiene que hacerse en la chimenea. Tienes un trozo de mantequilla y latas llenas de cosas. Tal vez un poco de carne picada, pero estamos hablando de cocina realmente básica.

Lo cierto es que en la primera mitad del guion de *El cazador de sueños* no pasan demasiadas cosas. Pero hay que tener en cuenta que los mejores terrores, esos que funcionan de verdad en las historias y en las películas de miedo, son los que no han sido articulados, los que aún buscan una forma de expresión. Una de las cosas que descubrí después de mi accidente fue que los narcóticos me estaban dando muchos problemas, me estaban afectando a todo el cuerpo. Todos mis sentidos, todo mi sistema estaba noqueado y perdía la noción de mi propio cuerpo. Las cosas que había dado por sentadas, en particular las cosas que suceden en el baño, cambiaron radicalmente. Y empecé a pensar en todo esto. En 1957, en *Peyton Place*, por fin empezamos a asomarnos al dormitorio privado. Desde entonces, el sexo explícito en las películas se da casi por sentado. No sé si has visto *Infiel*, pero es una película tremenda. Es sexualmente cándida y funciona en un buen número de niveles interesantes. Pero lo que yo pensaba era que en ninguna novela, y por supuesto en ninguna película, se hablaba de uno de los miedos más primarios que tenemos los seres humanos: ese día en que nos levantamos del retrete después de cagar y descubrimos que la taza está llena de sangre. Es algo que puede significar muchas cosas, desde unas simples hemorroides a un cáncer de colon. No hablamos de ello porque es una función biológica que hemos aprendido a no comentar en público para guardar las formas. Pero pensé: ya hemos atravesado la puerta del dormitorio, ha llegado la hora de hacer lo propio con la puerta del baño, la hora de hablar de lo que sucede ahí. En el guion que Bill Goldman escribió para *El cazador de sueños*, los protagonistas encuentran un rastro de sangre en el bosque y lo siguen y les lleva hasta el cuarto de baño de la cabaña en la que se alojan. Esa escena la han rodado de forma magistral. Ves el rastro de sangre que cruza la habitación vacía —algo que no deja de ser simbólico, pues en la novela esa habitación siempre está vacía, no me importa lo que ocurre en ella, sólo me interesa el cuarto de baño— y a los hombres frente a la puerta, sin saber qué hacer. El público se va poniendo cada vez más nervioso y expectante, preguntándose también qué habrá detrás de la puerta. Y entonces uno de ellos dice: «Creo que no quiero verlo». Para mí, ése es el momento en que toda historia de terror empieza a cumplir su cometido. Los espectadores estamos en la oscuridad de la sala de cine, atenazados por un suspense cada vez mayor y nos enfrentamos al mismo problema: ¿queremos ver lo que hay detrás de la puerta cerrada? El espectador ya no puede soltarse: el deseo de mirar, el deseo de no ver.

En lo que respecta a las películas, quiero que los realizadores intenten ir más allá de lo que ya se ha hecho y ya se ha visto. Estoy dispuesto a dejar que un director haga lo que quiera, aunque sea Tobe Hooper con *Alianza macabra*. Yo sabía que no era una buena idea. El guionista que eligió parecía un universitario de segundo año, pero tenía muchísimas ganas de que le diéramos esa oportunidad, y uno nunca sabe qué va a acabar haciendo Tobe Hooper. *La matanza de Texas* sigue siendo una de las películas más terroríficas que se han hecho. Una película que hizo algo maravilloso con ese terror escondido que aguarda tras las puertas cerradas. Así que mi plan era darle una oportunidad, porque tampoco me comprometo tanto con el texto una vez que sale del procesador, una vez que los descargo de la cabeza a la página. En el momento en que pasas de tener un artesano único encerrado en una cabaña a tener una producción de Hollywood, el escritor pierde el control y las dificultades crecen exponencialmente. En el proceso de creación de una película estás, de repente, tratando con cuatrocientos artistas en un estudio. Y eso es una lotería. Sólo puedes esforzarte en seleccionar a la mejor gente posible; a veces funciona, a veces no.

TM: En *Mientras escribo* dices, «entre 1958 y 1966 mi gran pasión fue el cine». Y después señalas que tus películas favoritas eran «las de aquella serie de la American International Pictures con títulos de Edgar Allan Poe y Roger Corman de director»[6].

23

«Poepelículas», las llamabas. ¿Hasta qué punto influyeron en tu escritura? ¿Te sientes más influido por las obras de Poe o por las películas basadas en ellas?

sk: Poe me ha influido muchísimo, pero no especialmente a través de aquellas películas. La mejor de todas fue la última, *La máscara de la muerte roja*. Le hicieron una coreografía preciosa, como si se tratara de una obra Kabuki. Todavía recuerdo esos grandes sustos en la pantalla, y lo hago casi con cariño. Ese momento de *El péndulo de la muerte* en que descubren a la mujer de Vincent Price dentro de la doncella de hierro. Lo único que se podía ver eran los ojos aterrorizados de Barbara Steele a través de una pequeña abertura en el artilugio que la tiene encerrada, una expresión congelada de pánico, dirigida directamente a los espectadores. Y ahí termina la película. Maravilloso. He intentado hacer algo parecido desde entonces.

tm: La mezcla de terror y humor es característica de algunas de las más emblemáticas adaptaciones cinematográficas de tus obras. Pienso en películas como *Carrie, Cuenta conmigo*. ¿Por qué crees que esos dos elementos aparentemente opuestos funcionan tan armoniosamente en ellas?

sk: En este tema sólo podemos aventurar hipótesis. Creo que lo que ocurre es que los cables emocionales se te acaban cruzando. Llega un momento en el que el espectador no tiene claro cuál es la respuesta adecuada, cómo reaccionar. Y a veces, cuando la razón humana se encuentra en un callejón sin salida, lo único que se puede hacer es reír. Es una forma de liberación, la manera de superar ese punto muerto. Peter Straub dice que el terror nos lleva a adentrarnos en el reino de lo surrealista, y que cada vez que accedemos a ese mundo no podemos sino reír. Piensa en la escena de las sanguijuelas de *Cuenta conmigo*. Es divertido

24

ver cómo los chicos se salpican y juegan en el pantano, y lo sigue siendo incluso cuando los vemos intentando quitarse las sanguijuelas, pero luego Gordie encuentra una que se le ha agarrado a los huevos y las cosas empiezan a ponerse serias. Todo sucede demasiado rápido, no nos da tiempo a procesarlo. Nos reímos de Annie Wilkes porque está como un cencerro pero, al mismo tiempo, sabemos que es alguien a quien más nos vale tomar en serio. La situación en que tiene a Paul está plagada de comedia, pero la gracia se acaba cuando le rompe los tobillos. En ese momento, igual que el propio Paul Sheldon, el espectador no sabe qué hacer. ¿Sigue siendo gracioso? Estamos en un lugar completamente nuevo, y no es un lugar demasiado agradable. Ésas son las cosas que nos atrapan cuando vamos al cine. Queremos que nos sorprendan, doblar la esquina y encontrar que la historia nos ofrece algo que no esperábamos.

Lo que Billy Nolan y Christine Hargenson le hacen a Carrie es cruel y es horroroso, pero ambos resultan divertidísimos durante todo el proceso. John Travolta lo es especialmente. Ese papel de rebelde completamente controlado por las felaciones de su novia nos da a entender que no es alguien demasiado inteligente y, sin embargo, muchos chicos entenderían el razonamiento de Billy Nolan: tiene por novia a una chica que está buenísima y que siempre quiere ser la protagonista. Es el único personaje en la película de De Palma al que me gustaría que se le hubiera extendido el guion. Es un personaje cómico que se comporta de una forma completamente terrorífica.

El personaje de Roland LeBay[7] en *Christine* parece también encaminado a ser un personaje cómico, casi una caricatura, pero si prestas atención a su progresión durante la película verás cómo se vuelve más espeluznante a cada paso, más desagradable. Cuando escribí *Christine* quería que LeBay resultase divertido así, de una forma un tanto siniestra. Es la misma amalgama de lo cómico y lo terrorífico que se da en el propio coche. Christine es una máquina vampírica; conforme se alimenta de más y más víctimas, se vuelve más vital, más joven. Es como ver una película hacia atrás. Esa idea ya pretende ser graciosa y siniestra al mismo tiempo.

TM: En la sección «Cómo se hizo» para la edición en DVD de *Cuenta conmigo* señalas que la película de Rob Reiner fue la «primera adaptación plenamente satisfactoria» de uno de tus libros. ¿Ha habido otras adaptaciones con las que hayas sentido la misma satisfacción?

SK: Con *Cadena perpetua*. Me pareció una obra extraordinaria, y no es precisamente una adaptación muy fiel. En la película aparecen muchas cosas que no están en el libro. La escena en la que Andy pone música de ópera en el patio, por ejemplo. Es una película sobre seres humanos —y los seres humanos no son secundarios en lo relativo al terror—. Es importante recordar eso. No vas a asustar a nadie a no ser que consigas que los espectadores se preocupen por unos personajes de ficción. Tienes que convertirlos en personas con las que puedan identificarse. Los personajes son, al fin y al cabo, sólo un pedazo de pantalla, del mismo grosor que la uña de tu dedo gordo. Cuando vamos al cine sabemos que estamos viendo a gente que no es real. Pero si llegamos a apreciarlos, si reconocemos que lo que hacen es también parte de nuestra propia vida, si vemos que reaccionan de la misma manera en que nosotros reaccionaríamos en unas circunstancias similares, entonces lograremos un apego emocional. En el momento en que eso suceda podemos poner al personaje en una situación sobrecogedora y es posible que el espectador se sobrecoja.

Cuando elegimos a Sissy Spacek para hacer de Carrie, la gente dudaba de que pudiera interpretar convincentemente el papel de patito feo. Lo cierto es que me daba exactamente igual su aspecto físico antes del baile de graduación, siempre que apareciera transformada en una auténtica belleza en la fiesta. Nunca me importó su aspecto físico porque nunca llegué a imaginármela con absoluta claridad. Sin embargo, siempre supe cómo era su corazón. Eso es lo que al final me importa. Quiero saber lo que mis personajes sienten y piensan y quiero que el lector lo sepa también. De Palma hizo tan buen trabajo en la película porque a él también le interesaban esas cosas.

Además, he de reconocer que me encantó *La milla verde*. La película era un poco «blanda» en ciertos aspectos. Suelo meterme con Frank Darabont, el director, diciéndole que su película fue la primera producción de la Hallmark Hall of Fame[8] calificada para adultos. Para ser una historia que transcurre en un corredor de la muerte, transmite una sensibilidad muy positiva, un incuestionable amor hacia el ser humano. Es algo con lo que, desde luego, yo no tengo ningún problema, pues en el fondo soy un sentimental.

TM: Éste es un buen momento para mi siguiente pregunta. Spike Lee, entre otros, ha sido muy crítico con el personaje de John Coffey en *La milla verde*, señalando que hay en él un trato discriminatorio hacia los negros, pues toda su misión consiste en sufrir por los pecados de los blancos. Dice: «Tienes al supernegro de turno con todos esos poderes y que sólo los utiliza en beneficio del protagonista blanco de la película. No puede utilizarlos para sí mismo o para su familia, en beneficio de su propia situación». ¿Cuánta razón crees que hay en esa crítica?

SK: Es una absoluta gilipollez. Coffey era negro por un solo motivo. Era el único rasgo que haría que su personaje acabara en la silla sin ningún tipo de dudas. Ésa era la situación que yo trataba de proponer. Era una exigencia del guion, más que una elección entre blanco o negro. Le he escuchado el mismo planteamiento a Toni Morrison, en lo que respecta al «negro mágico»[9]. Si quieres pillarme por ahí a lo mejor deberíamos hablar de la Madre Abigail en *Apocalipsis*. Si la Madre Abigail es negra es porque yo quería un personaje que, por edad, pudiera recordar la esclavitud. Y quería escribir una canción que celebrara el momento de emancipación mientras Randall Flagg acecha tras las cortinas. Todo eso desapareció de la primera versión publicada de la novela y luego se volvió a meter para la edición extendida. Pero en el caso de Coffey, que es evidentemente una figura crística, su raza se debe a que era la manera de asegurar que lo fueran a freír. Y con respecto a utilizar su poder para ayudar a los suyos, Coffey carece de familia; es un solitario. Su pasado se ha perdido, fuera cual fuera, y eso es crucial para la historia. Igual que es crucial que sea una figura crística. Las figuras crísticas son aquellas que ayudan a los que otros maltratan, los que ponen la otra mejilla a aquellos que golpean. Al portarse bien con los blancos —en particular con la mujer del alcaide, el hombre que va a conducirlo hasta la muerte— no está sino exhibiendo su santidad. La mayoría de la gente a la que le preguntes de qué raza era Cristo, te dirá que era blanco, maldita sea.

En cualquier caso, no me sorprende la reacción de Spike. Es la reacción instintiva de un hombre que lo ve todo en función de su raza. Y eso, para la vida creativa de un artista de su nivel, resulta un lastre. Si me bajo ahora los pantalones verás que tengo la pierna derecha completamente raquítica a raíz del accidente. Sin embargo, los músculos de la pierna izquierda están mucho más desarrollados, pues ahora es ella la que hace todo el trabajo. Lo mismo le ocurre a Spike. Ve las cosas exclusivamente en términos raciales. Es un artista extraordinario, pero la idea de Coffey como una especie de *superman* no tiene ningún sentido.

TM: ¿Entonces John Coffey tenía que ser negro? ¿Cómo cambiaría el sentido de la película si hubiera sido blanco?

sk: Para la mayoría de los personajes puedes elegir a un actor de cualquier raza. El de Morgan Freeman en *Cadena perpetua* podría haber sido blanco. Pero en el caso de John Coffey ha de ser negro porque eso hace que esté condenado desde el momento en que lo pillan con las dos niñas blancas y rubias en los brazos.

tm: ¿Y no es eso parte de lo que Spike Lee está tratando de decir? ¿Qué posibilidad de salvarse tiene Coffey, un hombre negro en plena Depresión en Luisiana, un hombre negro llorando sobre los cadáveres de dos niñas rubias, por muchos poderes redentores que tenga? Hay una escena en que la mujer del alcaide le pregunta a Coffey: «¿Quién te ha hecho daño?» ¿Por qué tiene tantas heridas? ¿De dónde proceden? A mí todo esto me sugiere lo que significa ser negro en América, el legado que eso conlleva.

sk: Ahora voy a hacerte yo una pregunta. ¿Puedes visualizar a un gigantesco hombre blanco en la misma situación? Un blanco sureño, algo deficiente, que va de trabajo mal pagado en trabajo mal pagado, el gigante bueno que salta a los trenes en marcha para buscar empleo y es incapaz de hacerle daño a nadie. Un hombre blanco con las mismas cicatrices que Coffey. ¿Puedes imaginarlo?

tm: Tal vez con las mismas cicatrices físicas, pero no con las psicológicas que tiene Coffey. Las heridas internas que él lleva son propias de su raza. Si John Coffey es una figura crística, es también un Cristo *negro*; su sufrimiento, me parece, resulta más hondo por ser negro, víctima de heridas que son particulares a su raza.

sk: En mi opinión, esa respuesta representa una incapacidad imaginativa por tu parte. Acuérdate de Lenny en *De ratones y hombres*, de Steinbeck. Es blanco y lleva consigo las mismas cicatrices de sufrimiento.

TM: Tienes razón… ¿Te han resultado satisfactorias las miniseries para televisión que han adaptado tus libros? ¿Te parece que las novelas casan mejor con el formato de las miniseries? ¿Cuáles son las limitaciones de éstas? ¿Hay alguna miniserie hecha a partir de tu obra que te guste especialmente?

SK: Sí, creo que mis novelas se adaptan mucho mejor al formato de las miniseries. De *Los Tommyknockers* no hay mucho que decir porque no creo que la gente que la hizo se comprometiera lo suficiente con el proyecto o con la historia. Pero pasa igual que con las películas: al final, que todo encaje es casi una cuestión de azar. De las miniseries que se han hecho, mi favorita es *La tormenta del siglo*. Me parece una obra redonda y aún estoy muy orgulloso de ella. Me parece tan buena como cualquiera de las novelas. Todo salió como debía, desde la ambientación en ese pueblo portuario o la sensación de la nieve acumulándose más y más hasta Colm Feore, que estuvo fantástico en el papel de André Linoge. El departamento regulador de buenas prácticas de la ABC estaba tan preocupado con si se veía sangre o no en la cara de los niños que ignoraron por completo el hecho de que al final vence el malo y se lleva consigo al hijo del sheriff. *La tormenta del siglo* fue, para los estándares de la televisión, una producción bastante bestia. No es como la mayoría de las miniseries que ves en otras cadenas —ya sabes, del tipo de final feliz, qué rato más estupendo y todo sale bien—. Es muy realista. Y luego, todos los que trabajamos en ella —todos, desde los guionistas al director, el escenógrafo, el productor— hicimos *Cámara de Damnata* y no nos salió tan bien.

TM: Es un buen momento ahora para preguntarte por esa decisión conjunta de sacrificar al niño, Ralph Anderson, en *La tormenta del siglo*. Aparte de la destrucción del matrimonio de Molly y Mike Anderson, ¿qué otras consecuencias ocurren —y sufre, en particular, el propio pueblo de Little Tall Island— a raíz del sacrificio?

SK: Todo el que participa en esa decisión es, desde ese mismo momento, una persona peor, una persona empequeñecida. Cualesquiera que sean sus defectos, resultan agravados. La mujer del sheriff va al psicólogo, vuelve a casarse y se ve atrapada en un matrimonio infeliz. Uno de los chicos se suicida. El sheriff acaba al otro lado del país y es el único que tiene una oportunidad para rehacer su vida. Es consciente de que sólo él trató de hacer lo correcto. Todos los demás en el pueblo pagan un precio por el fracaso moral colectivo.

TM: ¿Por qué tomaron esa decisión los ciudadanos? ¿Por qué sólo el sheriff intentó hacer lo correcto? No dejo de pensar en ese relato de Shirley Jackson, «La lotería», que siempre has dicho que admiras.

SK: Digámoslo así: todos, en nuestras vidas, nos enfrentamos a situaciones que nos ponen a prueba. Normalmente no es hasta años más tarde que nos damos cuenta de que no superamos dicha prueba. Terminamos por comprender que nuestro comportamiento hizo aguas en cierto momento, o que nuestra noción del bien y del mal se había desencajado, o que por conveniencia erramos en la práctica de alguna virtud moral. Siempre me ha fascinado la historia de Job. El sheriff de *La tormenta del siglo* cuenta, de hecho, una versión de la historia de Job. Se enfrenta a Dios y dice: «Me quitaste a mi hijo, acabaste con la cosecha y destruiste mi matrimonio, y ahora me dejas solo, vagando por la tierra». Y Dios le contesta: «Supongo que hay algo en ti que me jode muchísimo».

Todos tenemos el deber de fijarnos en nuestras propias vidas. ¿Qué es lo que vemos? Niños que se caen a un pozo y mueren, a nuestros seres queridos trabajando en torres de oficinas hasta que unos locos las derriban y ya no volvemos a verlos. Fui a Nueva York para el pase de *Corazones en la Atlántida*, en la Universidad de Columbia, la semana después de que cayeran las Torres Gemelas. Iba en un taxi y el conductor me dijo que quería enseñarme algo. Paramos a unas cuatro manzanas de la Zona Cero, y dijo: «¿Ves esos coches en el aparcamiento?» Había varios cientos de coches aparcados, todos cubiertos de una capa de polvo blanco. Me contó que la ciudad no sabía qué hacer con ellos. Eran los coches de la gente que había venido a trabajar a las Torres Gemelas desde Nueva Jersey. No van a volver a por ellos. Los que escaparon de la tragedia, los que sobrevivieron, regresaron y se marcharon con sus coches. Había plazas vacías en el aparcamiento, como si Dios le hubiera permitido a ése seguir con vida, pero no al desgraciado de la plaza siguiente. Dios había apuntado con Su dedo para decidir quién viviría un poco más. Y si mirabas dentro de los coches, veías los juguetes de los niños, el café del McDonalds que tal vez alguien dejara a medias esa mañana, la última mañana de sus vidas.

TM: Los sucesos del once de septiembre pusieron contra las cuerdas mucho de lo que hasta ese momento dábamos por seguro y agravaron nuestras neurosis, colectivas e individuales. ¿Cuáles son las alteraciones en el género de terror en el clima post once de septiembre? ¿Puede existir algo en una página o una pantalla equiparable en términos de terror a lo que vimos aquel día en el televisor del salón?

sĸ: ¿Y por qué habría de existir? Piensa en cuántas referencias han aparecido en los últimos meses. Las cabezas parlantes de la televisión hablan, por ejemplo, de una película de *Star Wars* y alguien empieza a preguntarle a George Lucas, «a la luz del once de septiembre, ¿te parece que...?». Es algo que ya ha permeado por completo la conciencia del país. Leo muchas galeradas de novelas que van a publicarse y empiezo a ver cómo se forman las primeras ondas sobre la imaginación artística —sobre la conciencia imaginativa, aún es demasiado pronto para la conciencia moral—, la caída de las primeras gotas de un temporal que durará años.

ᴛᴍ: En muchos niveles, el atentado terrorista sobre el World Trade Center fue un «evento cinematográfico». Estaba programado que los aviones se estrellaran con al menos veinte minutos de separación, de forma que una vez que el primer avión golpeara la primera torre las cámaras de televisión tuvieran tiempo para llegar y grabar —desde diferentes ángulos y perspectivas— la explosiva aparición del segundo avión. Y está, claro, el hecho de que el mundo entero conoció la tragedia a través de una visualización gráfica, fílmica. Supongo que ése es el objetivo de toda acción terrorista: resultar tan visual y singular como sea posible.

sĸ: Y no olvides el deseo de traumatizar al mayor número de gente, algo que sucede cuando un acontecimiento en particular se graba en vídeo y luego se retransmite a millones de televisores. En *Apocalipsis*, donde trato de plantear una situación de similares proporciones catastróficas, siempre vuelvo al nivel personal, individual. Frannie Goldsmith tratando de enterrar a su padre, diciéndole a Harold Lauder cuando aparece en el coche «Estoy agotada». Una de las grandes escenas de la miniserie es, para mí, cuando Harold y Frannie se sientan juntos a escuchar

33

música. Esas dos personas, sentadas en el fin del mundo, bebiendo limonada caliente y escuchando vinilos, quizá por última vez en sus vidas. Como artista, puedo mostrarte el fin del mundo en un nivel microcósmico, pero nadie es capaz de enfrentarse a él de esa manera total en la que se precipita del cielo.

TM: Tus cameos se han convertido en algo que tus seguidores esperan y disfrutan cada vez que se estrena una nueva película. ¿Es algo que has heredado de Hitchcock? ¿Hasta qué punto tienes poder de decisión sobre ellos? La más original y divertida puede haber sido esa aparición como hombre del tiempo en una televisión rota en *La tormenta del siglo*. ¿Fue decisión tuya?

SK: Normalmente soy yo, sí, el que elige el cameo. Elegí, por ejemplo, al repartidor de pizza en *Cámara de Damnata*, al hombre del tiempo en *La tormenta del siglo*. Me di un papel más largo en *Apocalipsis*. Me lo paso muy bien. Y sí, estoy jugando a ser Hitchcock aquí; soy un actor frustrado.

TM: Me gustaría dedicar unos minutos a hablar de la escena del eclipse en *Dolores Claiborne*. Una vez me contaste que, al escribir la novela, te había costado mucho trabajo lograrla. ¿Crees que la película le hizo justicia?

SK: Me encantó la manera en que la hicieron, es probablemente mi escena favorita de la película. La primera vez que vi *Dolores Claiborne* no me di cuenta de que habían puesto del revés la percepción habitual del mundo. Es decir, por regla general, vemos el presente de forma brillante, lleno de color, claro y nítido. El pasado, en cambio, suele acabar rodeado de niebla, aunque haya ciertas cosas que parezcan alzarse sobre las demás, borrosas, sobre el desvanecimiento general, igual que el color rojo es el último que desaparece de una fotografía. Así es como funcionan la mente y la memoria humana. Pero Taylor Hackford rueda la película de forma que todo lo que sucede en el presente es soso, monocromático, incluso la ropa de la gente. Y, en contraste, todos los momentos del pasado son brillantes, llenos de colores llamativos. Es la mejor dirección de fotografía que he visto desde las películas de *El padrino*, en particular la segunda, que se rodó como nunca antes se había rodado una película. Es la diferencia entre una fotografía en color y una que ha sido coloreada a mano. Creo que, como película, *Dolores Claiborne* resulta particularmente hermosa de ver, aunque sea sólo como ejercicio de cinematografía, para explorar las posibilidades técnicas que ofrecen una cámara y un montón de colores como mecanismos activos de presentación de una historia.

TM: Por violentos, casi horripilantes, que sean los momentos que preceden al eclipse, esa escena en que Dolores se queda mirando al pozo en el que acaba de cometer el asesinato mientras el sol se oculta detrás de ella es casi trascendental, beatífica, ¿no crees?

SK: Desde luego. Si hay algo que no está bien en *Dolores Claiborne* fue la decisión por parte de los creadores de intentar añadir una reconciliación artificial entre Dolores y su hija. Es un impulso muy humano y es comprensible que los productores quisieran satisfacerlo.

Cuando vas al cine y pagas por ver una película, no creo que sea descabellado pedirles a los que aparecen en la pantalla que se comporten un poco mejor a como se comportan en la vida normal; desde luego, siempre esperamos que su aspecto sea mejor al que tiene la gente por la calle. Ese anhelo de hacer que las cosas sean más agradables que en la vida real suele extenderse también a otros aspectos de la película. Siempre me han interesado los sentimientos. Y la diferencia entre los libros y las películas es que al lector de mis libros quiero emocionarle, que se establezca algún tipo de reacción emocional intensa: terror, risa, una implicación profunda. Pero, dado que en ese caso estoy yo solo y lo hago todo por mi cuenta, el instrumento creativo que utilizo es como un bisturí, hago incisiones precisas y profundas. Con las películas, cada vez que añades otro nivel a la producción, pierdes filo, la superficie de corte se ensancha. Así que cuando piensas en alguna gran producción de Hollywood, como *Pearl Harbor*, te encuentras con un espectáculo producido para los sentidos, visualmente bello, que no tiene efecto emocional o espiritual alguno, porque lo que debería ser una aguja hipodérmica se ha desfigurado hasta convertirse en un mazo. Todo lo que puedes hacer es golpear tan fuerte como puedas.

Sucede, desgraciadamente, que *Dolores Claiborne* es una película, igual que *El resplandor* de Kubrick, casi sobrecogedora por la belleza de la fotografía, pero la historia que rodea a esa fotografía tiene defectos.

TM: Creo que el tema que quiero plantearte ahora puede ser una buena forma de terminar. Tu película *La rebelión de las máquinas* tiene mucho en común con *Blade Runner* y *Terminator*, en el sentido de que son películas que reflexionan sobre la paranoia general que siente nuestra cultura con respecto a la confianza desmesurada que profesamos a la tecnología y a las máquinas. ¿Era eso algo que querías plantear conscientemente cuando escribías y dirigías *La rebelión de las máquinas*?

SK: Tenía una noción muy clara de cómo la tecnología había sobrepasado por completo nuestra capacidad para controlarla. Piensa, por ejemplo, en Bram Stoker cuando escribió *Drácula*. Todos los hombres que luchaban contra el vampiro, ese Equipo de la Luz, eran hombres tecnológicamente avanzados. Seward recogía sus anotaciones médicas con un fonógrafo; Van Helsing fue uno de los médicos pioneros en realizar transfusiones de sangre. Era algo que fascinaba a Stoker y todos esos hombres eran sus héroes, hombres que ponían los conocimientos tecnológicos al servicio de la lucha contra el mal, contra un pasado sobrenatural encarnado en el propio Drácula. Pero mira en qué se ha convertido la tecnología. Piensa en la situación actual entre India y Pakistán. Son dos países sin unas actitudes o habilidades demasiado desarrolladas en el campo de la resolución de conflictos. No niego que tengan una larga historia religiosa, algo que yo diría que es bastante peligroso en el mundo moderno. Pero lo que seguro que sí tienen son armas nucleares. En eso es en lo que estaba pensando cuando hice *La rebelión de las máquinas*. La tecnología puede tornarse su propio callejón sin salida.

El problema con esa película fue que estuve hasta arriba de cocaína durante toda la producción y al final no sabía muy bien lo que estaba haciendo como director de la película. Sí que aprendí muchísimo de la experiencia y me gustaría intentar dirigir alguna otra vez. Puede que un día dirija *El juego de Gerald*[10].

TM: *El juego de Gerald* sigue siendo uno de mis libros favoritos. Siempre se lo he presentado a mis alumnos como un cierre perfecto para *Misery*: lo conciso de la ambientación, la lucha de los sexos, el dormitorio como campo de batalla.

SK: Durante la escritura de las dos novelas tenía todo eso en mente, y siempre he pensado que *Misery* era una especie de enigma, algo por lo que dos personas luchaban en el interior de una cabaña y esa lucha era el intento de resolverlo. Y no hay más. *El juego de Gerald* sería una especie de enigma dentro del enigma: una persona en una habitación luchando consigo mismo. A la gente le estoy contando que el tercer libro de la trilogía se llamará *Sofá*, y que tratará de un sofá en el interior de una habitación.

*Esta entrevista se realizó el 31 de mayo de 2002

NOTAS

[1] Works Progress Administration: agencia estadounidense creada en el marco del *New Deal* del presidente Roosevelt para dar empleo a millones de desempleados en la construcción de obra pública. (Nota del traductor).

[2] Stephen King, *Danza macabra*, Madrid, Valdemar, 2016, trad. cast.: Óscar Palmer (Nota del traductor).

[3] Al final, el director de *La ventana secreta*, estrenada en 2004, fue David Koepp. (Nota de la editora).

[4] Stephen King acabó vendiendo los derechos y la película, estrenada en 2017, fue dirigida por Mike Flanagan. (Nota de la editora).

[5] King la estrenó con el nombre de *Hospital Kingdom*. Constó de una temporada de trece capítulos. (Nota de la editora).

[6] Stephen King, *Mientras escribo*, Barcelona, Debolsillo, 2016, trad. cast.: Jofre Homdes Beutnagel. (Nota del traductor).

[7] En realidad, en la película de John Carpenter, el personaje principal, y al que se refiere King, es George LeBay, que es quien cuenta toda la historia pasada de su hermano Roland, el anterior dueño de Christine. En la novela es diferente. (Nota de la editora).

[8] Se trata de una serie de antología estadounidense, que lleva emitiéndose desde 1951, cuyas películas y episodios se caracterizan por ser de corte amable y familiar. (Nota del traductor).

[9] «Magical negro»: en el cine estadounidense, se conoce así al personaje de raza negra, a menudo con poderes místicos, sobrenaturales o una inteligencia especial, cuyo cometido se reduce a ayudar al protagonista blanco. (Nota del traductor).

[10] Stephen King desestimó la idea, una pena, y la película de *El juego de Gerald* la dirigió Mike Flanagan (Nota de la editora).

EL KING DE LOS CHICOS
Rodrigo Fresán

UNO. Me crucé con la foto en una pantalla no hace mucho. Y siempre hay algo entre fascinante y perturbador en la visión de la foto de alguien cuyo rostro adulto se ha visto tantas veces a lo largo de los años (de las décadas, en mi caso) súbitamente revelado como niño, como alguien con casi toda la trama de la gran novela de su vida por delante.

Y es que las fotos de niños siempre dan un poco de miedo.

Las fotos de niños son fotos de algo que se acabó, que se murió. De algún modo, todas las fotos de niños acaban siendo fotos de niños muertos. O, mejor dicho y para ir entrando en materia, son fotos de fantasmas vivísimos. Fotos de algo que no es pero sigue allí.

Y la foto de este niño es la de un niño que parece feliz aunque entonces viva rodeado por tristezas y terrores.

La foto de un niño con gorra y pantalones con tiradores y camiseta a rayas y sonrisa invulnerable.

Y es la foto de un tal Stephen Edwin King, nacido el 21 de septiembre de 1947 en Portland, Maine. Allí, el pequeño King tendrá y sigue teniendo unos cinco o seis años; y es hijo del marino mercante Donald Edwin Pollock (quien se cambió el apellido, suplantándolo por su apodo: King) y de Nellie Ruth Pillsbury.

Una mañana —cuando Stephen tenía dos años— el padre «salió a comprar cigarrillos y no regresó nunca», dejando a la madre a cargo de la educación y manutención de Stephen y de su hermano mayor, David. A partir de entonces, la familia no para de cambiar de pueblo según el trabajo que consiga o pierda Nellie (entre ellos el de cuidadora en una residencia para dementes). Y en algún momento, el pequeño Stephen es testigo (aunque luego diga no recordar nada del episodio) de cómo un tren atropella y mata a uno de sus amiguitos. Lo único que se sabe es que King regresa a casa en estado de *shock* y sin poder pronunciar palabra y no hará mención alguna al episodio en su *memoir* titulada *Mientras escribo* (2000)[1]. Una cosa sí recuerda y afirmará King mucho tiempo después: «Desde muy niño, siempre quise que me asustaran».

Deseo concedido y, claro, para saber cómo asustar, primero hay que saber cómo es estar y ser asustado.

DOS. Después, casi enseguida, el pequeño Stephen King siente mucho miedo cuando ve por primera vez *Bambi* y descubre que leer puede dar miedo, aún más miedo que un cervatillo huérfano corriendo por un bosque en llamas o que —enseguida— la proyección de *La tierra contra los platillos volantes*, súbitamente interrumpida en el cine de su barrio porque el encargado decide encender las luces para informar al público de que los rusos han puesto en órbita su Sputnik, que atraviesa una vez cada noventa minutos (lo que dura una película) los cielos de América The Beautiful y que, por lo tanto, el apocalipsis nuclear va a demorar en acontecer menos tiempo del que demoras en tragarte esas palomitas. Lo evoca King en un capítulo de su otro ensayo sobre el género y acerca de su educación sentimental en el mismo —*Danza macabra*, de 1981—, en el que compara la visión de su tío buscando agua gracias a una rama, siguiendo los dictados de la radiestesia, con lo que él querrá ser y hacer cuando sea grande: buscar historias, rastrear yacimientos subterráneos de miedos para, de paso, saciar así su propia sed de terrores. La idea/estrategia se completa un día en que sube al ático y encuentra allí un viejo *paperback* abandonado por su padre: una antología de los horrores cósmicos y tentaculares de H. P. Lovecraft. «Supe que había llegado a mi hogar en el momento en que abrí por primera vez ese libro», dirá King en una entrevista de 2009.

Y poco y nada cuesta imaginarlo a partir de ahí como el *nerd* proverbial y paradigmático que pasa a los transgresores cómics rebosantes de cabezas cortadas y venganzas de ultratumba de la EC Comics, a los episodios de *The Twilight Zone,* al descubrimiento de Richard Matheson y Ray Bradbury, a la exposición a todas esas radiaciones entre psicodélicas y atómicas a las que estaba expuesto todo niño norteamericano de la posguerra. ¿Y qué es lo que le da más miedo a Stephen King? Respuesta: *La noche de los muertos vivientes* de George A. Romero pero *también* el *Bambi* de Walt Disney.

«Cuando somos niños pensamos diferente. Pensamos en ángulos en lugar de pensar en línea recta… La más esencial y definitoria característica de la infancia no pasa por la nada esforzada capacidad para fundir los sueños con la realidad, sino por la alienación y por el sentirse tan solo. No existen palabras para describir las oscuras exhalaciones y los bruscos giros que emitimos y damos durante la infancia. Un niño inteligente no demora en comprenderlo y no puede sino rendirse y calcular sus inevitables consecuencias. Y un niño que calcula esas consecuencias ya no es un niño… Pero lo que define a todo niño es que jamás sabrás exactamente en qué está pensando o en qué modo observa lo que lo rodea. Después de haber escrito mucho acerca de chicos —lo que no es otra cosa que poner toda experiencia bajo una lupa muy poderosa— descubres que ya no recuerdas cómo era lo que pensabas de niño. Así he llegado a la conclusión de que mucho de lo que recordamos acerca de los primeros años de nuestras vidas no son más que mentiras. Lo que tenemos es algo parecido a fotos. Visiones de un determinado momento. Y todas esas historias que nos contaron o que leímos o que vimos entonces y que, paradójicamente, jamás podremos olvidar», recordará King.

Y, sí, King es uno de esos niños que piensa demasiado porque vive en una casa pobre. Y pensar es gratis y, después de todo, siempre hay lápiz y papel a mano y eso es mucho más barato que los juegos de química o los sets de Meccano. Y con papel y lápiz se puede experimentar y armar cosas mucho más interesantes y sin la obligación de seguir instrucciones ajenas.

«Yo crecí en una casa donde no hubo televisión hasta que cumplí los diez años. No podíamos permitírnoslo. Así que solíamos espiar las pantallas por las ventanas de los vecinos. Pero no era demasiado divertido. Lo que sí teníamos era libros. Mi madre era una gran lectora y siempre nos leía a mí y a mi hermano. Recuerdo su voz leyéndome *El extraño caso del doctor Jekyll y Mr. Hyde* cuando yo tenía seis años y mi hermano ocho. Nunca la olvidaré. Y tampoco puedo olvidar mi lectura de *Oliver Twist:* un libro lleno de sangre», evocará King.

Y la mención de King a Charles Dickens merece ser analizada de cerca por más de un motivo. Poca duda hay de que King es el Dickens de nuestros tiempos: misma adoración por parte de sus seguidores, mismo éxito comercial y misma intriga, que es la que produce todo aquello que comienza entendiéndose como cultura popular para, poco a poco, ir alcanzando la categoría de clásico.

También, la literatura de King —como la de Dickens— desborda de niños en el rol de víctimas, de héroes a pesar suyo, de triunfales descastados que se enfrentan al mal absoluto y sobrenatural del mundo adulto y lo miran fijo y sin cerrar los ojos porque, sí, les gusta que los asusten primero para sólo así, después, poder dejar de tener miedo.

TRES. Entre la primera foto y la que viene a continuación no han pasado demasiados almanaques desde un punto de vista espacio-temporal, pero sí una eternidad en lo que hace a ese abismo que separa la infancia del fin de la adolescencia.

Ésta es la foto de aquel niño, pero ya siendo otro: quien ese niño deseaba ser y, sí, afortunados aquellos que consiguen realizar su vocación infantil y convertirla en profesión adulta. No es fácil, no es común.

Es la foto de un Stephen King de veinte años al teclado de su máquina de escribir. Y es ya la foto de una máquina de escribir llamada Stephen King.

Es la foto de alguien que ya ha publicado —en 1965, en un fanzine llamado *Comics Review*— los cuatro capítulos de algo titulado «Yo fui un ladrón de tumbas adolescente», que ha ganado algún premio literario estudiantil, y que ha publicado en *Startling Mistery Stories,* en 1967, su primer relato «profesional», titulado «El suelo de cristal». En sus ratos libres —no está de más aclararlo— y para que las cuentas que costean sus estudios universitarios no cuadren pero al menos se acerquen, King *también* trabaja como portero, dependiente de gasolinera y empleado en una lavandería industrial.

Y en algún momento, cuando nadie lo espera, todo eso que le gusta leer y escribir a él deja de ser un subgénero degenerado y equivalente a *trash food* mental y edición *pulp* y asciende a *best-seller* y, por supuesto, a interesar a los editores.

En una rápida sucesión se publican y triunfan libros como *La semilla del diablo* de Ira Levin (1967), *El otro* de Thomas Tryon

(1971) o *El exorcista* de William Peter Blatty (1971), a los que se añadiría en 1975 la novelización de su propio guion a cargo de David Seltzer para la película *La profecía*.

Y, claro, todos esos títulos tienen algo en común: niños como víctimas o victimarios, niños que pueden ser santos o demonios, niños alrededor de los cuales gira la historia y la Historia. Dejad que los niños y los adolescentes se acerquen a mí para que yo los cuente como corresponde, piensa King en ese momento. Un King joven que, para entonces, en una mesa plegable de la caravana donde vive con los dos primeros de sus tres hijos y su esposa Tabitha Spruce (quien rescató las primeras páginas del cubo de la basura) ya está pasando a limpio y cubriendo de sangre su primera novela y su primer *best-seller* (el adelanto por la edición en tapa dura que vendió 13.000 ejemplares fue de 2.500 dólares, pero lo que recibió por los derechos para la edición de bolsillo fueron 400.000 dólares, vendiendo un millón de copias en su primer año).

La novela se titula *Carrie* y es la historia de una adolescente disfuncional y telequinética a la que más vale no contrariar.

El resto es historia.

CUATRO. En la siguiente foto, Stephen King ya es el indiscutido Rey del Terror y —tras su estela— han surgido múltiples imitadores circunstanciales y más de un nombre digno de sentarse a su mesa redonda, pero sólo como caballero y nunca regidor de una Camelot más gótica que Technicolor[2].

Es la foto de un hombre tan feliz como la de ese niño de cinco o seis años de la primera foto. Es la foto de alguien que se ha salido con la suya y lo hizo —como cantaba Sinatra— a su manera.

Foto de un escritor en su escritorio poniendo cara de *psycho* y con los brazos abiertos y las manos como garras.

Es la foto de un monstruo monstruosamente feliz por crear monstruos.

Es la foto de un millonario muy generoso haciendo felices a millones de personas con lo que más lo hace feliz a él: dar miedo, porque dentro tiene mucho miedo que ofrecer.

Desde que era un niño.

De modo que no conviene engañarse con las fotos más actuales de King, en las que suele posar como un autor «serio» (lo que no significa que no lo sea) en festivales literarios de prestigio, luego de haber sido honrado por academias diversas, ganado premios de gran nivel y publicando habitualmente lo suyo en *The New Yorker*, *The Paris Review* y *The New York Times*. Y sí están de acuerdo con la muy cerebral de fuste Cynthia Ozick cuando advierte: «Dejemos de lado lo de ser *best-seller* y los estereotipos: este hombre es un genuino escritor de nacimiento. No es Tom Clancy. Escribe con un extraordinario brío narrativo y su prosa desborda de historia literaria. Lo que hace no es algo sencillo, no es el mero palabrerío habitual de nuestros días, y no es una tontería. Y lo anterior tal vez sea una forma torpe de decir que algo es inteligente, pero eso es precisamente lo que quiero decir». Pero, aun así, fotos como la que sigue no engañan a nadie o, al menos, no me engañan a mí.

Para mí Stephen King sigue siendo el de las tres primeras fotos. Las fotos del Stephen King que sigue estando allí a pesar de las décadas transcurridas y de los millones de libros vendidos.

Aquí vuelve, nunca se fue, y hasta se las arregla para abducir y poseer diabólicamente a esas otras fotos suyas con aire solemne y, de tanto en tanto, soltar una sonrisa loca.

Lo del principio: este hombre sigue siendo un niño.

CINCO. Y Stephen King sigue sabiendo abrir la puerta para ir a jugar y a temblar. Sigue siendo un niño especializado como pocos

—como Dickens— en la narración de historias de jóvenes que se meten en problemas o que meten a otros en problemas[3]. ¿Por qué tantos, por qué siempre? Sencillo: nadie teme mejor que los niños y los chicos, porque nunca se tienen más miedos que durante la infancia y la adolescencia. «Los primeros miedos son menos complejos pero más poderosos», explicó King.

Por lo que se impone aquí un breve recuento[4] de pequeños y adolescentes marca King por orden de publicación[5].

Allá vamos:

• La ya mencionada *Carrie* (si mal no recuerdo, en la novela hay un *flashback* donde la pequeña White aparece de niña arrojando sin manos piedras sobre el tejado de una vecinita insoportable o algo así).

• Los niños vampirizados en el autobús escolar que recorre las calles de ese pueblo chico e infierno colosal en *El misterio de Salem's Lot*: importación del *Drácula* europeo a la Peyton Place / Riverdale norteamericana. Aquí, también, primera aparición de uno de los Homo King paradigmáticos: Mark Petrie, chico marginado y con sobrepeso, pero buen conocedor de la cultura popular y los métodos para combatir vampiros, cortesía de cómics y películas de serie Z. Así, se resiste —en uno de los tramos más inolvidables de la novela— al pequeño Danny Glick aleteando junto a su ventana.

• Danny Torrance (y las hermanitas Grady) en *El resplandor* (1977) como testigo (des) privilegiado de la destrucción de su familia en la que, para mí, cotiza como una de las tantas Grandes Novelas Americanas, y en la gran película de Stanley Kubrick, tan irrespetuosa con el original, que King no ha dejado de odiar desde su estreno. Otro chico con poderes, sí. Pero de lo que aquí se trata es de la desintegración y metástasis de la célula básica de la sociedad y de comprender —como explicó King— que «El Terror es ese calculado *crescendo* camino de ver al monstruo. Horror es ver al monstruo».

Ese mismo año y bajo el seudónimo de Richard Bachman. King publicará *Rabia*, en la que el estudiante de secundaria Charlie Decker toma por asalto su aula y mata a una profesora y mantiene como rehenes a sus compañeros y más detalles en el próximo telediario (el libro fue citado varias veces como «favorito» por diversos asesinos estudiantiles y de ahí que King ya no permita su reimpresión y venta).

• Niños y jóvenes de sabores surtidos en *El umbral de la noche* (1978), primera recopilación de relatos de King. Los adolescentes contagiados por un virus mortal en «Marejada nocturna», los terrores infantiles en «El Coco», los fantasmas estudiantiles atormentando a un maestro en «A veces vuelven», los asesinatos en serie en un campus en «La primavera de fresa» y, claro, «Los chicos del maíz» con el niño predicador loco Isaac Chroner.

• Lo que King hizo con *Drácula* en *El misterio de Salem's Lot* vuelve a hacerlo en *Apocalipsis* (1978): un contemporáneo de *El señor de los anillos* Made in America. Allí, el adolescente confundido y *outsider* Harold Lauder. Primero obeso y con acné, luego delgado y sin acné y apreciado por la comunidad pero, enseguida, poseído por las fuerzas del Mal del a partir de aquí recurrente Randall «Hombre Oscuro» Flagg. Lauder se suicida en un último acto de redención.

• Chuck Chatsworth, joven bajo la tutela educativa del adivino-por-contacto Johnny Smith (y al que acaba salvándole la vida) en *La zona muerta,* una de las mejores novelas de King y —de paso— su primer número uno en ventas tanto en tapa dura como en bolsillo.

• *Ojos de fuego* (1980) y la niña Charlene «Charlie» McGee, como una Carrie en versión mental-pirómana, enfrentándose a una agencia gubernamental secreta y a un psicopático John Rainbird con más de un rasgo del Humbert Humbert de *Lolita*.

• El pequeño y temeroso y malcriado Tad Trenton, hijo de madre adúltera, ambos encerrados en un auto porque ahí fuera hay un San Bernardo enorme e hidrofóbico. El libro se llama *Cujo* (1981) y por entonces Stephen King ya es un alcohólico consumado y asegura apenas recordar haber escrito este libro. *Spoiler*: Tad muere. Cujo también.

• *Las cuatro estaciones* (1982) y el adolescente obsesionado con el Holocausto judío, atormentando a un vecino nazi sin saber a lo que despierta en «Alumno aventajado» y la pandilla de amigos a la búsqueda del cadáver y encontrándose a sí mismos por el camino en la sublime «El cuerpo» y el bebé al que da a luz una madre decapitada en «El método de respiración».

• *El Pistolero* (1982): primero de los acaso demasiados volúmenes que componen la saga de *La Torre Oscura*. Aquí, el «muerto» Jake Chambers como el «hijo» y acompañante de Roland. Jake volverá una y otra vez en las sucesivas entregas. El más «infantil» de toda la serie —por su abundancia de personajes juveniles— es *El viento por la cerradura* (2012). Nota importante: en las novelas de *La Torre Oscura* tiene importancia el un tanto siniestro libro infantil *Charlie the Choo-Choo* de Beryl Evans que —en 2016— sería presentado en la Comic-Con de San Diego. Evans, claro, era otro alias de King.

• Los jóvenes de *Christine* (1983): algo así como *American Graffiti* con auto embrujado.

• *Cementerio de animales* (1983): el pequeño Gage Creed. Y no se diga nada más, por favor. Y qué miedo.

• *El ciclo del hombre-lobo* (1983): Marty Coslaw, chico en silla de ruedas tuneada. Y su hermana. El licántropo del pueblo es el sacerdote.

• El iniciático Jack Sawyer en *El talismán* (1984, en coautoría con el nunca del todo bien ponderado —y por desgracia tanto menos prolífico que King— Peter Straub), cruzando mundos y dimensiones. Sawyer reaparecería como adulto en la secuela *Casa negra* (2001), otra vez a cuatro manos con Straub.

• El adolescente y futuro Rey Peter y su menos carismático hermano menor Thomas en *Los ojos del dragón* (1984).

• Heidi Halleck, hija del alguna vez obeso Billy Halleck en *Maleficio* (1984): otra de Bachman —a quien finalmente aquí se identificó/desenmascaró cortesía de un fan obsesivo como King— y responsable de aquello de «no te comas el pastel sin preguntar antes si puedes».

• *Skeleton Crew* (1985) fue desmembrado en cuatro libros para su versión española y nunca reeditado según la versión original. Aquí hay niños en la *nouvelle* casi clásica «La niebla» (con un final mucho menos esperanzador en su versión fílmica), en «Hay tigres» (con chico con miedo de ir al baño en el colegio), en «El mono» (la memoria inolvidable de un juguete de infancia), en «Apareció Caín» (con otro estudiante asesino en serie), en «La balsa» (chicos y chicas nadando hasta esa plataforma en el medio del lago y…), en «Nona» (otro bueno que se vuelve malo), en «Para Owen» (poema autobiográfico con King llevando a su hijo a la escuela y mejor no seguir) y en «Abuela» (chico que debe quedarse a cuidar a su abuelita enferma mientras afuera ruge la tormenta y —sorpresa— la abuelita era una bruja de cuidado).

• *It* (1986) o la Gran Novela Infantil Americana Para Adultos. Payaso asesino, la ciudad maldita de Derry, jungla para pequeños que casi no tienen comunicación con sus padres («para los niños los verdaderos monstruos son los adultos», descubre alguien), niños que crecen de golpe y polémica escena de sexo grupal para así vencer a la Bestia[6].

• El pequeño Thad Beaumont en *La mitad oscura* (1989) —antes de hacerse famoso muchos años después como George Stark, autor de *best-sellers* ultraviolentos— sufriendo migrañas cataclísmicas. El pequeño Thad a quien —al operarlo para extraerle el tumor causante de esas jaquecas— se le descubre en su cerebro un ojo bien abierto, algunas uñas y varios dientes porque, ugh, «absorbió» a su hermano mellizo durante el embarazo de su madre. Y ya pueden imaginar lo que sucederá cuando Beaumont —cansado de su *alter ego* comercial— decida «matarlo» para volver a ser un escritor «serio».

• *Dolores Claiborne* (1992). Novela con hija víctima de abusos sexuales por parte de padre, y madre vengadora y eclipse. El mismo eclipse reaparece en la juventud de otra abusada y adolescente en *El juego de Gerald* (también de 1992).

• El chico prodigio en «El final del desastre» en *Pesadillas y alucinaciones* (1993) y no recuerdo mucho más de este libro de relatos. Creo que, para variar, había uno con maestra que asesinaba a estudiantes y uno con abuelo epifánico y otro con niño secuestrado…

• Las niñas Cora y Kathe violadas y asesinadas en la magistral *La milla verde* (1996).

• El milagroso y divino David Carver con línea directa con Dios en *Desesperación* (1996). Y el joven repartidor de periódicos Cary Ripton y el muy popular y un tanto violento programa infantil de televisión *MotoKops 2200* en su novela gemela *Los reguladores* (1996), firmada por Richard Bachman.

• La prodigiosa Kyra Devore de tres años en la casi romántica *Un saco de huesos* (1998).

• La superviviente profesional Trisha McFarland en *La chica que amaba a Tom Gordon* (1999).

• El joven Bobby Garfield (y Carol Gerber) en «Hampones con chaquetas amarillas» en el brillante *Corazones en la Atlántida* (1999) o Stephen King va y vuelve de Vietnam.

• *El cazador de sueños* (2001), suerte de variación de *It* (adultos unidos para siempre en la infancia y vueltos a juntarse para combatir un ente alienígena) con una curiosa fijación fecal en la que mejor no abundar. Y, claro, Duddits, el niño eterno que en realidad es algo muy pero muy diferente.

• *Buick 8: Un coche perverso* (2002) y el joven Ned Wilcox, hijo de un policía fallecido, visita la comisaría para sentirse más cerca de su padre ausente conversando con sus amigos. Y en el garaje hay un auto con una historia muy, pero que muy rara.

• En *Cell* (2006) King lo dijo antes que nadie: los teléfonos móviles acabarían convirtiéndonos en zombis. Aquí, Johnny, hijo de Clyton Ridell, es una de las millones de víctimas del fenómeno. Hay, también, varios estudiantes y profesores que, por una vez, no se matan entre ellos sino que se protegen mutuamente.

• Niñas embrujadas/ahogadas en *Duma Key* (2008). Y niña prodigio. Y joven asesinada y violada.

• En *Doctor Sueño* (2013), Danny «El resplandor» Torrance es un alcohólico de cuarenta años. Pero si Stephen King pudo dejar todos sus vicios (que eran muchos y no se limitaron sólo a vaciar botellas sino, también, a llenarse la nariz), Danny también puede. Eso sí: primero deberá salvar a la adolescente Abra Stone (quien también está dotada con «el resplandor», además de las habilidades movedizas de Carrie White) de una banda de vampiros psíquicos que quieren chuparle su aura o algo por el estilo.

• *Mr. Mercedes* (2014) abre la llamada *Trilogía Bill Hodges* —que se completó con *Quien pierde paga* (2015) y *Fin de guardia* (2016)— y en todas el co-protagónico del afroamericano juvenil y muy informáticamente inteligente Jerome Robinson. En la segunda de las novelas, el adolescente Peter Saubers descubre manuscritos de una especie de J. D. Salinger. Y se mete en problemas.

• *Revival* (2014) es una de las mejores novelas del King «tardío», y en ella el joven Jamie Morton, obsesionado desde niño y a lo largo de décadas por la figura de un literalmente electrizante predicador.

• Las adorables hijas del desafortunado Terry Maitland en *El visitante*. Y ese niño violado y mutilado y asesinado de once años, claro. Y los dos niños muertos en esa cueva.

Y en alguna parte —lectores constantes—, mientras ustedes leen esto, Stephen King está dando a luz nuevos niños para luego poder matarlos.

O salvarlos.

O ambas cosas[7].

SEIS. Y de un tiempo a esta parte he notado un curioso efecto en los libros de Stephen King. O tal vez el que cambió fui yo, que ya no soy ni un niño ni un joven. Y el cambio es el siguiente: me gustan mucho más en la ficción de King sus inicios, sus largos tramos «realistas» (y donde lo que el autor hace no es dar miedo al lector sino pedir atención por parte del lector) y en los que el horror o el monstruo todavía espera en un horizonte más o menos lejano.

Es decir, me gusta más la infancia de cada libro de King.

SIETE. Casi para despedirme, un apunte personal. El primer libro de Stephen King que yo leí fue *Carrie* cuando *Carrie* era el único libro de Stephen King en las librerías. Y el último ha sido el —hasta la fecha— recién aparecido *Elevation*. Es decir: he leído todo lo que ha publicado King y lo he ido leyendo por orden y —de ser posible— comenzando cada uno de sus títulos casi el mismo día de su publicación en inglés.

Aunque comencé leyéndolo en español. Es decir, leí *El misterio de Salem's Lot* como *La hora del vampiro*, *El resplandor* como *Insólito esplendor* y *The Stand* como *La danza de la muerte* antes de que mutara ampliándose a *Apocalipsis*.

Lo que significa que King, probablemente, sea el autor que me acompaña desde hace más años.

Entre todos sus títulos —y son muchos— el único que no terminé (por agotamiento) fue *La cúpula* (2009) y el único que me pareció malo más allá de todo perdón fue *Bellas durmientes* (2017) en coautoría con su hijo Owen.

Y cuando comencé a leer a King yo era más o menos alguien a punto de ser un ex niño pero todavía no.

Y —como uno de los jóvenes de Stephen King— me había metido en problemas. No sobrenaturales, pero casi. Me habían expulsado del colegio y yo no les había dicho nada a mis padres y (aunque suene tan inverosímil como algunas de las cosas que tienen lugar en Castle Rock) durante casi dos años fingí que nada había pasado, que todo seguía igual, que yo seguía yendo a clases cuando en realidad iba a una biblioteca de Caracas, Venezuela. A leer. A Charles Dickens y a tantos otros. Y a un joven autor llamado Stephen King porque a mí —como a King en sus inicios— me encantaba —y, como a King, me encanta— que me asustasen.

Allí —en la casi clandestinidad y escondido de mis padres— supe, por primera vez, de la plaga de nosferatus arrasando ese pueblo de Maine y de los incómodos huéspedes sin fecha de *check out* en el Overlook Hotel en las Rockies de Colorado.

Allí —de algún modo— sigo estando.

Vampirizado y embrujado y rogando para no ser descubierto.

Allí y así seguiré, igual que ese niño que alguna vez fui y que —como tantos de los niños de Stephen King que viven y sobreviven para contarla— cuando fuera grande sólo quería ser y acabar siendo escritor.

Gracias por el miedo, Su Majestad.

Larga vida a King.

[1] Autobiografía de su oficio cuya escritura esporádica recién concluirá en 1999 como suerte de purga terapéutica luego de haber sido él mismo atropellado por una camioneta. Ya más o menos repuesto, King —en un gesto encantadoramente infantil— compró la camioneta para que no se vendiera por piezas en eBay a alguno de sus fanáticos fans «modelo Misery» y la hizo desguazar para luego arrepentirse porque, dijo, le hubiese encantado destruirla a mazazos él mismo o hasta organizar un evento benéfico donde cada golpe a su carrocería equivaliese a una determinada cantidad de dinero.

[2] A King le debemos descendientes suyos en la práctica del espanto juvenil como John Ajvide Lindqvist, John Connolly, Dan Chaon, Kelly Link, Michael Koryta, Thomas Olde Heuvelt, Justin Cronin, Mariana Enriquez, su contemporáneo Dean Koontz, el gran Peter Straub (con quien King escribió *El talismán* y *Casa negra*) y hasta los propios hijos de King: Joe Hill y Owen King. Y *también* podemos acusar a King de haber abonado la tierra de cementerio donde germinaron atrocidades como la saga *Crepúsculo* de Stephenie Meyer, despreciada por el mismísimo Rey Stephen porque «no tratan sobre el miedo a los vampiros sino sobre el miedo a no tener novio».

[3] Y también, no está de más precisarlo, Stephen King probablemente sea —junto al sobrena-turalista ocasional pero consumado Henry James— quien más ha escrito sobre la «locura del arte» y el «trabajo en la oscuridad»: sobre las pesadillas que acechan a todo aquel que hace de la escritura su oficio y su obra y su vida. En los libros de Stephen King los escritores pueden ser monstruos. Y los lectores también.

[4] Y, seguramente, incompleto; pero —advertencia pertinente para obsesivos— quien aquí enumera no lo hace con intenciones enciclo-completistas sino sentimentales. Los que se cuentan y enumeran aquí fueron aquellos y aquellas cuyos terrores (recibidos o entregados) nunca se olvidarán, aunque se reconozca alguna ayuda de Wikipedia y la revisión de estantes de esa mansión embrujada que es la propia biblioteca.

[5] Utilizaré aquí los títulos con los que fueron publicados o reeditados en español.

[6] Refiriéndose al «escándalo» en cuestión, King siempre dijo que, en el momento de la escri-tura, «yo no pensaba realmente en el aspecto sexual sino en el acto mismo como algo que conectaba la niñez con la vida adulta. Para mí no era más que otra versión de ese túnel de cristal que conecta la parte infantil de la biblioteca con la sección para adultos. Las cosas han cambiado mucho desde que escribí esa parte... Lo que sí me pareció fascinante entonces es que se comentase tanto una única escena de sexo y que, en cambio, se dijese tan poco acerca de los asesinatos en serie de niños en *It*. supongo que eso significa algo y dice mucho acerca de nosotros, pero no estoy muy seguro de qué».

[7] Y tal vez el hijo espiritual de Stephen King a la hora de escribir sobre niños aterrorizados y terroríficos (dejando de lado lo hecho por su hijo Joe Hill en *NOS4A2*) sea el muy recomen-dable Paul Tremblay en *Una cabeza llena de fantasmas*, *Desaparición en la Roca del Diablo* y *The Cabin at the End of the World*.

STEPHEN KING Y EL ARTE DEL HORROR
Greg Littmann

Me encanta ese momento de *El resplandor* en el que Wendy Torrance corre, por los pasillos del Hotel Overlook, presa del pánico, para escapar de un marido con un mazo y propósitos asesinos, y encuentra, saliendo repentinamente de una habitación, al
fantasma de un antiguo huésped, vestido de etiqueta, que le grita a la cara, «magnífica fiesta, ¿no?», mientras tira de un cordón
para abrir un paquete envuelto en papel de regalo. Me encanta
ese momento de *It* en el que Pennywise el Payaso se le aparece a
Ben Hanscom en la biblioteca pública de Derry y clava en él los
dos agujeros vacíos que le hacen las veces de ojos y se convierte
en una suerte de Drácula que tiene en la boca, por dientes, hojas
de afeitar ensangrentadas. Me encanta ese momento del *Cementerio de animales* en el que Church, el gato atropellado, regresa
del camposanto y reaparece en casa, torpe y bamboleante, apes-
tando a muerte. ¿Qué clase de monstruo enfermo soy?

He sido un apasionado del género de terror desde que tengo
memoria, si bien es algo que no le confieso a todo el mundo. Socialmente, una pasión como la mía no resulta demasiado aceptable en según qué círculos, donde se la tacha de patológicamente

morbosa, con toda esa violencia y todas esas muertes, o de absurdamente infantil, con toda la magia y los monstruos.

Es sorprendente la escasa atención que los filósofos del arte le han prestado al terror artístico[1]. Como el propio Stephen King mencionó en una columna de *Entertainment Weekly*, «Los debates artísticos/intelectuales tienen poco que ver con lo que a mí me ocurre al ver *Los renegados del diablo* de Rob Zombie… Nunca olvidaré al efusivo (y posiblemente borracho) espectador de la fila de adelante que gritaba: "¡Esta película es LA HOSTIA!" Y yo sentía lo mismo. Porque lo era»[2]. Pero lo cierto es que los debates intelectuales sobre arte tienen que atender al placer que la gente obtiene de formas artísticas como *Los renegados del diablo*. Es posible que muchos teóricos del arte encuentren desagradable esta parte del género de terror o el género al completo, pero ignorar ciertas formas artísticas porque resultan desagradables sería como si un biólogo se negara a estudiar el sistema digestivo de un ser vivo porque le da asco. Como tampoco podemos ignorarlo porque lo encontremos socialmente nocivo, igual que un biólogo no puede olvidarse de los parásitos perjudiciales ni de las enfermedades peligrosas.

En realidad, podemos aplicar gran parte de la filosofía del arte tradicional a la ficción en el ámbito del terror. Eso no debería sorprendernos, puesto que el debate acerca de qué tipo de ficción debería consumir y disfrutar el público es, como mínimo, tan antiguo como la propia filosofía, tan antiguo como muchos de los asuntos subyacentes a este tipo de obras. De hecho, la filosofía del arte tradicional puede ofrecernos un marco contextual para la *apreciación* del género de terror y para el reconocimiento de su valor literario, con gatos apestosos y todo. Pero, primero, repasemos la historia de su rechazo de la mano del primer filósofo del arte conocido, que, con toda seguridad, denostaría la obra artística de Stephen King y el género de terror al completo.

Mentiras y blasfemias: Platón destierra a Carrie White

Platón es uno de los pensadores más influyentes de la historia y sus obras han sentado los cimientos de la ética, la política y la metafísica en Occidente. Con la ficción guardaba una relación de profunda desconfianza. Consideraba que entre ésta y la filosofía había un desacuerdo esencial, según el cual la filosofía se ocupaba de decir la verdad y la ficción era la encargada de contar mentiras. Cuando describió su sociedad ideal en *La República*, el derecho a mentir se lo otorgó exclusivamente al gobierno y consecuentemente prohibió la ficción, asegurando que «en lo relativo a la poesía, no han de admitirse en la ciudad más que los himnos a los dioses y los encomios a los héroes»[3]. King, igual que Platón, cree que la mejor ficción es aquella que cuenta la verdad. En *Mientras escribo*, dice que «la narrativa consiste en descubrir la verdad dentro de la red de mentiras de la ficción»[4], y en *Danza macabra* afirmaba que «el primer deber de la literatura es contarnos la verdad acerca de nosotros mismos contándonos mentiras sobre gente que jamás existió»[5]. Pero, para Platón, una verdad tan vaga no sería suficiente.

A Platón le sorprendía particularmente la manera en que los autores de ficción se dedicaban a describir cosas que ignoraban por completo. Critica a Homero, el más respetado de los poetas griegos, por hablar de técnicas navales y médicas en sus relatos de héroes y aventuras. Si no tenía experiencia alguna en esos temas, lo mejor hubiera sido que se callara. King, en cambio, considera que un autor, con tal de contar la verdad, puede escribir sobre «lo que le dé la gana. Lo que sea...»[6]. Platón, sin embargo, criticaría que King escriba sobre temas en los que no es ninguna autoridad, como la medicina (*La zona muerta, Cementerio de animales, Doctor Sueño*, etcétera), las misiones policiales (*La mitad oscura*, *La tienda*, *Buick 8: Un coche perverso*, etcétera), o las enfermedades mentales (*Carrie*, *El resplandor*, *Misery*, etcétera).

Peor aún es, según Platón, cuando los contadores de historias, en su ignorancia, se adentran en lo sobrenatural. Le habría horrorizado ver cómo King escribe sobre fantasmas, fenómenos paranormales o máquinas poseídas por espíritus sin ser un experto en el verdadero reino de lo sobrenatural y, por ello, propagando ideas probablemente perjudiciales. Igual de horrorizado que se habría sentido ante la tradición del género de terror sobrenatural al completo, con su catálogo de espectros translúcidos lastimeros, patrimonios familiares malditos, vampiros aristócratas, artefactos sin nombre del más allá o conserjes quemados vivos que se les aparecen en sueños a los adolescentes y los matan mientras duermen.

La más errónea representación de lo sobrenatural es, según Platón, aquella que falla en la representación de la divinidad. Para él, los relatos tradicionales sobre dioses, como los que contaba Homero, no eran más que invenciones de gente que no tenía idea alguna acerca del reino de lo divino. En su ciudad ideal, estaban prohibidos los cuentos en que «guerrean, se tienden asechanzas o luchan entre sí dioses contra dioses —lo que, por otra parte, tampoco es cierto—»[7]. Le habría espantado conocer hasta qué punto el género de terror ha apuntalado ciertas creencias extravagantes del cristianismo: crucifijos que ahuyentan vampiros o sacerdotes capaces de exorcizar demonios. Y aún le resultarían más escandalosas las historias de terror que se inventan a sus propios dioses imperfectos o, peor, malvados. H. P. Lovecraft (1890–1937), el escritor que hizo que Stephen King se enganchara al género de terror, es famoso por haberle dado la vuelta a la religión tradicional para inventar un universo en el que los dioses son sádicos, están locos o carecen por completo de sentido común. Si para Platón todo lo divino resultaba razonable, Lovecraft nos regala mundos gobernados por «un dios ciego e idiota, Azathoth, Señor de Todas las Cosas»[8]. Si el griego veía lo divino como una fuerza benigna de orden, Lovecraft nos presenta dioses que se dedican a conspirar durante el día para «dejar a un lado la ley y la moral; y todos los hombres gritarán y matarán, y gozarán en su alegría… y les enseñarán nuevas formas de gritar y de matar, de solazarse y disfrutar, y la Tierra entera arderá en un holocausto de éxtasis y libertad»[9].

Mismo espanto sentiría Platón si le hubieran mostrado los dioses de Stephen King. Al contrario que el panteón de Lovecraft, los Gan, la Tortuga, el Blanco y la Oscuridad Exterior tienden más hacia el bien que hacia el mal. Pero, en cualquier caso, tienen demasiados defectos como para acercarse a la idea platónica de la perfección divina. Gan, creador de un mundo que termina enviando al abismo, es moralmente ambiguo, y la Tortuga es decente pero nunca resulta de demasiada ayuda. El nebuloso Blanco sí podría ser una representación aceptable de la bondad y el orden, como la Oscuridad Exterior del mal y el caos, pero Platón no consentiría vínculo alguno entre ambos. En las obras de King, el Blanco siempre necesita la participación de la bondad de las personas para triunfar. Para Platón, lo divino es lo suficientemente fuerte como para no necesitar ayuda de nadie. Es más, lo divino es eterno y, por tanto, no puede ser derrotado por el mal y el caos. Eso, por no hablar de las ocasiones en que King crea dioses mucho peores que éstos o, simplemente, se los pide prestados a Lovecraft.

Platón creía también que la vida después de la muerte debía ser tratada con sumo cuidado. A los hombres no se les podían dar historias que representaran la muerte como algo terrorífico o repulsivo, pues eso les haría débiles en la guerra. Lo debían mostrar los relatos es que en la muerte no aguarda ninguna aflicción para aquellos que han vivido bien. Esto es, evidentemente, difícil de reconciliar con un buen número de obras de terror, que nos devuelven a los muertos, malditos, y los ponen a deambular por la tierra como espectros quejosos o zombis voraces, o que los envían a sufrir incontables penurias en algún más allá. En las historias de King, incluso las almas inocentes pueden quedar atrapadas y atormentadas entre dos mundos, como las hijas gemelas del conserje Delbert Grady que vagan por el Hotel Overlook en *El resplandor*, o los niños asesinados por *It* en las cloacas, «aquí abajo todos flotamos». O, aún peor, en *Revival* se nos cuenta que después de la muerte todas las almas de los hombres son perseguidas por la sádica Madre y su ejército de hormigas demoníacas y viciosas.

Aunque hoy en día muy pocos suscribirían el planteamiento de Platón con respecto a los dioses, la preocupación por que las obras de terror presenten equívocos y representaciones erróneas de lo sobrenatural sigue siendo común. La ficción sobrenatural ha sido calificada a menudo de «satánica» y acusada de alejar a los jóvenes de Dios. La madre de Carrie White, profundamente religiosa, nunca hizo ningún comentario acerca del género, pero tengo la sensación de que jamás le hubiera permitido leer un libro de miedo a su hija, por esa razón.

Historias morbosas y degeneración moral

Como harían tantos otros críticos posteriores a él, Platón veía las diferentes formas de entretenimiento como un medio por el cual el público obtenía malos ejemplos que terminaban por corromperlo. Si los personajes, especialmente los más heroicos o aquellos con los que más se empatizaba, hacían algo malo en las historias que protagonizaban, la gente tal vez actuaría del mismo modo en la vida real. Le horrorizaría ver cómo la industria del terror ha convertido a los asesinos y a los sádicos en protagonistas, en estrellas, incluso, con franquicias enteras basadas en películas de miedo como *La matanza de Texas* (1974), *Halloween* (1978) o *Pesadilla en Elm Street* (1984), o en «cine gore», o «gorno», como *Saw* (2004), *Hostel* (2005) o *El ciempiés humano* (2010).

A Platón le preocupaba especialmente la desintegración del principio de autoridad y, en particular, la desintegración de la autoridad paternal. Condena como «la mayor de todas las mentiras» ese mito en el que el rey de los dioses, Urano, es castrado y derrocado por su hijo, Cronos, que es derrocado a su vez por el suyo, Zeus[10]. Dice «No se debe dar a entender a un joven oyente que, si comete los peores crímenes o castiga por cualquier procedimiento las malas acciones de su padre, no hará con ello nada extraordinario, sino solamente aquello de que han dado ejemplo los primeros y más grandes de los dioses»[11].

Platón encontraría inaceptable la manera en que los niños de las novelas de Stephen King a menudo saben mucho más que sus padres y el resto de sus mayores. En *Carrie*, la madre desquiciada de la protagonista es tan pésimo ejemplo para su hija que llega a decirle que la menstruación y el crecimiento de sus pechos son un castigo por sus pecados sexuales. En *El misterio de Salem's Lot*, es Mark Petrie, de doce años, quien sabe cómo utilizar la fe contra el vampiro Kurt Barlow, y no el padre Callahan. En *It*, si los siete miembros del «club de los perdedores» hubieran obedecido a sus padres, habrían acabado flotando bocabajo en las cloacas. En su lugar tuvieron que desobedecerles para vencer una amenaza que sus progenitores eran incapaces de entender. Los padres son los que más tienden a actuar de manera violenta y peligrosa, como Jack Torrance en *El resplandor*, persiguiendo a su mujer y a su hijo por los pasillos del Hotel Overlook para darles su «medicina» con una maza de polo. En *It* encontramos, por si fuera poco, dos padres paranoicos, violentos y abusivos, el de la heroína Beverly Marsh y el del abusón del instituto Henry Bowers[12].

Platón atacaba constantemente la forma en que la ficción de su época se dedicaba a inflamar las emociones en lugar de promover el autocontrol: «Y por lo que toca a los placeres amorosos y a la cólera y a todas las demás concupiscencias del alma, ya dolorosas, ya agradables, que decimos que siguen a cada una de nuestras acciones, la imitación poética riega y nutre en nuestro interior lo que había que dejar secar y erige como gobernante lo que debería ser gobernado»[13]. Por eso se oponía a aquellas historias en las que aparecían hombres y mujeres buenos dominados por la intensidad de sus propias emociones. Debemos reflexionar, dice Platón, «acerca de lo ocurrido y al colocar nuestros asuntos, como en el juego de dados, en relación con la suerte que nos ha tocado, conforme la razón nos convenza de que ha de ser mejor, y no hacer como los niños, que, cuando son golpeados, se frotan la parte dolorida y pierden el tiempo gritando»[14].

Por supuesto, es incompatible la prohibición de expresar las emociones más vivas con un género cuya seña de identidad es el grito de terror. Resulta casi imprescindible que los protagonistas de las mejores historias de miedo sientan un pánico atroz que les amenaza y les domina. Cuando eso no ocurre, y el lector no siente miedo a través de ellos, la historia no le atrapa. En *El misterio de Salem's Lot* el propio King escribe, por ejemplo, como si quisiera burlarse de las palabras de Platón: «Desde las tinieblas, Barlow tendió la mano y le arrebató la cruz de entre los dedos. Callahan lanzó un grito de agonía, el grito que, sin llegar jamás a la garganta, había vibrado en el alma de aquel niño de antaño a quien todas las noches dejaban solo»[15]. En toda historia de terror que se precie, el protagonista es presa de un pánico que lo encamina firmemente hacia el ataque de histeria o lo deja al borde de la locura. Así, en *Misery*: «No tenía ni idea de si le iba a salir algo hasta que le salió: "¡África!", gritó Paul. Sus manos temblorosas volaron como pájaros asustados agarrándose a su cabeza como para evitar que le explotasen los sesos. "¡África! ¡Ayúdeme! ¡África! ¡África!"»[16].

Es posible que hoy en día no tengamos los mismos reparos morales que tenía Platón, pero es la misma preocupación por la moralidad pública la que resuena en los ataques modernos contra el género de terror. Cada vez que una película de miedo cruce una nueva frontera o tenga éxito comercial aparecerá gente quejándose de que promueve la violencia. La mayoría de los esfuerzos institucionales para que los niños no entren en contacto con ese tipo de ficción han venido motivados por la inquietud acerca de las ideas malignas que pueden aprender de ella. Por ejemplo, cuando los cómics de terror que tanto le gustaban a Stephen King de pequeño fueron convertidos en algo completamente distinto por las severas medidas que introdujo la Comics Code Authority en 1954, la pretensión era proteger la moral de los más jóvenes. El propio King obligó a que su novela *Rabia* quedara descatalogada por miedo a que inspirara matanzas escolares como la que aparece en el libro.

La absoluta inexistencia de ninguna prueba que avale que el género de terror nos lleva derechos a la práctica criminal debería hacer desaparecer ese miedo por la seguridad pública. Sin embargo, aún podemos preocuparnos por los mensajes que nos transmite. En *Danza macabra*, King analiza cómo las obras de terror suelen ceñirse a ciertas normas morales: «En el esquema de la mayor parte de los relatos de horror encontramos un código moral tan estricto que haría sonreír a un puritano»[17]. No tiene por qué ser algo malo: «Si el relato de horror es nuestro ensayo para la muerte, entonces su estricta moralidad también lo convierte en una reafirmación de la vida, la buena voluntad y la simple imaginación»[18]. Lo que sucede es que el género también puede resultar moralmente simplista. Como apunta King, «es cierto que una película de horror mítica, relacionada con los cuentos de hadas, pretende eliminar las sombras grises...

71

nos urge a dejar de lado nuestra tendencia civilizada y adulta hacia el análisis para volver a ser niños, viendo las cosas en puros blancos y negros»[19]. Una moralidad de blancos y negros que allana el camino para emplear duros correctivos a la hora de tratar las desviaciones o la delincuencia. King plantea que «en los viejos tebeos de EC, los adúlteros terminaban invariablemente mal y los asesinos sufrían destinos tan terribles que en comparación el potro y el garrote parecen atracciones infantiles»[20]. Del mismo modo, en las películas, «cuando se apagan las luces del cine o cuando abrimos un libro por su primera página tenemos la reconfortante convicción de que los malvados serán castigados con casi total seguridad, cosechando lo que hayan sembrado»[21]. Pero la pretensión del género no es dar una lección de decencia o moral, sino celebrar el júbilo del derramamiento de sangre, amparándonos en el historial delictivo de la víctima para anestesiar nuestra compasión. El sadismo contra gente que no existe no hace daño a nadie, literalmente, por lo que no hace falta confinarlo como placer culpable. Sin embargo, si hay alguna lección moral oculta ahí, no cabe duda de que no es de las mejores.

Es más, según King, el terror se inclina por naturaleza a ser un obstáculo contra el progreso social: «Cuando hablamos sobre la monstruosidad, estamos expresando nuestra fe y creencia en la norma y protegiéndonos del mutante. El escritor de terror no es ni más ni menos que un agente del *statu quo*»[22]. Aunque Platón no era ningún entusiasta de la individualidad, veía defectos en el *statu quo* de su época y creía que había llegado la hora de que tuviera lugar un cambio social drástico. Acusó a sus conciudadanos de preocuparse sólo por la riqueza y la gloria cuando deberían estar ocupados en llevar una vida virtuosa. Deseaba abolir la democracia, la lujuria y, en el caso de aquellos que trabajaban para el gobierno, hasta el matrimonio y la familia. A nosotros también nos gustaría ver cómo se producen ciertos cambios sociales, lo que resulta bastante inoportuno, pues nos hemos enamorado de un arte al servicio del sistema.

Un vampiro por vecino y payasos mágicos: todo esto es una sarta de tonterías, ¿no?

¿Han sido suficientes diatribas contra el terror? ¿Ya es hora de que llegue la defensa? Malas noticias, mis valientes Tommy-knockers, pues la filosofía clásica aún nos tiene guardados unos cuantos problemas. Aristóteles fue discípulo de Platón y uno de los pocos pensadores que pueden rivalizar con él en cuanto a influencia histórica. Igual que su maestro, sus campos de estudio fueron la ética, la política y la metafísica y su interés por la naturaleza le convirtió en uno de los fundadores de la ciencia. Pero, además, fue el creador de la teoría narrativa que aún sigue rigiendo en nuestros días.

Aristóteles hacía especial hincapié en que los buenos relatos debían tener sentido, en que no podían consistir en una serie de acontecimientos improbables o deshilvanados. En su *Poética* escribe que «es, pues, evidente que el desenlace del argumento debe resultar del argumento en sí mismo»[23]. En otras palabras, que una vez que la premisa de la historia está dispuesta, el resto debe surgir a partir de ella de una manera razonable. En la ficción sobrenatural, sin embargo, esa regla no rige necesariamente. Aunque Aristóteles creía que resultar verosímil es una virtud de toda historia, también aceptaba que, a veces, está bien incluir elementos improbables si así se logra mayor impacto. Escribe: «se han descrito cosas imposibles, se ha cometido un error. Pero es correcto si la poesía alcanza el fin propio del arte, si de esa manera consigue que nos impresione más»[24]. De ese modo, el artista puede inventar historias sobre dioses, profecías, monstruos y el resto de las maravillas que encontramos habitualmente en la literatura griega. Pero incluso esas historias deben desarrollarse de forma creíble: «Los argumentos no deben componerse de partes irracionales»[25].

Sin embargo, el terror a menudo adquiere toda su potencia en la *ausencia* de sentido. Como explica King en *Entertainment Weekly*, «las pesadillas existen fuera de la lógica y las explicaciones nunca son lo más divertido del mundo: son, más bien, antitéticas a la poesía del miedo»[26]. H. P. Lovecraft anotó que en una historia de terror verdaderamente buena, debe existir «una maligna y específica suspensión o derrota de aquellas leyes desde siempre vigentes en la naturaleza que representan nuestra única salvaguarda contra los asaltos del caos y los demonios del espacio insondable»[27]. Si el Hotel Overlook es un lugar en el que cualquiera se sentiría al borde del ataque de pánico es porque allí ocurren cosas que no debería ser posible que ocurrieran, como la aparición, por ejemplo, de cadáveres hinchados en la bañera. Toda historia de terror debe tener *cierto* sentido, claro. El nombre de un pueblo no puede cambiar de un capítulo a otro. Las reglas que se les aplican a los sucesos mágicos, por arbitrarias que sean en un primer momento, deben cumplirse de ahí en adelante. Si la fe puede hacer que un vampiro huya en el primer capítulo, la fe debe hacer que los vampiros huyan en el trigésimo capítulo. No obstante, hay ciertas cuestiones que es mejor que no pierdan su carácter misterioso. ¿Cómo pudo bajar ese payaso tan grande por ese desagüe tan pequeño? Es el hecho de que sea inexplicable lo que lo vuelve tan perturbador.

Llama la atención que la literatura de terror más influyente del siglo XIX y principios del XX recurra a los argumentos más inverosímiles, incluso si dejamos de lado los elementos sobrenaturales. Si autores como Mary Shelley (1797-1851), Edgar Allan Poe (1809-1849), Bram Stoker (1847-1912) o Lovecraft siguen cautivando a los lectores no es precisamente porque sus historias tengan perfecta coherencia. Tampoco la tienen las novelas del propio King, plagadas de finales que suceden por sorpresa, sin anticipación alguna. En *Apocalipsis*, por ejemplo, a los héroes los guían sus propios sueños y las visiones de Madre Abigail, de forma que terminan diseñando sus planes sin ser completamente conscientes de lo que están haciendo. El antagonista Randall Flagg es derrotado por intervención divina, una fuerza sagrada que cancela sus poderes mágicos y detona una bomba nuclear en su presencia.

La exigencia aristotélica de que las historias resulten verosímiles es especialmente problemática en el caso de escritores que son, también, constructores de mundos, como Lovecraft o King, en cuyas obras existen vínculos que conforman una única mitología. Sus versiones de la tierra se tornan cada vez más extrañas conforme las nuevas historias traen nuevos horrores y añaden improbabilidades a una pila ya bastante grande de las mismas. En el Maine de King, el pueblo de Castle Rock es el lugar donde adquiere vida y sed de sangre el pseudónimo de un autor (*La mitad oscura*), en el que vive un brujo, encargado de una tienda, que puede venderte todo lo que desees (*La tienda*) y también un hombre que, tras sufrir un accidente que le dañó el cerebro y desarrollar poderes psíquicos, resulta ser el único que puede salvar a la humanidad de una guerra nuclear (*La zona muerta*), por no mencionar a un camión vengativo («El camión del tío Otto»), una cámara mágica que es un portal entre dos mundos («El perro de la Polaroid») y una mujer que puede conducir entre dimensiones con un Mercedes cupé («El atajo de la señora Todd»). Cerca de allí, la ciudad de Derry es el escenario de los asesinatos en serie de varios niños por parte de un fantasma con ansias de venganza (*Un saco de huesos*), de los asesinatos en serie de otra serie de niños por parte de un payaso-araña llegado del espacio (*It*), de las actividades de un brujo que regala años de vida por un extrañamente módico precio («Una extensión justa»), de un profesor de instituto que viaja en el tiempo

75

para impedir el asesinato de JFK (*22/11/63*), de la invasión que lleva a cabo una avanzadilla de alienígenas telepáticos especializados en armas biológicas (*El cazador de sueños*) o donde reside un viudo jubilado cuyas alucinaciones provocadas por el insomnio le convierten en la única esperanza no sólo de este universo, sino de todos los universos que existen (*Insomnia*). Y todo esto ocurre a escasos kilómetros del pueblo infestado de vampiros de Jerusalem's Lot (*El misterio de Salem's Lot*), de Chamberlain, el pueblo arrasado por los poderes telequinésicos de una adolescente (*Carrie*), de Haven, el pueblo dominado psíquicamente por una nave espacial (*Los Tommyknockers*) y del pequeño pueblo de Ludlow, donde los muertos regresan a la vida periódicamente (*Cementerio de animales*). El único y escaso toque de realismo en toda esta mitología aparece en *Ojos de fuego*, donde se presenta a The Shop, una división del Gobierno de los Estados Unidos que se dedica a investigar fenómenos paranormales. Al menos alguien parece haberse percatado de que todos los residentes de las zonas rurales de Maine viven a menos de diez metros de algún monstruo.

Aristóteles creía que igual que el argumento debía tener sentido, los personajes también debían ser creíbles, coherentes: «Y además, en los caracteres, lo mismo que en la trama de los hechos, hay que buscar siempre lo necesario y lo verosímil, de modo que sea verosímil que tal personaje diga o haga tal cosa»[28]. La profundidad y la coherencia de los personajes de King es una de las señas de identidad de su estilo. Siempre que tiene lugar algún acontecimiento fantástico, los personajes hablan y actúan de acuerdo con su personalidad y sus antecedentes. En *Mientras escribo*, King plantea que para el trabajo de construir personajes ficticios «sólo hay dos secretos: prestar atención a lo que hace la gente que te rodea y contar la verdad de lo que has visto»[29]. Dicho lo cual, King también reconoce que, a veces, no ser demasiado minucioso en la caracterización puede resultar apropiado para el género. En *Entertainment Weekly* describe la construcción de los personajes de la película *Los extraños* (2008): «"¿Por qué nos haces esto?", susurró ella. A lo que la mujer con la máscara de una muñeca respondió, con voz plana, muerta: "Porque estabais en casa". Al final, ésa es toda la explicación que necesitas en una buena película de terror»[30]. Y ésa, que la caracterización en las obras de terror no debería trabajarse con demasiada profundidad, es una buena noticia para muchas de las obras fundacionales del género. Los protagonistas de *Frankenstein* y *Drácula* son bastante planos y en los cuentos de Poe o Lovecraft no encontramos casi nunca más que una versión apenas camuflada del propio escritor. Ninguno de los cuatro autores capturó nunca el habla real de la gente, ni mostró demasiado interés en hacerlo.

Afortunadamente para el fan del género, Aristóteles reconoció que el placer que se obtiene de la obra de arte también es importante por sí mismo. En su *Política*, considera apropiado escuchar música como esparcimiento, y escribe que «el fin no se elige por ninguna de las cosas futuras, y los placeres de este tipo no requieren nada por venir, sino que se dan a causa de las pasadas, como los trabajos y el dolor. Por esta razón los hombres buscan alcanzar la felicidad mediante esos placeres»[31]. Sin embargo, Aristóteles defiende sólo los placeres intelectuales: «De modo que es manifiesto que también deben aprenderse y formar parte de la educación ciertas cosas con vistas a un ocio, y que esos conocimientos y disciplinas tengan en sí mismos su finalidad»[32].

¿Cuánto de intelectual hay en el placer de leer o ver obras de terror? En principio, cualquier obra de este tipo debería ser capaz de ofrecer tanto disfrute intelectual como una historia realista, dado que una historia realista puede ser parte de una obra de terror. Entonces, ¿cuánto de intelectual hay en el terror? Para King, su propia obra no tendría cabida dentro de los límites de la intelectualidad, como deja claro en *Mientras escribo*: «Muy loco tendría que estar un escritor (mucho más loco de lo que estoy yo) para concebir *Carrie* como un bocado para intelectuales»[33].

King, entonces, descarta la noción de que un placer deba ser intelectual para ser útil por sí mismo. En *Entertainment Weekly* afirma que «los placeres culpables no están siquiera sobrevalorados; el concepto mismo carece de sentido, una idea elitista inventada por intelectuales lisonjeros que no tienen nada mejor que hacer»[34]. De hecho, King cree que sería bueno para la gente obtener placer de lo que él llama *junk art,* «arte basura». En *Danza macabra* nos advierte que «el aficionado que pierde el gusto por la comida basura lo hace por su cuenta y riesgo»[35], porque «una vez que has visto suficientes películas de miedo, acabas por pillarles el gusto a las películas realmente malas»[36]. Y lo que vale para las películas vale también, diríase, para la literatura.

En realidad, nada intelectual hay en muchos entretenimientos y placeres que nos parecen perfectamente apropiados. Nada intelectual hay en salir a correr, en admirar el color de las hojas en otoño, en acariciar a un gatito. Y si el placer que provocan tales actividades es aceptable, no veo ninguna razón por la que una obra literaria deba ser intelectualmente exigente para que podamos disfrutarla. Personalmente, me he divertido muchísimo leyendo y viendo películas «basura» de miedo cuando no he tenido nada mejor a mano. Poco de extraordinario tiene la miniserie *Los Langoliers* (1995) o las películas *Thinner* (1996) o *Carrie* (2013), pero resultan muy entretenidas y ningún fan del cine de terror debería perdérselas. Aunque no vale cualquier «basura», claro. La película *El cortador de césped* (1992), basada en teoría en el cuento homónimo de Stephen King, hace que te duelan los ojos, igual que las secuelas de *Los chicos del maíz* (1984).

Sin embargo, la actitud de King hacia la «basura» no es completamente indulgente. En su opinión, está bien disfrutar de las malas películas, pero no hay que encumbrarlas ni ponerlas en ningún pedestal: «Las películas malas pueden ser, en ocasiones, divertidas… pero su única utilidad real es formar esa base de conocimientos que permita comparar: definir valores positivos a partir de sus propios encantos negativos… Una vez determinado eso, creo que resulta peligroso seguir aferrándose a estas películas horribles, y deben ser descartadas»[37]. King tiende más a una apreciación de la literatura menos elaborada, como cuando ensalza la leyenda urbana, casi atemporal, de «El hombre del garfio»: «La historia del hombre del garfio es un clásico del horror, sencillo y brutal. No tiene desarrollo de personajes, ni tema, ni mucho artificio que digamos; no aspira a reflejar una belleza simbólica ni a retratar su época, ni la mente o el espíritu humanos»[38].

Aprender a amar los horrores: Aristóteles se adentra en las cloacas

Sin embargo, no todo lo que tiene que decirnos Aristóteles sobre el género de terror es tan poco laudatorio. Llega el turno de la defensa, ¡y preside el juicio el juez Flagg!

Aristóteles creía que una de las funciones más importantes del arte era la de ayudarnos a reflexionar sobre el hombre y el universo a través de la creación de una situación hipotética que debiéramos tomar en consideración. En su *Poética*, asegura que la diferencia entre la historia y la poesía es que «una narra lo sucedido y la otra lo que podría suceder. De ahí que la poesía sea más filosófica y elevada que la historia»[39].

King cree también que el género de terror en particular puede servirnos para una mejor comprensión de nosotros mismos. En el prefacio que escribió a la edición de 2010 de *Danza macabra,* propone que «una buena historia de terror es aquella que funciona en un nivel simbólico, recurriendo a acontecimientos ficticios (y a veces sobrenaturales) para ayudarnos a entender nuestros miedos reales más profundos»[40]. Y no sólo eso: el abanico de las maneras en que las obras de terror pueden hacernos pensar el mundo es mucho más amplio. *Carrie,* por ejemplo, nos enseña acerca de la realidad de los adolescentes marginados. Sobre esa novela, King dijo que «si alguna tesis tenía que ofrecer esta deliberada puesta al día de *High School Confidential* era que el instituto es un lugar de conservadurismo e intolerancia abismales, un lugar poblado por adolescentes a los que no se les permite "elevarse por encima de su posición" más de lo que un hindú tendría permitido elevarse por encima de su casta»[41]. En *Mientras escribo,* King hace una lista de sus temas recurrentes.

> Entre esos intereses (que no me atrevo a llamar obsesiones) se halla la dificultad (¡o imposibilidad!) de cerrar la tecnocaja de Pandora después de abierta (*Apocalipsis, Los Tommyknockers, Ojos de fuego*), la cuestión de por qué, si hay Dios, ocurren cosas tan horribles (*Apocalipsis, Desesperación, La milla verde*), la fina divisoria entre realidad y fantasía (*La mitad oscura, Un saco de huesos, La invocación*), y sobre todo el atractivo irresistible que puede tener la violencia para gente básicamente bondadosa (*El resplandor, La mitad oscura*). También he escrito hasta la saciedad sobre las diferencias fundamentales entre niños y adultos, y sobre el poder curativo de la imaginación humana[42].

Al analizar las obras de otros autores del género en *Danza macabra,* apunta que «Shirley Jackson utiliza las convenciones del nuevo gótico americano para examinar una personalidad sometida a una presión psicológica (o quizá oculta) extrema. Peter Straub se sirve de ellas para examinar los efectos de un mal pasado sobre el presente; Anne Rivers Siddons las utilizó para examinar los códigos sociales y la presión que éstos ejercen sobre el individuo»[43].

Servirse de la literatura para tomar el mundo en consideración exige algo más que la mera aceptación acrítica de las opiniones de un autor o la adopción de su ideario. Incluso cuando consideramos a ciertos autores como sabios, lo hacemos en realidad porque creemos que su cosmovisión es acertada, lo que sólo puede significar que comparten nuestras propias ideas preconcebidas. Sin embargo, cuando utilizamos el género de terror como ayuda para pensar críticamente y cuestionarnos nuestras propias creencias, en lugar de ser receptores pasivos de los mensajes que otros nos envían, entonces esta literatura comienza a servir a la verdad. No se trata, por tanto, de que el género de terror apoye *per se* el *statu quo*: la verdad es que podemos emplearlo de una forma tan subversiva como creamos oportuno. Del mismo modo, aunque King clasifica su trabajo de «no intelectual», podemos servirnos de él tan intelectualmente como queramos.

Lo que sí es cierto es que Stephen King no tiene ninguna intención de sermonearnos a través de la ficción. En *Mientras escribo*, aconseja a los aspirantes a escritores con respecto a «los mensajes, las moralejas: que se las metan donde les quepan»[44]. Por otro lado, le agrada la idea de que seamos nosotros quienes reflexionemos a través de los temas que él nos propone: «En *Apocalipsis* no hay moraleja, no se dice "más vale que aprendamos, o la próxima vez, seguro que destruimos el planeta", pero si el tema está bastante claro, los que comenten la novela podrán proponer su propia moraleja y sus propias conclusiones»[45].

La ficción sobrenatural puede ser una herramienta particularmente útil para pensar acerca de la sociedad y el universo, precisamente por lo insólito de las situaciones que tienen lugar. Las historias sobre vampiros nos proponen cuestiones morales sobre cuáles son los límites de lo que podemos hacer para sobrevivir; las historias sobre hoteles malignos y coches cabreados nos proponen preguntas sobre neurociencia y sobre la filosofía de la identidad personal; las historias sobre viajes en el tiempo pueden cuestionarnos sobre las metafísicas del espacio-tiempo, etcétera. Este libro que tienes entre manos no es, al fin y al cabo, otra cosa que un intento de utilizar las obras de Stephen King como herramienta para examinar cuestiones filosóficas y sociales importantes.

Las obras de ficción son herramientas útiles para el análisis incluso cuando dentro de ellas no hay un espíritu analítico. En *Danza macabra*, King afirma que «la película de horror te pregunta si quieres echarle un buen vistazo al gato muerto… pero no tal y como lo vería un adulto. Dejemos a un lado las implicaciones filosóficas del hecho de la muerte o las posibilidades religiosas inherentes a la idea de la pervivencia»[46]. De modo que nada nos impide disfrutar de una historia sobre un gato muerto, en sus propios términos, y *a continuación* utilizarla para considerar las implicaciones filosóficas del hecho de la muerte. Lo cierto es que el tiempo que pasemos filosofando podrá ser aún más agradable porque lo hacemos pensando en aquel minino agusanado que tanto nos hizo disfrutar durante la historia.

Que no estalle la caldera:
Aristóteles ha llegado al Hotel Overlook

Hasta aquí, todo bien, pero aún no nos hemos puesto con la defensa del terror literario *per se*, tan sólo de la potencial calidad artística de ciertas obras que, además, dan miedo. *It* podría funcionar perfectamente como un estudio sociológico o incluso como una extraña historia acerca de lo sobrenatural sin que Pennywise necesitara desgarrarse la propia boca con esos dientes como cuchillas de afeitar: «"¡Kiii-runch!"», aulló. Sus mandíbulas se cerraron. La sangre le manó de su boca en una inundación rojo-negruzca. Algunos trozos de sus labios cayeron sobre la seda blanca de su fina camisa deslizándose por la pechera; dejaban atrás sangrientas huellas de caracol»[47]. Una posible justificación para el horror en el arte es sencillamente que en el mundo real también ocurren cosas horribles y que, por tanto, reflexionar acerca del horror es una parte importante de lo que supone pensar el mundo. Pero hay más: el propio Aristóteles creía que confrontar horrores en la ficción podía ser de gran ayuda a la hora de convertirse en una persona más virtuosa.

Igual que su maestro Platón, Aristóteles también pensaba que la mejor literatura, la más seria, nos hace mejores moralmente y que sus protagonistas debían ser un ejemplo de rectitud y honestidad. Sin embargo, Aristóteles sí reconocía que una de las lecciones morales que debemos aprender es que los errores de una persona esencialmente buena pueden conducirla al desastre y la calamidad. Al contrario que Platón, a Aristóteles le gustaba la tragedia, donde la gente a veces hacía cosas horribles y donde, con mayor frecuencia, cosas horribles le sucedían. Como las historias de terror, las tragedias se regodeaban en temas oscuros, en el sufrimiento humano. Por ejemplo, en la tragedia favorita de Aristóteles, *Edipo rey* de Sófocles, Edipo asesina a su padre, se casa con su madre y tiene cuatro hijos con ella. Al tomar conciencia de lo que ha hecho, los remordimientos le llevan a arrancarse los ojos y pasa el resto de su vida recorriendo los caminos como un vagabundo sin hogar.

Paradójicamente, Aristóteles creía que el horror artístico era un buen medio para limpiar nuestras almas de emociones negativas. En el miedo o lástima que sentimos por los protagonistas de una tragedia, purgamos esos sentimientos de nuestro propio organismo, un proceso denominado «catarsis». Al acompañar en su dolor a alguien como Edipo somos capaces de estabilizarnos, de dominar nuestras emociones. King tiene un punto de vista similar hacia el género de terror. En *Danza macabra* explica: «Inventamos horrores ficticios para ayudarnos a soportar los reales... El término «catarsis» es tan antiguo como el teatro griego... El sueño del horror es en sí mismo un desahogo y una incisión»[48]. Plantea también que la gente más dada a la imaginación es la que más necesita la catarsis del horror: «Para nosotros [los imaginativos] las películas de miedo son una válvula de seguridad... somos capaces de liberar la presión que podría, de no ser por ellas, acumularse hasta hacernos volar por los aires... Nos refugiamos en los terrores ficticios para que los reales no se nos hagan demasiado grandes»[49]. Aún más, King cree que sólo el terror sobrenatural nos brinda situaciones lo suficientemente pavorosas para la plenitud de la catarsis. En el prefacio a *El umbral de la noche*, escribe: «Sólo el escritor de terror, de lo sobrenatural, le da al lector una auténtica oportunidad para la identificación y la catarsis absoluta»[50].

En realidad, el término «catarsis» es mucho más antiguo, más primario, que la tragedia griega. Se refiere a cualquier tipo de purga, de limpieza, también a la del acto de vomitar. Fue Aristóteles, por lo que sabemos, quien sostuvo por primera vez que asistir a una buena tragedia era como si el alma vomitara lo nocivo que había en ella. Es bastante probable que Aristóteles apreciara la extraordinaria capacidad de King para hacernos sentir lástima y miedo por personajes imaginarios. ¿Le aplastarán la cabeza al pequeño Danny Torrance de *El resplandor*? ¿Escapará Paul Sheldon en *Misery* de Annie Wilkes, su captora enloquecida? ¿Cómo soportará Louis Creed en *Cementerio de animales* la muerte de su hijo Gage, de tres años? ¿Cómo soportará que su hijo de tres años *reviva*? De niños marginados a supervivientes del apocalipsis desdichados y a víctimas del ataque de un payaso, King dirige nuestra empatía hacia todos aquellos que tienen problemas.

King sugiere que la catarsis del horror también puede purgarnos de la crueldad. En *Danza macabra* afirma: «Pero las emociones incivilizadas no desaparecen, y exigen ejercitarse periódicamente… La película de horror mítica, igual que el chiste de mal gusto, tiene que hacer el trabajo sucio. Apelar deliberadamente a todo lo peor de nosotros mismos. Es el morbo desencadenado, nuestros más bajos instintos desatados, nuestras peores fantasías hechas realidad»[51]. Compara esas emociones viciadas con cocodrilos hambrientos, y las mejores obras de terror son la carne que les arrojamos para tenerlos contentos y mansos.

Aun así, el modelo catártico del horror presenta varios problemas serios. Si el género nos purga de emociones negativas, ¿por qué disfrutamos con él en lugar de, simplemente, sentirnos aliviados al terminar una obra? No hay placer alguno en el fragor del proceso de echar la pota. El beneficio viene después, cuando uno deja de sentirse enfermo o mareado. Y lo cierto es que *me gusta* leer una historia de miedo. Y cuanto más me gusta, más pena me da que se termine (y ¿por qué *La niebla* no es una novela de mil páginas?).

Además, suele ocurrir que las obras de terror, cuando las terminamos, nos dejan más asustados de lo que estábamos al empezarlas. Recuerdo cuando, de pequeño, arrastrándome por las escaleras después de ver *The Evil* de madrugada en la televisión, sentía esconderse un posible monstruo en cada sombra. Estaba aterrado y me parecía la mejor película que había visto nunca. El tipo de película que te provoca el tipo de emoción que los yonquis del género se pasan la vida buscando. Estoy seguro de que te ha pasado alguna vez, estar viendo o leyendo algo tan bueno que te resulta imposible apagar la luz cuando se acaba. Si lo que hacen estas obras es liberarnos de nuestros miedos a través de la catarsis, ¿no deberíamos sentirnos llenos de valor en ese momento, en lugar de escondernos debajo de las sábanas? Parece que si vamos a explicar el placer del género de terror y, de ese modo, convencernos a nosotros mismos de que nada retorcido o morboso hay en él (lo que podríamos llamar la «teoría del eres un monstruo enfermo» en el arte terrorífico), tenemos que mirar más allá de la catarsis.

El dolor convertido en placer: David Hume deja que le muerdan los vampiros

El filósofo escocés David Hume hizo contribuciones importantes a la filosofía de la mente, la metafísica, la ética y la religión. Fue influyente entre científicos y pensadores. El propio Darwin reconoció su influencia para la teoría de la evolución. Como Aristóteles, a Hume le fascinaba el misterio del arte dramático. En *De la tragedia*, escribió: «Parecería un placer inexplicable el que los espectadores de una tragedia bien escrita obtienen de pasiones como la pena, el terror o la ansiedad, que en sí son poco placenteras y difíciles»[52]. En *Danza macabra*, King se pregunta acerca de la atracción que ejerce el horror en los mismos términos: «¿Por qué hay personas dispuestas a pagar tanto dinero a cambio de sentirse extremadamente incómodas?»[53].

Por alguna razón, disfrutamos cuando en la ficción encontramos algo cuya presencia nos resultaría insoportable en la realidad. Hume anota que «es cierto que ese mismo elemento angustioso que nos agrada en la tragedia, si fuéramos a tenerlo delante de nosotros, nos conduciría al más genuino desasosiego»[54]. Cuando leí el pasaje, ficticio, del accidente de coche que sufre Paul Sheldon en *Misery*, lo disfruté. Sin embargo, cuando leí un relato vagamente autobiográfico en el que a Stephen King lo golpeaba una furgoneta Dodge en *La Torre Oscura*, encontré toda la escena bastante desagradable, precisamente porque sabía que se trataba de, hasta cierto punto, un acontecimiento real, una auténtica situación espantosa. Es más, si alguna vez viera, en la vida real, una furgoneta Dodge acelerando para golpear a alguien, quedaría traumatizado. En el prefacio a *El umbral de la noche*, King dice del género de terror que es bueno «para la gente a la que le gusta reducir la velocidad al pasar por delante de un accidente para echar un vistazo»[55]. Y, extrañamente, también es bueno para aquellos que, como yo, no podemos ver sangre de verdad.

Hume explica nuestra afición hacia lo terrible en el drama trágico por la manera en que el escritor de tragedias, en la excelencia de su arte, doma la fuerza de nuestras emociones negativas y las redirige hacia el placer. Si no tuviéramos unas emociones negativas tan fuertes, el trágico tendría menos que convertir en placer y, por tanto, nuestro disfrute sería menor. Quienes gustan de las tragedias no sólo no son crueles o morbosos, sino que es el propio hecho de que no lo son lo que les lleva a sentir tal horror y, por tanto, tal placer ante la maestría del artista. Este principio vale también perfectamente para las historias de miedo: nos gustan los horrores que pueblan las ficciones porque nos provocan emociones fuertes, susceptibles de transformarse en placer en la apreciación del arte.

Un problema de esta teoría es que cuando estamos completamente metidos en una historia podemos olvidarnos fácilmente de la habilidad con que el artista la cuenta. Es de hecho su habilidad lo que nos hace entrar en ese mundo que nos presenta, pero en cuanto estamos dentro de él es el mundo mismo lo que convoca nuestra atención. Si estamos situados en el interior de la biblioteca pública de Derry, donde Pennywise le hace muecas a Ben Hascom con la boca llena de dientes como cuchillas de afeitar, lo que nos preocupa es la seguridad de Ben, no la calidad literaria, y cuanto más nos adentramos en la historia, como un niño por unas cloacas, menos nos preocupa la existencia o no de valor artístico alguno.

Y aún más problemático puede ser el hecho de que a menudo se disfruta del género de terror aun cuando está construido sin maestría alguna. Como señaló King, el iniciado puede llegar a pillarle el gusto al arte realmente malo. Es más, incluso en el caso de obras de terror literariamente superiores como las de King, gran parte de nuestro placer *no parece* proceder directamente de la habilidad del artista. Para empezar, el mero hecho de que un libro pertenezca al género de terror suele hacerlo caer en manos de un público lector que, como yo, busca historias sobre espectros terroríficos y ruidos extraños en la oscuridad. Para hacerlo aún más arbitrario, a cada cual le dan miedo cosas diferentes, por lo que nuestra respuesta a una obra de este género dependerá de qué tipo de terrores contenga o suscite. Si siempre te han asustado los payasos, *It* te causará mayor turbación; si eres particularmente sensible a los muertos vivientes, *Cementerio de animales* te aterrará, y si a lo que le tienes miedo es a los perros, *Cujo* te enganchará y no podrás quitártelo de encima. Como plantea King en *Danza macabra*, las buenas obras del género indagan en tus «puntos de presión fóbica. El buen cuento de horror encontrará la puerta secreta a esa estancia cuya existencia creías que nadie más conocía»[56]. Y así, sin importar la maestría con que se lleve a cabo esa indagación, es la naturaleza de nuestros puntos de presión fóbica lo que más contribuye a dejarnos sin aliento.

Ocurre que el mero amor por las tradiciones del género puede aumentar también el placer del iniciado. En este sentido, escribe King: «También empiezas a buscar los patrones [en las películas de terror] y a apreciarlos cuando los encuentras»[57]. Y en la literatura sucede lo mismo. A mí me recorre, por ejemplo, un escalofrío mitómano cada vez que King incluye veladamente en su obra ideas de Lovecraft, como hace en *Revival*, y en los relatos «Los misterios del gusano», «Sé lo que necesitas», «Crouch End» y «Abuela». Cuando Shub-Niggurath, reencarnada como

«Madre», irrumpe en nuestro mundo a través de la boca de la paciente muerta Mary Fay en *Revival*, licuando carne y abrasando los muebles con su tacto de insecto, siento el placer del reencuentro con un antiguo y querido amigo. Pero la recurrencia a Lovecraft no tiene nada de valioso *per se*.

Dado lo endeble que puede ser la correlación entre la maestría del escritor de terror y el placer que obtiene el aficionado al género, la teoría de Hume no alcanza a explicar el fenómeno por completo, aunque creo que se acerca bastante. Se equivoca, en mi opinión, en que no es la apreciación de cierta excelencia artística el origen de ese placer que obtenemos del horror, sino que éste procede del impacto sobre nuestra imaginación. Disfrutamos del terror porque nos resulta placentero ejercitar las facultades imaginativas, y puesto que las emociones fuertes las ponen a trabajar, los sentimientos que nos suscita el horror son el combustible que necesitamos.

Como observa King, la literatura de terror le plantea exigentes desafíos a la imaginación del lector. «La incredulidad no es como un globo, que puede hacerse flotar por el aire con un esfuerzo mínimo; es como un peso de plomo que ha de levantarse con un enérgico tirón y mantenerse en el aire a base de fuerza», mientras que «la diferencia de ventas entre Arthur Hailey y H. P. Lovecraft podría explicarse sencillamente argumentando que todo el mundo puede creer en la existencia de los coches y los bancos, pero hace falta un cerebro sofisticado y musculoso para creer, aunque sólo sea por unos instantes, en Nyarlathotep»[58]. Dado que el terror, más que cualquier otra forma artística, depende de la fuerza imaginativa que sobre ella ejerce el público, los aficionados sentirán con intensidad diferentes niveles de placer en función de su contribución. Eso explica por qué puede disfrutarse tanto de un terror elaborado sin demasiada maestría. El arte ofrece los principios y la imaginación del público hace el resto. Como dice King de la película *Terror en*

Amityville, «en lo que al horror se refiere, esta película es muy pedestre. También lo es la cerveza, pero uno puede emborracharse con ella»[59]. Del mismo modo, un grupo de niños sentados en torno a una hoguera, contándose historias de miedo, pueden lograr una intensa experiencia estética; es decir, darse unos sustos de muerte unos a otros. Y no es porque narren sus historias con consumada maestría que su arte es tan poderoso, sino porque atienden a la narración con la imaginación encendida. La utilidad del terror como acicate de la imaginación es tan válida para los horrores mundanos de Annie Wilkes como para Nyarlathotep. Reconociéndole a King la belleza con que construyó el personaje, si imagino a Annie tan vívidamente es en parte por lo *horrible* que resulta. Se queda grabada en mi imaginación de lector por todas las emociones negativas que me provoca.

La teoría de la imaginación explica no sólo el consumo de basura, sino también el nivel de tolerancia que los amantes del género tienen para los enormes defectos de ciertas obras cuando éstas les brindan su dosis de ideas cautivadoras. Lo cierto es que es sorprendente el número de errores que pueden encontrarse en muchas de las obras de terror más famosas, influyentes y apreciadas por los lectores. En *Danza macabra*, King concluye que «*Drácula* es un melodrama estremecedor»[60] y que *Frankenstein* es «un melodrama más bien lento y excesivamente verboso que revela su tema mediante pinceladas tirando a gruesas, eficaces pero más bien rudimentarias»[61]. Y en lo que respecta a Lovecraft, es perfectamente conocido lo rimbombante de su prosa y King le reprocha, con toda justicia, la burda improbabilidad de sus diálogos. Sin embargo, Shelley, Stoker y Lovecraft, escritores todos de cierta torpeza, nos han dado algunas de las historias más interesantes de la literatura. Fueron los rockeros, los punks de la ficción, y compensaron las limitaciones de su arte con extraordinarios destellos de creatividad.

King es, por supuesto, un escritor hábil: más virtuoso que punk. Mientras que ciertos escritores de terror se ganan a su público pese a su notable carencia de técnica, el nombre de King hay que colocarlo entre los de Shirley Jackson, Ray Bradbury o Peter Straub, como un autor que domina perfectamente las técnicas literarias tradicionales, las de toda la vida, y se sirve de ellas para prender la mecha de nuestra imaginación. Pero la emoción que King pone a nuestro alcance es la misma que obtenemos de *Frankenstein* o del cuento del hombre del garfio: la de hacer que nos estalle la cabeza introduciendo en ella las ideas más extrañas, las más terribles.

De modo que mi amor por las historias de terror y por la obra de Stephen King en particular no me convierte en ningún monstruo enfermo (son los niños que he matado lo que me convierte en un ser monstruoso, ¡y todos sabemos que *eso*, al juez Flagg, le trae sin cuidado!).

NOTAS

[1] Noël Carroll es la excepción a la regla. Para saber más, véase su libro *The Philosophy of Horror or Paradoxes of the Heart*, Nueva York, Routledge, 1990.

[2] Stephen King, «Lessons from "Ellen"», en *Entertainment Weekly*, 7 de agosto de 2007, http://www.ew.com/article/2007/08/07/stephen-king-lessons-ellen. Traducción propia.

[3] Platón, *La República*, Madrid, Alianza, 2002, p. 576. Trad. cast.: José Manuel Pabón y Manuel Fernández-Galiano.

[4] Stephen King, *Mientras escribo*, Barcelona, Plaza y Janés, 2002, p. 185. Trad. cast.: Jofre Homedes Beutnagel.

[5] Stephen King, *Danza macabra*, Madrid, Valdemar, 2006, p. 267. Trad. cast.: Óscar Palmer Yáñez.

[6] Stephen King, *Mientras escribo*, op. cit., p. 183.

[7] Platón, *La República*, op. cit., p. 158.

[8] H. P. Lovecraft, «El asiduo de las tinieblas», en *Narrativa Completa, vol. II*. Madrid, Valdemar, 2011, p. 791. Trad. cast.: Juan Antonio Molina Foix.

[9] H. P. Lovecraft, «La llamada de Cthulhu», en *Narrativa Completa, vol. I*. Madrid, Valdemar, 2011, p. 559. Trad. cast.: Juan Antonio Molina Foix.

[10] Platón, *La República*, op. cit., p. 157.

[11] Ibíd., p. 158.

[12] King ha puesto aún más énfasis en la violencia de género y los abusos conyugales, como en *El juego de Gerald*, *Dolores Claiborne* o *El retrato de Rose Madder*. No estoy seguro de cómo se habría tomado Platón tales historias. Si bien pensaba que la autoridad paternal sobre los hijos debía ser absoluta, también creía que lo ideal es que una mujer estuviera sujeta a un hombre sólo si éste tenía más sentido común que ella.

[13] Platón, *La República*, op. cit., p. 578.

[14] Ibíd., p. 574.

[15] Stephen King, *El misterio de Salem's Lot*, Barcelona, Plaza y Janés, 1993, p. 458. Trad. cast.: Marta I. Guastavino.

[16] Stephen King, *Misery*, Barcelona, Debolsillo, 2014, p. 284. Trad. cast.: María Mir.

[17] Stephen King, *Danza macabra*, op. cit., p. 407.

[18] Ibíd., p. 421.

[19] Ibíd., p. 190.

[20] Ibíd., p. 407.

[21] Ibíd., p. 407.

[22] Ibíd., p. 55.

[23] Aristóteles, *Poética*, Madrid, Alianza, 2013, pp. 72-73. Trad. cast.: Alicia Villar Lecumberri.

[24] Ibíd., pp. 109-110.

[25] Ibíd., p. 107.

[26] Stephen King, «Why Hollywood Can't Do Horror», en *Entertainment Weekly*, 7 de julio de 2008, http://www.ew.com/article/2008/07//07/stephen-king-why-hollywood-cant-do-horror/2. Traducción propia.

[27] H. P. Lovecraft, *El horror sobrenatural en la literatura*, México, Premia, 1989, p. 119. Trad. cast.: Melitón Bustamante.

[28] Aristóteles, op. cit., p. 72.

[29] Stephen King, *Mientras escribo*, op. cit., p. 142.

[30] Stephen King, «Why Hollywood Can't Do Horror», op. cit.

[31] Aristóteles, *Política*, Madrid, Gredos, 2007, p. 343. Trad. cast.: Manuela García Valdés.

[32] Ibíd., p. 338.

[33] Stephen King, *Mientras escribo*, op. cit., p. 156.

[34] Se dejó «renco» y «miope». Se dice que Aristóteles era ambas cosas. Stephen King, «Lessons from "Ellen"», op. cit.

[35] Stephen King, *Danza macabra*, op. cit., p. 157.

[36] Ibíd., p. 217.

[37] Ibíd., p. 234.

[38] Ibíd., p. 36.

[39] Aristóteles, *Poética*, op. cit., p. 56.

[40] Stephen King, *Danse macabre*, Nueva York, Gallery Books, 2010, p. xiii. Traducción propia.

[41] Stephen King, *Danza macabra*, op. cit., p. 186.

[42] Stephen King, *Mientras escribo*, op. cit., p. 156.

[43] Stephen King, *Danza macabra*, op. cit., p. 341.

[44] Stephen King, *Mientras escribo*, op. cit., p. 162.

[45] Ibíd., p. 156.

[46] Stephen King, *Danza macabra*, op. cit., p. 215.

[47] Stephen King, *It*, Barcelona, Debolsillo, 2015, p. 714. Trad. cast.: Edith Zilli.

[48] Stephen King, *Danza macabra*, op. cit., p. 27.

[49] Stephen King, *Danse macabre*, op. cit., p. xiii. Traducción propia.

[50] Stephen King, prefacio a *Night Shift*, Nueva York, Anchor, 2011, p. 5.

[51] Stephen King, *Danza macabra*, op. cit., pp. 191-192.

[52] David Hume, *Of Tragedy* en *Essential Works of David Hume*, Nueva York, Bantam, 1965, p. 441. Traducción propia.

[53] Stephen King, *Danza macabra*, op. cit., p. 10.

[54] David Hume, *Of Tragedy*, op. cit., p. 442.

[55] Stephen King, prefacio a *Night Shift*, op. cit., p. 9.

[56] Stephen King, *Danza macabra*, op. cit., p. 19.

[57] Ibíd., p. 217.

[58] Ibíd., p. 116.

[59] Ibíd., p. 159.

[60] Ibíd., p. 66.

[61] Ibíd., p. 68.

«PARA TABBY, QUE ME METIÓ EN ÉSTA...».
UN RECORRIDO POR LAS MUJERES
EN LA OBRA DE STEPHEN KING
Mariana Enriquez

Para Tabby, que me metió en ésta y luego me ayudó a salir.

Ésa es la dedicatoria de *Carrie*, la primera novela de Stephen King, publicada en 1974. Tabby es Tabitha King, la esposa de Stephen desde 1971; ella tenía veinte años, él, veintidós. Tabitha es la mujer que le insistió para que terminara *Carrie* cuando King no le veía destino al manuscrito. El mito dice que lo salvó de la basura, pero no es cierto: él lo había abandonado y ella, después de leer diez páginas, le dijo que tenía potencial. Ambos vivían en un tráiler y en la pobreza. Él era profesor, ella trabajaba en Dunkin' Donuts. Tabitha, cuenta King, ayudó con la primera escena, la del vestuario, que lo tenía trabado: cuando Carrie tiene su primera menstruación y sus compañeras se burlan, le arrojan tampones, la humillan. Tabitha le explicó a Stephen King lo que significaba esa primera sangre.

La pareja King nunca ha atravesado rumores de separación. No se conocen crisis, ni aventuras extramatrimoniales, ni fastidios. Cuando Stephen King escribe mujeres, suele escribir esposas; y, en general, las esposas son nobles, de mucho carácter, adorables, inteligentes. Escribe las mujeres con respeto y los matrimonios, cuando son amorosos, son reinos de confianza.

Pero la mujer que escribió en *Carrie*, su primera mujer importante de ficción, es una demonia.

Margaret White: la gárgola

Antes de entrar en Margaret, una pequeña regla para este repaso incompleto y caprichoso. Se tratan aquí las mujeres adultas de King. No las adolescentes, ni las niñas. Y tampoco estará incluido el ciclo de *La Torre Oscura*, que juega con otras reglas. Y dirán: faltan muchas. Así es. Stephen King se ha vuelto inabarcable y resulta más adecuado proponer una galería antes que un desfile exhaustivo.

Margaret, entonces. Esa horrible y despiadada madre de Carrie. Como muchos villanos de Stephen King, es una fanática religiosa. No es una monstrua porque, aunque su maldad tiene una explicación —Carrie tiene poderes paranormales y Margaret los considera satánicos; para colmo, la telequinesis es hereditaria en su familia y debe cortar la cadena como sea—, comprender sus acciones no la redime. Al contrario. Para King nadie es más despreciable y menos digno de piedad que un fanático religioso. En su teología invertida, los devotos son demonios.

La madre de Carrie aparece por primera vez en la novela vista a través de los ojos de otra mujer, Stella Horan, una ex vecina que, entrevistada en el presente, cuenta su primer recuerdo de Carrie niña. La niña ve a Stella tomando el sol con un bikini, en el patio de su casa. Tras ella viene Margaret y enloquece cuando ve que su hija está frente a un cuerpo hermoso de mujer. Margaret odia el sexo con horror sagrado. Dice Stella: «Permaneció ahí un momento como si no pudiera dar crédito

98

a sus desorbitados ojos. Luego abrió la boca y dio un alarido, el sonido más horrible que he oído en mi vida. Me pareció que era como el ruido que haría un caimán en el pantano. Daba alaridos de furia, una furia descontrolada, enloquecida. Se puso roja, con el color de las bombas de incendios, dirigió sus puños al cielo y siguió dando gritos. Tiritaba toda entera; pensé que sufría un ataque. Su rostro estaba totalmente contraído y parecía una gárgola… Levantó la vista y juro por Dios que esa mujer le ladró al cielo. Y luego comenzó a hacerse daño, a castigarse. Se arañaba el cuello y las mejillas provocándose rasguños y manchones rojos. Se rasgó el vestido… Sonreía con una mueca, sonreía y la baba le corría por el mentón. Yo tenía una sensación de asco, Santo Dios, qué asco sentí».

Margaret White trabaja en la sección de planchado de una lavandería. Es viuda. Ha decorado el *living* de su casa con un crucifijo de un metro y veinte centímetros sobre el que se retuerce de dolor un Cristo enorme. Para castigar a su hija usa un armario, donde la encierra: un espacio iluminado por una luz azul donde hay un «Hombre Negro sentado en un tronco inmenso y llameante con un tridente en la mano. Su cuerpo era el de un hombre pero tenía una cola erizada de púas y cabeza de chacal».

King ofrece una breve biografía de Margaret, la madre gárgola en cuya casa-templo ha entrado el demonio que ella misma ha parido. No nació loca: empezó a ir a reuniones de fundamentalistas a los treinta años. En las reuniones conoció a su futuro esposo, Ralph. El padrastro la describe así: «Margaret tenía la cara como el trasero de un camión de gasolina y un cuerpo que le hacía juego». También cuenta el padrastro que en una oportunidad empezó a delirar «acerca de un ángel con una espada que pasaría por los aparcamientos y los moteles de carretera y descuartizaría a los malos». Se sugiere un trauma: antes de Carrie, Margaret habría quedado embarazada de Ralph White y perdió a ese bebé concebido en pecado. Después de eso, la pareja decidió vivir «libres de trato carnal». Sólo concebirían por voluntad divina. Pero eran jóvenes y pecaron y Margaret quedó embarazada de Carrie.

Margaret siempre quiere matar a Carrie. Lo intenta cuando es bebé, al darse cuenta de que ha heredado los poderes de su abuela. Intenta ahorcarla y también acuchillarla a los cinco años, después del episodio de la vecina y el bikini. Lo intenta hasta el final, pero Carrie le gana y acaba con ella antes, en una escena extraordinaria y desoladora. King sólo echa una luz diferente sobre Margaret cuando la describe sola en la casa. Dice que su rostro tiene una belleza extraña y apasionada. Y que su cabello, negro hasta hace poco, ahora está completamente blanco.

Esta mujer, que odia su cuerpo y su maternidad, sufre. Pero es un personaje brutal, sin fisuras, dañino; es una bestia nocturna e impiadosa, con sus crucifijos y su ropa negra, rumiando maldiciones, soñando con ejecutar a Isaac, con ser la Abraham que sí cumple el sacrificio divino.

La primera mujer de King es una madre loca, una misógina, una fanática.

La segunda mujer importante de su carrera es (casi) peor.

Annie Wilkes: la cerda

En *Misery*, King presenta a Annie con una cita de Nietzsche que ya es un lugar común, pero la novela es de 1987 y entonces citar «cuando miramos dentro del abismo, el abismo también mira dentro de nosotros» todavía era tolerable.

Annie es un abismo, el sonido drone de la depresión, una sociópata triste y violenta que ama locamente los libros románticos de Paul Sheldon. La trama es conocida, sencilla y ya clásica: Sheldon tiene un accidente cerca de la casa de Annie, que es enfermera. Ella lee la última novela de Misery, protagonista de los *best-sellers* de Paul. En la novela, que es la última, Misery muere. Annie no lo tolera. No llama a la policía, no lleva al escritor accidentado al hospital: pretende cuidarlo y lo tiene prisionero. Lo tortura, lo mutila. Annie es sádica, Annie ha matado, Annie ama la muerte pero no como una romántica, no como los hombres desesperados de Faulkner, ella ama el sufrimiento y el poder de ponerle fin a la vida.

Para el canon, Annie Wilkes es la admiradora número uno, e incluso King ha reconocido la ambivalencia que sentía entonces con respecto a sus fans y a la pérdida de la privacidad; cómo toda esa presión se volvió antropomorfa y se encarnó en esta enfermera del infierno. Pero hay más en Annie. Hay una soledad en ella que es casi estereotípicamente femenina, pero como suele suceder con los estereotipos, tiene un fondo de verdad. La mujer en su casa, viviendo a través de otros, obsesionada con otros: Misery, la heroína del siglo XIX en este caso. Pero Annie puede ser todas las solitarias con sus recortes, sus reuniones de *fan club*, la señora que llora cuando ve a Miguel Bosé, la mujer que se abraza a la almohada soñando que es Tom Hiddleston, la joven que se pelea en foros de internet con los *haters* de Justin Bieber. En Annie, ese amor sin esperanza tiene una forma algo diferente, porque es incapaz de salir de ahí, porque cuando sale de ahí, todo es muerte.

King no tiene problemas —no hay corrección política en 1987— en llamar gorda, loca y cerda a Annie que, además, colecciona cerditos de cerámica. Bueno: Paul Sheldon lo hace, King no. Y Paul está atrapado, adicto al Novril —una droga inventada que es un opiáceo, la más estadounidense de las adicciones— y amenazado por Annie, que no duda en usar martillos y sierras cuando lo considera necesario.

Annie es una enfermera asesina retirada. Ha matado a ancianos. Guarda los recortes, los anuncios de las muertes. «El libro de los muertos de Annie». Sin embargo, sus depresiones dan más miedo que sus crímenes. «Annie cantaba con su voz afinada pero extrañamente muerta». En una oportunidad viene a dejarle las pastillas que Paul necesita más que el oxígeno. «Parecía mas corpulenta, con los hombros rellenando la bata rosada, el pelo como un casco deshecho. Parecía una mujer prehistórica asomando de su cueva… Lo miró con la misma expresión opaca, mientras se pellizcaba el labio inferior con el pulgar y el índice de la mano derecha. Se lo estiró y después lo retorció con fuerza. El labio se puso muy rojo primero, y después blanco. Se volvió y salió sin decir una palabra más… Después hubo un sonido. No se repitió, pero fue muy claro. Una bofetada. Y muy fuerte». Annie se castiga, posiblemente se lesiona, se corta. Como Margaret White, odia su cuerpo. Casi que el *plot* de que sea una enfermera asesina sobra. Es más fácil entender a Annie que a Margaret, porque lo que Annie venera le permite escapar de una vida horrible. A Margaret le gusta vivir en el infierno.

Misery es una novela sobre drogas. King confesó alguna vez que Annie era la cocaína. En otra de sus novelas sobre drogas, que King ni siquiera recuerda haber escrito, aparece la tercera mujer importante de este periodo: la mujer que se enfrenta, demasiado tarde, al perro rabioso.

Donna Trenton: la primera sobreviviente

Más tarde, King haría de personajes como Donna las protagonistas de varias ficciones. Mujeres desesperadas en situaciones desesperantes que nunca caen en el heroísmo mecánico y estúpido, mujeres que pelean con lo que tienen a mano y con frecuencia obtienen victorias amargas —como suele suceder, más o menos, con las mujeres reales—. King no recuerda haber escrito este libro, que es, además, bastante raro. Lo escribió en

Londres: imaginó una ola de calor en Maine. También imaginó a su mujer, a Tabitha, usando el coche que aún compartían, un Pinto que andaba mal. Imaginó que ella lo llevaba al mecánico y el coche se terminaba de descomponer en el garaje. Y se imaginó un perro rabioso esperándola. Esto es lo que le ocurre a Donna, la protagonista de *Cujo* (1981), que va al mecánico con su hijo de cuatro años, Tad. El perro, un San Bernardo, está enfermo y loco. Mata, no puede evitarlo. Es un monstruo posible y muy real.

Donna también es posible y real. No es muy inteligente, tampoco demasiado valiente, toma varias decisiones equivocadas. Pero cuando le confiesa a Vic, su esposo, una infidelidad, dice algo poderoso y sincero. Le dice que tomó a un amante porque se sentía vieja y atrapada en su matrimonio. «Los hombres saben lo que son», dice. «Tienen una imagen de lo que son. Nunca la hacen realidad y eso les destroza y tal vez por eso muchos hombres mueren prematuramente y sintiéndose desgraciados, pero ellos saben lo que significa ser una persona adulta. Saben más o menos dónde agarrarse a los treinta, a los cuarenta, a los cincuenta. No oyen este viento o, en caso de que lo oigan, se buscan una lanza y arremeten contra él, pensando que será un molino de viento o cualquier otra maldita cosa que haga falta derribar. Y lo que hace una mujer, lo que yo hice, es huir del porvenir».

Stephen King no castiga a Donna por su infidelidad. Ésa no es la cuestión en *Cujo*, una novela con tres planos narrativos y la misma idea: no importa cuánto te esfuerces, la dirección a la que se encamine tu vida no está en tu poder. Vic, el marido de Donna, se encuentra a punto de perder su puesto en la compañía para la que trabaja y finalmente lo conserva, pero no por una idea suya que mejore el desastre que cometió, sino por una trivialidad; Charity, la esposa del mecánico, una mujer decente que padece los golpes de su marido violento escapa para salvar a su hijo, que es un buen chico pero se volverá un bruto horrible si sigue cerca de su padre. Sin embargo, el chico, que se llama Brett, no se salva gracias al acto de coraje de su madre: el mecánico es asesinado por Cujo, el perro con rabia. Y Donna, que fue a arreglar el auto y queda atrapada en la caja metálica del Pinto con su hijo tan chiquito en plena ola de calor, calcula mal los tiempos y, cuando se atreve a salir y matar a Cujo, Tad ya ha muerto de deshidratación.

Es una novela terrible, *Cujo*: cuestiona toda sensación de control, dice que nada está en nuestras manos, que no salvaremos a nuestros hijos, que la vida puede quedar destrozada por nada. Y en el centro está una mujer que sobrevive, deshecha.

Dolores Claiborne: la justicia

A principios de los noventa, Stephen King decidió enfrentarse con quienes lo acusaban de no saber escribir mujeres. Los que apuntaban tenían munición: en la mayoría de sus novelas, hasta el momento, las mujeres eran personajes secundarios —siempre escritos con respeto e inteligencia, pero en segundo plano— y cuando no, eran villanas grandiosas o, como en el caso de *Christine*, un auto de género femenino que hacía poco más que matar. Las mujeres de *Cujo* fueron un ensayo para *Dolores Claiborne* (1992). Protagonista y novela se llaman igual y es razonable porque *Dolores Claiborne* está escrita en primera persona y es una larga declaración ante la policía.

A Dolores se la acusa del crimen de su patrona, Vera Donovan, una anciana de quien fue empleada doméstica casi toda la vida. Vera murió y le dejó toda su fortuna, lo que por supuesto es sospechoso. Pero Dolores, mujer de más de sesenta años, nacida y criada en una isla de la costa de Maine, se sienta ante dos policías, un hombre y una mujer, y se declara inocente del asesinato de Vera. Admite, eso sí, que mató a su marido, Joe, treinta años atrás. Y la confesión de este crimen es la historia de su vida. La historia de una mujer trabajadora, víctima de violencia doméstica e hija de un padre maltratador. Los golpes de su esposo no la llevan al límite, sin embargo: decide matarlo cuando se entera de que Joe abusa de la hija adolescente de ambos, Selena. La idea de cómo hacerlo se la da, justamente, Vera, la mujer rica. Ese lazo entre mujeres que se defienden de un predador las une para siempre, aunque se llevan pésimo. Se cuidan mutuamente, sin embargo. Se respetan y se ofenden. Se quieren y se hacen promesas. Es una delicia leer esta amistad de Dolores y Vera, punzante y desigual y cruel, a veces.

El retrato de estas amigas es soberbio en su inteligencia porque King nunca comete el error condescendiente de suponer que la sororidad, la solidaridad de género, puede disolver su diferencia de clase social. Vera y Dolores pueden unirse contra el hombre dañino, eso las hermana, pero en el resto de cosas de la vida, una es propietaria y aristócrata y la otra es una sirvienta. No hay cómo superar esta diferencia y King no comete la torpeza de inventar un mundo ideal inverosímil. La amistad no es menos afectuosa por eso: es lo que es.

Hay muchas cosas notables en *Dolores Claiborne* y una de ellas, muy importante, es la forma detallada con que King narra las tareas de una empleada doméstica. Son tediosas, son agotadoras, son estresantes, son difíciles, son, con frecuencia, humillantes. Te arruinan el cuerpo. Te acortan la vida. El relato de este trabajo es muy raro en la literatura en general y casi inaudito en la literatura de género (*Dolores Claiborne* por supuesto, no es una novela de terror: es un *thriller* feminista). El personaje de Joe podría tener más matices pero, para acentuar nuestra simpatía lectora, King elige que sea adecuadamente unidimensional: «Mis ojos se abrieron del todo y vi que estaba viviendo con un hombre sin amor ni piedad, que creía que todo lo que estaba al alcance de la mano era suyo y podía tomarlo, incluso su propia hija». Ni siquiera sentimos pena por Joe cuando le llega la muerte, que es particularmente horrible.

La novela está escrita con palabras del dialecto isleño y de la costa de Maine y eso hace que la traducción sea algo difícil. Pero esta mujer es tan real, tan dura, tan triste que atraviesa los problemas del idioma; su vida de trabajo y aguante hasta que no aguanta más es una rareza literaria y un enorme riesgo. ¿No sé escribir mujeres?, pareció preguntar King. Bueno: entonces lo haré en primera persona durante cientos de páginas. Todo funciona: el lento darse cuenta del abuso y la hija adolescente que pasa de ser deliciosa y desenfadada a cubrirse el cuerpo y morirse de vergüenza; la aceptación de los golpes como parte de un destino que, se da cuenta Dolores, no es inefable; la amiga que entiende que, a veces, las mujeres tienen que ayudarse entre ellas, porque nadie más lo hará.

Jessie Burlingame: la escapista

El juego de Gerald también se publicó en 1992 e iba a ser parte de una trilogía protagonizada por mujeres que finalmente resultó en dos libros (el otro es *Dolores Claiborne*) porque King nunca escribió el tercero. La doble cara, de todos modos, funciona. *El juego de Gerald* del título consiste en esposar a Jessie a la cama. Es un juego de dominación consentido en la casa aislada que la pareja tiene a orillas de un lago. Son ricos. Una noche Jessie no quiere, no la erotiza la sumisión, dice que no. Gerald no lo acepta, la inmoviliza y la viola. Ella se resiste. Él muere de un infarto sobre la cama.

A partir de ahí todo es una pesadilla de lenta liberación, absolutamente explícita y brutal. Quien haya leído cómo se desprende finalmente Jessie de la esposa, cómo destroza su mano para salvarse, no podrá olvidarlo. Tampoco olvidará al Cowboy del Espacio, un hombre deforme que entra en la habitación para observar a la hambrienta, atrapada y deshidratada Jessie. ¿Es una alucinación más? ¿Como la voz de esa amiga de la juventud, que funciona como la conciencia que Jessie aún no tiene y la ayuda desde el pasado? *El juego de Gerald* es uno de los libros más extraños y más perversos de King y Jessie la más valiente de sus sobrevivientes. Para muchos críticos su feminismo es básico pero la verdad es que la claustrofobia, la violencia sexual y el desamparo en *El juego de Gerald* son tan vívidos que funciona mejor que seis meses de sutilezas académicas.

Rose Daniels: la mujer rota

La pesadilla y la liberación de Jessie en *El juego de Gerald* son tan buenas que cuando finalmente llegó otro libro con una protagonista atrapada en la violencia machista, una esperaría que fuera superior. Pero *El retrato de Rose Madder* (1995) es un libro torpe que se desarma en direcciones cercanas al *fantasy* —pero *fantasy malo*— después de que Rosie Daniels, la protagonista, escapa de Norman, su marido policía y violento. Ni siquiera importa qué sucede después, porque el desperdicio es mayúsculo.

El primer capítulo, sin embargo, en el que Rose es golpeada hasta perder su embarazo es auténticamente terrorífico e insoportable. Que Norman sea policía es perfecto, atiende al espíritu punk de King y a la impunidad de este tipo. «En septiembre de ese año ella tuvo su segundo y último viaje al hospital como resultado de los servicios de Norman —el último por un tiempo, al menos—. Había estado tosiendo sangre. Él la retuvo durante tres días, con esperanzas de que se detuviera, pero cuando, en cambio, empezó a ponerse peor, le dijo lo que tenía que decir (*siempre* le decía qué decir) y después la llevó a St. Mary's.

La llevó ahí porque el servicio de urgencias la había llevado al City General después del "aborto". Descubrieron que tenía una costilla rota que estaba perforándole el pulmón. Ella contó la historia de la caída de la escalera por segunda vez en tres meses y pensó que esta vez ni siquiera el interno que estaba realizando el examen y el tratamiento se la había creído, pero nadie hizo preguntas incómodas; la arreglaron y la mandaron a casa. Norman sabía que había tenido suerte, de todos modos, y después de eso fue más cuidadoso».

La impunidad. No le creen. Saben, pero es mejor ignorarlo, más fácil. Rose pasa catorce años en esta cárcel y es totalmente creíble porque King entiende a la perfección la anestesia emocional del trauma y el terror.

Después el personaje de Norman se vuelve una caricatura, la trama vagamente mitológica de Rose no tiene interés, la pintura mágica que encuentra no funciona… El propio King sabe que es un libro malo. Y que ese primer capítulo merecía otra novela.

Lisey: la idealizada

En 2006, King le dedicó su nueva novela a Tabby, su esposa. Y *La historia de Lisey* es, justamente, la historia de la esposa de un escritor muy popular. La novela empieza así: «Los cónyuges de los escritores famosos son casi invisibles al ojo público: nadie lo sabía mejor que Lisey Landon. Su esposo había ganado el Pulitzer y el Premio Nacional de Literatura pero, en cambio, Lisey tan sólo había concedido una entrevista de verdad en toda su vida, concretamente para la conocida revista femenina que publica la columna titulada "Sí, estoy casada con Él". Su hermana Amanda comentó en su momento que la fotografía que acompañaba el artículo la hacía parecer gorda».

El escritor famoso se llama Scott Landon y muere después de veinticinco años casado con Lisey Debusher. Cuesta no pensar que las más de seiscientas páginas de esta novela son la fantasía de King sobre la posibilidad de que Tabby hubiera quedado viuda después de su accidente de 1999, donde no murió de milagro. El trabajo de Lisey cuando empieza la novela es ordenar los papeles de Scott y eventualmente donar inéditos y diarios a bibliotecas y universidades que se disputan el botín. La idea se le ocurrió a King cuando Tabitha limpió su estudio: ella, supersticiosa, no quiso dejarlo pasar hasta que estuviera otra vez con las cosas en su lugar. King entró igual y vio lo que recuerda como la oficina de un muerto: su oficina tal como sería si Tabitha se viese obligada a desarmarla como un mausoleo.

Scott es un hombre oscuro. No se mira en los espejos después del atardecer. Las tinieblas lo adoran, dice un título. Lisey también. Lo hermoso de este retrato de una pareja es que Lisey y Scott no se *entienden*, ese lugar común sobre la pareja y el amor, ese «uno le termina las frases al otro», ese fundido a negro de los que viven mucho tiempo juntos. Lisey no entiende del todo a Scott. Lo ama. Está enamorada de él y le da seguridad. Él la respeta, la sabe inteligente y la necesita, probablemente más que ella a él. Pero su matrimonio está lleno de silencios, de secretos y de recuerdos que no serán desenterrados, por piedad.

Lisey ha visto morir a Scott y sin embargo, su duelo es entero, digno, el de una mujer fuerte que disfruta de la vida y abraza la tristeza. En la casa, sola, cuando nota algo extraño, le pregunta al aire: «Scott, no te habrás convertido en un fantasma, ¿verdad?». No tiene miedo y sí mucho carácter. Su hermana mayor, Amanda, es depresiva, entra en estados de catatonia. Su otra hermana, Darla, no es precisamente la mujer más fácil del mundo. ¿Es Lisey la tradicional cuidadora, la mujer que actúa desde la casa como una especie de ángel doméstico sanador? Un poco. Pero King les da dignidad a las tareas de cuidado y las exime de patetismo. Casi, aunque no lo enuncia, reconoce que son *trabajo*, aunque estén atravesadas por el amor.

De hecho, con frecuencia, Lisey quisiera desprenderse del amor. «A veces pasaba un día entero sin pensar en él ni echarlo de menos. ¿Y por qué no? Llevaba una vida bastante plena, y además, a menudo había sido un hombre difícil de tratar. Un auténtico proyecto, como habrían dicho los de la quinta de su padre. Pero a veces llegaba un día, un día gris (o soleado) en que lo echaba de menos con tal intensidad que se sentía vacía, dejaba de ser mujer para convertirse en un árbol hueco y atenazado por el frío de noviembre. Así se sentía en aquel instante, con ganas de gritar su nombre para traerlo a casa, y su corazón se encogió ante la perspectiva de los años que tenía por delante, y se dijo que el amor no merecía la pena si el precio era sentirse así, aunque sólo fuera durante diez segundos».

Entrada la novela, sabremos que Scott viene de una familia arrasada por la enfermedad mental y la violencia; los horrores y abusos que sufrió en la infancia son atroces y todo este dolor se relaciona, de alguna manera, con la depresión de Amanda. Scott, en vida, podía visitar una realidad paralela que es refugio y horror y se llama Boo'ya Moon. También entra en *La historia de Lisey* un fan número uno con tendencias criminales, para no ser menos. Hay un poco de confusión y sobrecarga. La novela, sin embargo, se sostiene, porque Lisey se mantiene en pie.

Una última observación. Ella es una mujer enamorada de un hombre que ha sido abusado, golpeado y mutilado; un hombre lleno de grietas. Lo ama con calma y con firmeza, segura de que ese pasado no es una condena. King no ofrece a la mujer enamorada del escritor macho alfa, la chica fascinada por el maestro; éste es un matrimonio heterosexual sin hijos y es una unión poco convencional porque Lisey no quiere para ella a un hombre protector, Lisey se cuida sola. Cierto, quizá cuida demasiado de los demás, pero algunas historias son así y algunas mujeres son así de generosas.

Stephen King dice que no está seguro de que a Tabby le guste la novela.

Holly: la dura fragilidad

En 2014, Stephen King encontró a Holly Gibney, su más reciente heroína y una de las mejores de su carrera. Ese año publicó *Mr. Mercedes*, la primera novela de la trilogía policial protagonizada por el policía retirado Bill Hodges. La entrada de Holly, de tan lateral, es difícil de explicar. Digamos que es la prima emocionalmente inestable de una novia de Bill que muere temprano, todo culpa del asesino serial y loco a tiempo completo Brady Hartsfied. Holly ingresa casi como un personaje innecesario. Termina ayudando a Bill en la investigación porque sí y se va transformando de a poco en uno de los mejores personajes femeninos de King, quizá uno de sus mejores personajes y punto.

Holly tiene un trastorno mental nunca definido. Quizá esté en el espectro del Asperger; también está deprimida y tiene una clara dificultad para interactuar socialmente. Toma medicación y fuma en secreto. Es aniñada aunque tiene cuarenta y cinco años, y cinéfila obsesiva, y habla sola, y es asombrosamente inteligente, muy *nerd*, tiene una intuición genial para la investigación, un poco por su personalidad y otro poco porque mira muchos programas de tele de tema forense. Es fiel y si ama lo hace con feroz lealtad. Sabemos que estuvo internada en psiquiátricos dos veces y que se recupera de trastornos alimenticios. «Problemas de ansiedad. Problemas de depresión. Problemas de insomnio», enumera. El libro termina con Holly haciendo explotar la cabeza de Brady en un recital para *teens*, donde él planeaba poner una bomba —igual que en el atentado en Manchester durante el concierto de Ariana Grande: King tiene muchas, demasiadas, de esas intuiciones—. Al final de *Mr. Mercedes*, Holly se arregla las canas, se tiñe, está preciosa e igual de hermosamente desequilibrada. Que Holly no tenga una crisis es más importante que cualquier cosa que le pase a Brady o, para el caso, a Bill Hodges. King lo entiende. En *Fin de guardia*, libro que cierra la trilogía, Hodges muere y Holly se queda con la agencia de investigación. Está mejor, pero no está recuperada. No va a recuperarse nunca: el trabajo le cuesta, la vida le cuesta, pero ella es tenaz y está empeñada en funcionar. Incluso cuando pierde a Hodges, su mentor, su figura paterna. King tiene la delicadeza de no escribir un romance entre Bill y Holly. A él, ella le parece bonita, confiable, brillante. La adora, pero no la desea. Ella lo quiere con locura, pero no está enamorada, ni se le ocurre. Son amigos. Que una mujer aparezca en un libro, y pueda ser la protagonista sin ser el interés romántico de nadie, todavía es una especie de triunfo.

Stephen King está un poco enamorado de Holly, él sí. Ya la ha hecho protagonizar un libro fuera de la saga de Hodges, *El visitante* (2018). Es un *thriller* sobrenatural, dominado por una figura que está entre el Cuco mexicano y Drácula. Holly entra en esta investigación de un crimen espantoso con su trajecito, sus viajes en aerolíneas baratas, sus rituales, su valentía y su encanto que incluso seduce al policía encargado de la investigación, que la ve rara y preciosa.

Holly Gibney es una heroína de cerca de cincuenta años inadecuada y asexuada. Es graciosa, eso sí, porque es literal pero no es fácil bromear con Holly, porque no entiende muy bien el humor. Ella, además, es muy consciente de lo que le pasa. No sólo no lo oculta, sino que obliga a los demás a reconocerlo, a lidiar con ella y con su problema. A su manera, es una militante. Tener una enfermedad es una manera de estar en el mundo como cualquier otra y convivir con las enfermedades de los demás debería ser como flexionar un músculo, entrenarlo: un esfuerzo, pero no un problema. En *Fin de guardia*, Barbara Robinson, una adolescente negra que ha caído bajo la hipnosis asesina del villano, especialista en llevar a sus víctimas al suicidio, le pregunta a Holly si ha intentado quitarse la vida. Barbara quiere hablar con alguien que pueda entenderla. Y Holly se sincera sin mayores problemas. «Dos veces. La primera tenía más o menos tu edad. Lo hice porque mis compañeros del instituto me trataban mal y me insultaban. Un día no pude aguantarlo más. Pero no lo intenté con demasiadas ganas. No me tomé más que un puñado de aspirinas y descongestivos… La segunda vez fue después de tener algunos problemas con mi jefe, lo que ahora llaman "acoso sexual". Por aquel entonces en realidad no lo llamaban de ninguna manera. Yo tenía poco más de veinte años. Tomé unas pastillas más potentes, pero no lo bastante para conseguirlo de verdad y en parte lo sabía. En aquellos tiempos era una persona muy inestable pero no tonta, y esa parte que no era tonta quería vivir. Entre otras razones porque sabía que Martin Scorsese haría unas cuantas películas más, y quería verlas. Martin Scorsese es el mejor director vivo. Hace películas largas como novelas. En general, las películas son más bien como cuentos».

Entre las cosas que se repiten sin pensar acerca de Stephen King, suele decirse que lo esencial en sus libros es la trama. Que no se los puede abandonar por la intensidad del suspense, por no saber qué pasará. El ejemplo perfecto de un libro que no puede soltarse.

Esto no es del todo cierto. Por supuesto que escribe tramas magníficas, pero también hace desastres, demasiados para citarlos (*Los Tommyknockers*, por mencionar apenas una —King ha escrito más de setenta novelas—, y casi todos los extensos finales de los últimos veinte años). Lo que de verdad deslumbra en los libros de King son los personajes. Se puede decir que la mitad de sus novelas son la historia de alguien. A veces, como en *Apocalipsis* o *La cúpula*, la de muchos. Y ahora, después de varios años sin delinear un personaje memorable, llegó Holly. *El visitante* es un libro muy bueno pero, cuando llega esta mujer, se dispara. Ella importa. Cierto, está en la línea general de los detectives disfuncionales, desde Holmes hasta el doctor Spencer Reid de *Mentes criminales*. Pero es mujer. La mujer con trastornos mentales casi siempre es representada como alguien infeliz, incapaz de tener una vida, de trabajar, de ser querida. Alguien a quien evitar; alguien incluso temible. King la representó así antes: es la depresión asesina de Annie Wilkes y el fanatismo ciego psicótico de Margaret White. Mujeres oscuras y solas. Todo lo contrario al encanto extravagante de Holly.

Es posible y es deseable que, en el futuro, algún libro de King se llame, sencillamente, *Holly*.

«A VECES ES PREFERIBLE LA MUERTE»:
STEPHEN KING, DÉDALO, DRAGONES TIRANOS Y MORTALIDAD
Katherine Allen

Los Tommyknockers y *Cementerio de animales* no son dos libros cuyo emparejamiento resulte esperable: tanto en su argumento como en su estilo parecen, en principio, bastante diferentes, y su escritura corresponde a dos momentos muy distintos en la carrera de Stephen King. Los seguidores de King tienen *Cementerio de animales* en alta estima y la novela aparece en varios de los *top ten*[1] de sus obras. Entra de lleno en el género de terror, plagada de augurios sobrecogedores y siniestros reaparecidos. Es bastante breve (para los estándares de King), con trescientas sesenta y ocho páginas: una tragedia sencilla, con una estructura pensada al milímetro y un final amargo. En cambio, *Los Tommyknockers* se construye en derrames discursivos y digresiones exuberantes, enredándose constantemente en interesantes tangentes acerca de, por ejemplo, las aventuras de Gard en sus arrebatos de alcoholismo, o las luchas internas de Ruth McCausland por culpa de la infertilidad, extendiéndose así durante casi mil páginas. Pese a las ocasionales incursiones en lo terrorífico (como cuando Bobbi parece deshacerse de su desagradable hermana) se trata fundamentalmente de una novela de ciencia ficción. Y viene, para su desgracia, precedida de una mala reputación: el propio King dijo que era «horrible»[2], y que, entre sus libros, es uno de los que menos le gustan, por su estructura azarosa y por su carácter «confuso»[3], víctima de la batalla del propio King contra su adicción al alcohol y la cocaína.

Sin embargo, pese a estas diferencias superficiales, *Cementerio de animales* y *Los Tommyknockers* son, en realidad, gemelos temáticos, obras oscuras y moralmente serias construidas sobre ansiedades y tensiones similares. Ambas están permeadas de un absoluto escepticismo en relación con los intentos del hombre por mejorarse a sí mismo y por comprender y dominar el universo a través de la ciencia y la tecnología. King nos hace ver que esa ingenua confianza que hemos depositado en la capacidad de la ciencia para crear «un mundo cada vez más aséptico y bien iluminado»[4] nos ha dejado al borde de una peligrosa complacencia, y son particularmente vulnerables cuando, como les ocurre a Bobbi y Louis, tropezamos con alguno de los últimos «reductos aislados de perplejidad»[5]. Aún más: que aunque la ciencia nos brinde la oportunidad de amoldar la naturaleza a nuestro antojo, lo prudente sería contenerse y no hacerlo, pues al ingenio de nuestra especie no siempre lo acompaña una dosis suficiente de sensatez: tenemos inteligencia suficiente para llegar a la Luna pero somos lo bastante idiotas como para hacer volar el mundo, recuerda King en *Los Tommyknockers*.

Ambas novelas tratan de forma lúcida cuestiones importantes relativas a la naturaleza humana y a la relación del hombre con la tecnología, planteando, más que respondiendo, preguntas como:

¿Existen cosas que el hombre, sencillamente, no debería saber, habilidades que nunca debimos adquirir?

¿Sería recomendable que pudiéramos «mejorarnos» a nosotros mismos a través de la ciencia?

¿Es la finitud trágica o consustancial a la naturaleza humana?

¿Las actuaciones diseñadas para aumentar la inteligencia o la esperanza de vida humanas nos elevan o nos degradan?

¿Nos estaríamos perdiendo algo o estaríamos ganando algo si la muerte fuera opcional?

Mi propósito es analizar si *Cementerio de animales* y *Los Tommyknockers* pueden leerse fructíferamente como fábulas bioconservacionistas, representaciones temáticas de todos esos *peores escenarios imaginables* que postulan teóricos como Bill McKibben, Leon Kass o Francis Fukuyama. Bien conocida es la repulsa que siente King hacia las «tonterías académicas»[6], ese tipo de teorizaciones crípticas e interpretaciones fantasiosas que pueblan las revistas literarias. Para que quede claro: no pretendo sugerir que King, conscientemente, trate de novelar algún proyecto filosófico o que durante la escritura de esas dos obras tuviera en mente teorías transhumanistas (o bioconservacionistas). Sin embargo, sí plantearé que no es casual que los temas más prominentes de cada libro —la importancia de reconciliarse con la propia mortalidad, la fascinación que ejercen los saberes prohibidos, los peligros de la fe en la tecnología— se hagan eco de las inquietudes bioconservacionistas acerca de las biotecnologías. Los recelos hacia la capacidad de transformación social de las nuevas tecnologías no son, al fin y al cabo, exclusivos de la filosofía contemporánea; aunque King (como muchos de sus lectores) no conociera las etiquetas «transhumanista» y «bioconservacionista», éstas se corresponden con actitudes que sí le serían familiares. De hecho, la ficción lleva mucho tiempo sirviendo de escenario para la batalla de nuestras ansiedades relativas a la tecnología, ya que pone de manifiesto sus atracciones y sus amenazas.

Aunque el transhumanismo como movimiento sólo se conformó propiamente en los años ochenta, temas y aspiraciones prototranshumanistas alientan muchas obras de ficción y filosóficas previas. En cierto sentido, la humanidad siempre ha excedido con sus aspiraciones los límites de sus posibilidades: en todas las culturas abundan relatos de héroes que adquieren poderes sobrehumanos o que se vuelven inmunes al envejecimiento o al deterioro físico, y tratados esotéricos que detallan métodos para alargar la vida u obtener la inmortalidad física. Sin embargo, como apunta el filósofo Nick Bostrom, ese impulso que nos lleva a «trascender nuestros límites naturales» a menudo acarrea, con una fuerza similar, sus propios recelos, la sensación de que «algunas ambiciones quedan fuera de nuestro alcance y se volverán contra nosotros si perseveramos en su búsqueda»[7].

Uno de los mitos más conocidos de la antigüedad griega, el de Dédalo, responderá ya a este esquema de *arma de doble filo*. Comienza con la soberbia de un hombre y su empeño en hacerse con poderes que hasta ese momento quedaban fuera de su alcance: Dédalo fabrica, para él y su hijo, Ícaro, unas alas artificiales con las que escapar de prisión. El prototranshumanista J. B. Haldane encumbró a Dédalo en la categoría de «hombre moderno» encallado entre los antiguos, «el primero en demostrar que la mente y la maestría científicas no les rinden cuentas a los dioses»[8], ni a los tabúes ni a los misterios sagrados, y que pone sus ingenios y energías, de forma sistemática, al servicio de la resolución de problemas. Sin embargo, el relato no es precisamente un canto a los triunfos de la innovación humana: Dédalo tiene éxito en su empresa pero paga el mayor de los precios humanos al ver a Ícaro caer en picado y morir cuando se derrite la cera que mantenía unidas sus alas. Igual que sucede en «narrativas de ambición» posteriores, como *Frankenstein* o *La mosca*, los inventos científicos resultan tan eficaces como mortalmente —y moralmente— peligrosos. E igual que lo fueron Dédalo o Victor Frankenstein, Bobbi y Louis resultan pioneros infelices, hombres modernos situados en el centro de una tragedia pasada de moda. Ambos intentan trascender los límites impuestos por la biología a su propia humanidad —con consecuencias desastrosas para sus allegados y seres queridos— y acaban consumidos por las fuerzas que trataron de utilizar para sus propios fines.

El científico loco, o la científica loca, cuya *hybris* se convierte en su perdición, es un tropo habitual del género de terror, y la mayoría de los seguidores del género sabrían reconocerlo. La moraleja de tales relatos parece evidente: aquellos que apuntan demasiado alto, que juegan a ser Dios intentando subvertir las leyes de la naturaleza, serán castigados por su ambición. «La naturaleza», aunque no siempre sea el entorno más agradable, se presenta de manera implícita como la única opción viable, dado que aquellos que intentan destronarla son considerados arrogantes, incompetentes y, muy probablemente, malvados. Pero antes de entrar a detallar cómo *Cementerio de animales* y *Los Tommyknockers* se ajustan a esta tradición narrativa, voy a plantear los principios del movimiento filosófico que representa la visión opuesta y permite formularnos, a la contra, preguntas como: ¿y si la científica loca fuese en realidad la heroína de la historia, la que intenta hacer del mundo un lugar mejor atreviéndose a seguir el camino de su desmesurada ambición y del rechazo a las convenciones? ¿Y si nuestro vínculo o nuestra sumisión instintiva a la idea de lo «natural» nos hubiera nublado el pensamiento y nos impidiera atajar sufrimientos evitables?

Introducción al transhumanismo

En la iglesia del transhumanismo, decididamente secular, caben diferentes maneras de entender asuntos como cuándo serán viables las biotecnologías emergentes, hasta qué punto la mayoría de la gente va a optar por aumentar sus propias capacidades o cuáles son los principios que deberían regir una sociedad «posthumana». Pero todos los teóricos transhumanistas comparten un mismo compromiso ideológico con el desarrollo de las tecnologías biomédicas, diseñadas para potenciar nuestras habilidades intelectuales, emocionales y físicas y alargar nuestra vida; todos defienden la libertad «morfológica» —sosteniendo que cada individuo tiene el derecho a modificarse o potenciarse como crea conveniente— y rechazan la noción de que deberíamos aceptar «sumisamente los límites "naturales"»[9] simplemente porque éstos representan el *statu quo*.

Al contrario, la mayoría de los transhumanistas mantiene que la condición humana es más o menos circunstancial, una mera casualidad evolutiva. Somos como somos no en virtud de cierto esquema global soñado por alguna deidad omnisciente, sino por la miríada de modificaciones progresivas surgidas como respuestas a la influencia del medio. Somos accidentes biológicos más que imágenes y semejanzas de un divino artesano: somos, por tanto, si no totalmente perfectibles, sí *mejorables*. Como apunta el teórico transhumanista Nick Bostrom, «los dones de la naturaleza a veces están envenenados y no siempre deberían aceptarse»[10]. El arsénico, la toxina botulínica y el cianuro son perfectamente «naturales», pero muy pocos optaríamos por ingerirlos si nos dieran a elegir: de la misma forma, la vejez, la vulnerabilidad ante las enfermedades físicas y mentales, o cierta propensión a la superstición, al fanatismo y a la crueldad, son también problemas que tienen lugar de forma natural en nuestra vida, pero eso no implica que sean beneficiosos. La naturaleza humana es, en resumen, «una obra inacabada, una masa por hornear que podemos aprender a remodelar según nuestro deseo»[11].

Ya estamos, al fin y al cabo, acostumbrados a que la gente modifique sus cuerpos y procesos corporales, a veces de manera drástica, para mejorar los procesos físicos y psicológicos o para modificar su apariencia. Quienes sufren sordera u otros problemas de audición pueden optar por un implante coclear en el interior del cráneo; quienes se ven aquejados de problemas de visión tienen a su alcance la cirugía láser; los trasplantes se utilizan de forma habitual para remplazar órganos que no funcionan correctamente. Para tratar la depresión, el TDAH y el trastorno bipolar se recurre a menudo a fármacos psicoactivos como los ISRS, los estimulantes o el litio, y muchas mujeres utilizan la píldora anticonceptiva para controlar su fertilidad y tratar problemas como la dismenorrea o el síndrome de ovario poliquístico. O, en un terreno más frívolo, aquellos a los que les preocupa un exceso de vello o de tejido adiposo, unos labios demasiado finos o la aparición de arrugas pueden servirse ya de electrólisis, liposucciones, inyecciones de colágeno o ritidectomías. Algunas de estas intervenciones son aún controvertidas, pero en su mayoría están bastante aceptadas, bajo la idea de que ciertas alteraciones o perturbaciones de las estructuras y los procesos corporales naturales resultan legítimas y de que hay ocasiones en las que la Madre Naturaleza no es, en realidad, tan sabia[12].

Los transhumanistas defienden sencillamente una aplicación más amplia de este principio básico: mientras que las intervenciones médicas actuales se realizan para otorgarle o devolverle a la gente niveles típicos, *humanos*, de funcionamiento, las biotecnologías futuras pueden optimizar y reconfigurar nuevas capacidades, y permiten a los beneficiarios funcionar en niveles sobrenaturales o sobrehumanos. Con el cuidado y los conocimientos necesarios, el uso de tecnologías ya disponibles, como los exámenes y la selección de embriones o la psicofarmacología, y el desarrollo de otras, como la ingeniería génica germinal, la conservación criónica o la nanotecnología, podemos vencer a la muerte (o, al menos, posponerla) y ser dueños de nuestra propia evolución, lo que nos convierte en hombres y mujeres, ahora sí, hechos por nosotros mismos.

¿Gente nueva y mejorada?
Las pesadillas posthumanas de King

Los transhumanistas ven en los actuales límites de nuestra esperanza de vida, intelecto y capacidades, obstáculos al progreso humano, una pesada carga de la que nos librarán algún día las tecnologías futuras. Su tesis subyacente —que la vida es buena y la enfermedad y la muerte son malas y deben evitarse siempre que sea posible— parece inofensiva. No mucha gente pondría mala cara ante la perspectiva de tener una vida más larga y más sana, o de ser eternamente joven, o de gozar a la vez de una salud de hierro y de la sabiduría que viene con la experiencia. Sin embargo, lo que nos dicen los bioconservacionistas es que deberíamos ser más cautos a la hora de soñar con deshacernos de tales restricciones. Antes de tirar abajo una pared hay que estar seguros de que no sea una pared de carga: puede que las limitaciones sean frustrantes y nos provoquen sufrimientos, pero son también constitutivas de nuestra identidad. Tirando de ciertos hilos —suprimiendo aquellos rasgos que hemos identificado como perniciosos y potenciando aquellos que consideramos deseables— corremos el peligro de «desfigurar»[13] la naturaleza propia del hombre. Por todo esto Francis Fukuyama describe el transhumanismo como la «idea más peligrosa» del mundo, postulando que tal vez descubramos demasiado tarde que «nuestras características buenas están íntimamente unidas a las malas»[14]. Del mismo modo, Bill McKibben nos advierte que, aunque «es posible que los humanos mueran a consecuencia de los experimentos de la biotecnología, un peligro aún mayor es que éstas tengan éxito y nos convirtamos en algo completamente diferente»[15].

Si los transhumanistas planean la utilización de nuevas tecnologías para que mudemos nuestros defectos y resurjamos como versiones más plenas y mejoradas de nosotros mismos, los bioconservacionistas como McKibben y Leon Kass defienden que cualquier «transformación» a la que contribuyera la tecnología resultaría, como le sucede a Bobbi, en una nueva pérdida de humanidad. Dejando de lado las consideraciones prácticas que animan a algunos de los oponentes al transhumanismo[16], McKibben sugiere que, incluso si las biotecnologías llegan a utilizarse de forma segura y equitativa, incluso si todo sale según lo previsto, los resultados serán siempre negativos.

Paradójicamente, «la libertad y la espontaneidad»[17] que damos por hechas —la noción de que poseemos ciertas pasiones e ingenios que nos son propios, íntimos; la combinación feliz de suerte, talento y trabajo duro, la certeza de que nadie más que nosotros decide el rumbo de nuestras vidas— proceden del «respeto de los límites»[18], de dejarle al azar espacio suficiente para actuar. Si consiguiéramos de alguna manera modificar genéticamente a nuestros hijos para inculcarles, por ejemplo, la obsesión que los convirtiera en grandes maestros del ajedrez, esa maestría sería «robótica» y «carecería de sentido»[19], más parecida a la eficiencia implacable y programada de Deep Blue que a la genialidad de Garry Kaspárov. Si proscribimos lo «imprevisible de la naturaleza»[20], inscribiendo en el código genético de nuestros hijos nuestros propios sueños y esperanzas, lo único que conseguiremos es convertirlos en «autómatas» solícitos[21]. Igual que los ciudadanos aletargados por el soma en *Un mundo feliz* de Aldous Huxley, los humanos producidos por la ingeniería genética serían como «esclavos felices»[22], que «ignoran que han sido deshumanizados» y que, de saberlo, «no les importaría mucho»[23].

El miedo a perder la propia identidad, la propia humanidad, se halla en el núcleo del terror de *Los Tommyknockers* y *Cementerio de animales.* Ambas novelas nos previenen acerca de la tentación de lograr algo a cambio de nada, sugiriendo que cuando un poder parece milagroso, como el de resucitar a los seres queridos, cuando parece «demasiado bueno para ser cierto», probablemente esconda un precio demasiado alto. Tras iniciar a Louis en los secretos del Cementerio de Animales, Jud añade, de forma críptica, que «El hombre cultiva lo que puede…, y lo cuida»[24]. Cuando Church vuelve al mundo de los vivos, con renovado entusiasmo por matar animales pequeños, Louis se da cuenta de que los «ratones destripados» y los pájaros hechos pedazos que el gato deja a su paso son su cosecha, los frutos de la resurrección profana de Church: que «él era el responsable»[25] y que nadie le ayudaría a lidiar con ello.

Church regresa de la tumba un poco *diferente*, inspirando rechazo e incluso repulsión allí por donde pasa: a Louis se le pone la «piel de gallina»[26] al tocar al gato y tiene que hacer un esfuerzo para no propinarle una patada. Church «el renacido» es una «pobre imitación» del gato, algo que la gente «sentía», más que ver, de manera instintiva[27]. Mientras que el Church no muerto guarda cierto parecido con los zombis renqueantes e inanes del repertorio de las películas de terror —lento, tambaleante, sin gracia felina, «liado»[28], oliendo a «tierra putrefacta»[29]— también da señales de una inteligencia relampagueantemente malévola, maligna de forma tan evidente como puede serlo un gato doméstico, una amenaza sólo para los animales pequeños. Incluso Ellie, al volver de sus vacaciones, se da cuenta de que hay algo diferente, al notar que «el gato estaba mejor antes»[30]. Como toda criatura que regresa del Cementerio de Animales, Church lo hace «cambiado, y cambiado a peor»[31].

Del mismo modo, en *Los Tommyknockers* la «Bobbi Modelo Nuevo y Mejorado»[32] ha adquirido poderes extraordinarios pero ha perdido una cierta cualidad esencialmente *humana*: cuando se encuentran, Gard percibe inmediatamente que hay algo en ella que se le escapa, «cosas desentonadas y desafinadas»[33], como si se tratara de una mala actriz que tratara de representar sobre el escenario su mejor imitación de Bobbi. Conforme se produce la transformación, Bobbi se vuelve cada vez más indiferente hacia todo aquello que tuvo algún valor durante su vida humana, utiliza primero a su perro (al que tanto quiso antes) como una batería viviente y, al final, intenta asesinar a Gard. Ella termina siendo poco más que una «extraña parodia»[34] de la antigua, no mejorada Bobbi: desprovista de dientes, de pelo y casi de conciencia.

Incluso los dones que la nave de los Tommyknockers otorga poseen un efecto alarmantemente compulsivo, poseen a quienes los reciben y los obligan a desarrollar extraños artefactos sin cesar, de manera indiscriminada, una inventiva que es más una condición crónica que una decisión consciente. Al llegar a Haven, Gard encuentra a Bobbi agotándose literalmente en su trabajo, un «esqueleto sucio, tambaleante», que le recordaba a alguien «después de una terrible borrachera»[35]. Bobbi ha puesto su talento recién descubierto para «arreglos y mejoras»[36] domésticas al servicio de empresas de verdad útiles, arreglando las escaleras del sótano y cambiando las bombillas, pero su ansia por inventar también se ha materializado en lo superfluo, en proyectos insólitos como una «campanilla» con un microchip incorporado[37]. En la línea de la visión de McKibben acerca de los atletas, músicos o científicos genéticamente mejorados, demasiado bien programados como para cuestionarse su vocación, los Tommyknockers de Haven son inventores compulsivos y, en cierto sentido, mecánicos, con un don para el *cómo hacer las cosas* pero incapaces de preguntarse el *porqué*. Son «constructores, no se dedican a entender»[38], «sabios idiotas»[39] que dominan las ciencias aplicadas y carecen de cualquier comprensión de los principios subyacentes.

Los Tommyknockers y *Cementerio de animales* funcionan como relatos aleccionadores, representaciones escalofriantes de las preocupaciones bioconservacionistas acerca de una posible reformulación tecnológica de la naturaleza humana. Cada novela resulta una especie de experimento conceptual, que invoca antiguas fantasías de dominio humano sobre el mundo natural —¿y si pudiéramos resucitar a los seres amados? ¿Y si tuviéramos poderes sobrenaturales que nos permitieran modelar el mundo a nuestro antojo?— y explora algunas de las consecuencias (las más horrendas, las más recurrentes en nuestras pesadillas) que podrían acarrear si se cumplieran. Como en cualquier ficción, sobre todo en la ficción de terror, el énfasis en el conflicto y en los resultados negativos es, al menos en cierto sentido, práctico, narrativo: una historia sobre cómo «Recuperé a mi hijo de entre los muertos y todo fue de maravilla» no parece que vaya a poner los pelos de punta o a dejar a ningún lector sin aliento. Sin embargo, el hecho de que ciertos temas aparezcan de manera regular en el género de terror, que *funcionen* como tropos de terror, sí sugiere que somos capaces de intuir las posibilidades terribles que plantean. En otras palabras, científicos locos y zombis vengativos nos resultan aterradores porque nos devuelven un eco culturalmente ambivalente acerca de nuestros esfuerzos para transformar el mundo, y a nosotros mismos, mediante la tecnología.

Mortalidad o el arte de hacer de la necesidad virtud

La muerte es el origen indiscutible de una «cantidad inconmensurable de sufrimiento humano»[40]. La muerte puede ser relativamente amable, ofreciendo consuelo a aquellos que agonizan al final de una enfermedad terminal o sufren la debilidad extrema de la vejez. Muy a menudo, sin embargo, la muerte llega de forma prematura, dolorosa y en una ausencia absoluta de sentido —«una bomba repentina que cae desde el azul de un cielo sin nubes»[41]—, atormentando a los que se quedan y dejando un hueco en el mundo con la forma del difunto. El consenso convencional reconoce las muertes de esta última clase como indeseables, pero ve en la muerte «natural», digna, una forma más o menos adecuada de ponerle fin a la vida, una perspectiva tal vez no demasiado agradable o satisfactoria desde el punto de vista personal, pero que tampoco resulta demasiado trágica. Es decir, mucha gente, incluyendo a un buen número de filósofos, cree que la «muerte no es necesariamente algo malo»[42], aunque sí lo sean las muertes individuales.

Sin embargo, transhumanistas como Nick Bostrom disienten, defendiendo que la propia certeza de la muerte, su condición implacable como «elemento de la vida» ha anestesiado nuestra capacidad para comprender su magnitud. Bostrom concibió una fábula para incidir en esa idea, mostrando la muerte no como el elefante en la habitación, sino como el dragón, un obstáculo que estamos tan acostumbrados a aceptar que ya no somos capaces de reconocerlo como un problema.

La «fábula del dragón tirano» de Bostrom recrea una tierra atemorizada por un dragón insaciable que exige un «tributo sobrecogedor»[43] y diario: cada anochecer, diez mil personas deben ser enviadas a la guarida del dragón, al pie de una montaña, para ser devoradas. El dragón es inmune incluso a las armas más avanzadas, aparentemente «invencible por medio de cualquier empeño humano»[44], y la mayoría de los moradores de la zona se han resignado a estar sometidos para siempre a tan sangriento dominio. Los más importantes pensadores elaboran teorías impresionantes para defender la dieta del dragón, sobre la base de que sus exigencias alimenticias ayudan a tener controlados los niveles de población o que la criatura sólo ocupa su lugar dentro del «orden natural»[45]. Otros intentan mitigar el horror ofreciendo consoladoras promesas de un más allá libre de dragones. Tal estado de cosas se perpetúa durante siglos, en los que el dragón crece y sus apetitos aumentan.

Los escasos «anti-dragonistas» que proponen métodos diversos para acabar con la bestia son vistos en general como unos cascarrabias, pues todo el mundo sabe que el dragón no es sino otro «elemento de la vida»[46]: revolverse contra sus monstruosos apetitos sería como protestar contra las mareas. Su eminencia el «gran consejero moral» plantea incluso que, en el caso improbable de que vencer al dragón resultara posible, su muerte sólo serviría para degradar a la humanidad, y no para protegerla, pues la «naturaleza específica de la especie humana sólo alcanza la verdadera plenitud y toda su nobleza cuando es devorada»[47].

En la fábula de Bostrom, por supuesto, al final el dragón es vencido y triunfa el sentido común: aunque las proclamas del consejero moral, tan elevadas y, al mismo tiempo, tan inconsistentes, al principio causan gran impresión entre la población, su «burbuja retórica»[48] explota, en línea con los esquemas de los cuentos de hadas, con ese niño que se atreve a afirmar que «¡el dragón es malo!»[49], sin miedo a parecer ridículo. Por analogía, Bostrom sugiere que la muerte tal y como la conocemos es algo malo en sí mismo, que no dignifica ningún sentido o propósito superior, y que los «mortalistas» bioéticos y los teóricos que recomiendan la aceptación de la propia mortalidad no tienen entre manos, como el pomposo gran consejero moral, más que una sarta de sandeces expresadas de forma elocuente.

Más vale dragón conocido...

Al igual que los defensores del dragón en la fábula de Bostrom, los bioconservacionistas como Bill McKibben o Leon Kass sostienen que, a pesar de las apariencias, la muerte es consustancial a la existencia humana y no un error circunstancial. A lo largo de la historia de nuestra especie, apuntan, nos hemos reconocido a nosotros mismos como «"mortales", definidos literalmente por el propio fenecer»[50], hemos sido conscientes de nuestra vulnerabilidad, de nuestra corporalidad, de nuestra finitud. Por mucho que nos fastidien las enfermedades y las indignidades con que nos cruzamos en nuestro tiempo sobre la tierra, si tales limitaciones desaparecieran veríamos tal vez cómo desaparece el valor de las cosas, cómo «el sentido y el dolor, el sentido y lo transitorio estaban entrelazados de forma inextricable»[51]. Las restricciones nos definen tanto como nos limitan, le dan forma y contexto a la vida y no nos dejan caer en el profundo «vacío de la ausencia de sentido»[52]. Quienes critican al transhumanismo defienden que nuestra mortalidad y fragilidad son el único «escenario sobre el que puede tomarse la vida en serio y vivirla de manera apasionada»[53]: si no nos atormentara la conciencia de una «fecha límite», última, la vida perdería su sentido de urgencia, su intensidad, y careceríamos del «incentivo necesario para ir tras algo que merezca la pena»[54]. Los empeños exclusivamente humanos, como el arte, la filosofía o la ciencia, son, afirman, el legado que nos deja la comprensión de nuestra propia mortalidad, ya sea por una «búsqueda de lo inmutable e imperecedero»[55] o como una forma de recordar las «glorias evanescentes»[56] de la vida, y se marchitarían y morirían en ausencia de todo ello.

De la misma manera, aquellos que pretenden detener el envejecimiento y domesticar la muerte pueden llegar a alterar el progreso y los ritmos de la vida del hombre, las relaciones entre generaciones. Kass argumenta que el deseo de vencer a la muerte es en esencia «infantil» y «hostil» a las generaciones venideras[57]. En un nivel puramente logístico, la extensión radical de la vida promete como mínimo complicar las relaciones de parentesco: a medida que la superpoblación se convierta en un problema aún más urgente, pueden existir padres por siempre jóvenes que se enfrenten a su descendencia en el mercado de trabajo o en el mercado del amor, donde los hijos ya no serán sucesores sino competidores por un número cada vez menor de recursos.

La noción de que nuestra descendencia crecerá y tomará nuestro lugar, progresando y prosperando a medida que nosotros envejecemos y morimos —la noción de que estamos, en la práctica, criando a nuestros «sustitutos»— ha estado siempre en el centro de las relaciones paterno-filiales. Los niños son una especie de recordatorio vivo de nuestra propia mortalidad, la prueba de que dejamos de pertenecer a la «generación fronteriza»[58]. Pero si a todo el mundo se le brindara la posibilidad de poseer un tiempo de vida posthumano, nuestros hijos podrían volverse «un número más en el mar de los números, sin ningún deber hacia nosotros, sin que nada les sea debido»[59]. Estos teóricos defienden, en suma, que una mortalidad pospuesta u opcional no implicaría una experiencia «sólo aumentada, sino diferente»[60], que transformaría de manera radical la forma y el sentido de la vida humana y que lo haría también de formas impredecibles e indeseadas.

Según ellos, la promesa del aumento, del «más», es una fantasía y una trampa. Aunque muy pocos se opondrían a la perspectiva de una vida más larga y saludable, en su opinión, si al final lográramos acabar con el dragón Muerte, no sería la humanidad, como hasta ahora nos conocemos a nosotros mismos, la que se beneficiaría. Los seres que nacerían de esa victoria quizá se parecieran a los humanos pero serían esencialmente alienígenas, formados con experiencias y valores muy diferentes.

«A veces es preferible la muerte»[61]: Cementerio de animales como fábula mortalista

Mientras que el género de terror en su conjunto muestra un interés inevitable por la muerte, y por la «mala muerte» en particular, *Cementerio de animales* destaca por su inquebrantable énfasis en los hechos *físicos* más crudos que son constitutivos de ésta, en la desintegración corporal que nos aguarda a todos. Detrás de los elementos sobrenaturales de la novela, el cementerio de la tribu india Micmac o el malvado Wendigo, se halla la muerte misma, mundana y terrible, como verdadero antagonista.

King evita cualquier sentimentalismo en lo relativo a la muerte, e impide a los lectores apartar la mirada de los horrores que nuestra mortalidad lleva aparejados de manera intrínseca. La exhumación de Gage, más que los terrores sobrenaturales que la suceden, es el oscuro corazón de la novela, lo que conforma la apoteosis de «horror, piedad y tristeza»[62]. King describe el estado de los restos de Gage con un detallismo despiadado, inclemente, sugiriendo una mezcla grotesca de artificio y descomposición. El rostro de Gage, cuidadosamente reconstruido, relleno de algodón, parece un cruce entre «un muñeco mal hecho» y un viejo de «mejillas hundidas», su cabeza sosteniéndose sobre el cuerpo mediante un «círculo de puntos»[63]. El cuerpo «flácido y destrozado»[64], pestilente, está embutido en un traje, con zapatos nuevos, y le crece moho en el rostro. Resulta significativo que no hubiera nada siniestro o sobrenatural en la *manera* en que fallece Gage —aunque el camionero que le atropelló admitió después que, sin saber por qué, «sintió el impulso de pisar a fondo el acelerador»[65] al pasar por el fatídico tramo de la carretera—. La muerte de Gage se debe a las leyes físicas, naturales y completamente predecibles, de la masa y la aceleración, de la dureza del acero incrustándose a toda velocidad en la blandura de la carne.

Del mismo modo, King les ofrece a los lectores un amplio repertorio de detalles en apariencia prosaicos e intrascendentes acerca de los momentos posteriores a la muerte de Gage —la disposición del funeral en la propia casa, el libro de firmas en la sala en que se encuentra el ataúd—, detalles que podría haber obviado para centrarse en escenas que contribuyeran con más eficacia a la progresión del argumento. En mi opinión, para lo que King pretende, todos estos detalles son importantes, pues el terror cala más hondo en la muerte de Gage que en su resurrección posterior. Al asentar de manera tan firme a Louis y a su familia en el mundo real, amueblando el dolor ficcional con las minucias banales y burocráticas que deben resolverse después de cada fallecimiento, King insiste en recordarnos a los lectores que la muerte —incluso la violenta, la repentina, la más dolorosamente prematura— no es un simple relleno en los relatos.

A lo largo de la novela, la incapacidad para reconciliar o aceptar la muerte va asociada a la inmadurez, en principio, y en el acto final de la historia, a la locura y el infortunio. Louis se plantea que quien no logra «sentarse a la mesa»[66] con la muerte está condenado a terminar «encerrado en un cuartito, escribiendo cartas a la familia con un lápiz»[67], imagen que termina realizándose en él mismo. Tras el accidente de Gage, Louis se da cuenta de que, pese a todos sus intentos de explicarle y justificarle los «elementos de la muerte» a Ellie, él mismo «no había podido aceptar» su llegada[68], cuando sale de lo abstracto para entrar en lo personal. La incapacidad de Louis para aceptar el fallecimiento de Gage agrava la tragedia original, y desencadena pérdida tras pérdida en el Cementerio de Animales, la de Jud, la de Rachel y, finalmente, la de su propia cordura.

Incluso las operaciones biomédicas rutinarias diseñadas para posponer lo inevitable resultan dañinas y corrosivas para la dignidad del sujeto. Es Jud, el arquitecto de la resurrección posterior de Church, quien trata de convencer a Louis para que castre a su mascota, dado que «un gato capado no sale tanto a merodear»[69]. Al principio Louis no las tiene todas consigo, por esa intuición, «vaga pero firme», de que la operación destruirá algo valioso en Church, que tal vez pondría «en los ojos verdes del gato la mirada del pasota»[70]. El pánico que siente Ellie ante la perspectiva de que su gato muera es lo que hace que Louis pida cita para la operación, pese a la sensación de que era una forma de «disminuirlo, convertirlo antes de tiempo en un bicho gordo y viejo»[71]. Los temores de Louis se encuentran textualmente justificados: el Church castrado es «gordo y lento», lleva una vida limitada, caminando con «abulia» del plato de la comida al sofá, y sin embargo encuentra un final violento y prematuro[72]. La operación, por tanto, no logra su propósito, pues quizá por algún antojo felino, o por la maligna tentación del Cementerio de Animales, Church cruza en su deambular pesado la carretera y un coche lo atropella. El intento de Louis de alargar la vida del gato por medios biomédicos sólo sirve para menoscabarlo y frustrar su «verdadera naturaleza»[73], privándole de los placeres ferales de los que todo gato sin castrar disfruta. La implicación narrativa está clara: una vida prolongada de manera artificial puede resultar ineficaz, soporífera, carente del sentido y la dignidad que poseía antes. O que, peor aún, los afanes por engañar al destino pueden fracasar y volverse en contra, subvertidos por la mala fortuna o por fuerzas más allá de nuestra comprensión.

Como dijimos antes, la segunda transformación de Church es menos benigna, realizada por la magia oscura del cementerio de los Micmac. Esa transformación es aún más evidente en el caso de Gage. Mientras intenta decidir qué hacer, Louis piensa que si Gage regresara cambiado del mismo modo intangible «sería una obscenidad»[74]. Como el resucitado Timmy Baterman, el Gage que regresa *es* obsceno, menos y más que humano al mismo tiempo. Es el cuerpo destrozado de Gage lo que emplea la criatura que acosa a Jud y a Rachel, pero el ocupante original ya no está ahí; el nuevo poseedor del cuerpo pronuncia frases completas, algo escatológicas, y utiliza sus siniestros conocimientos para manipular a todo aquel que se cruza en su camino, una «parodia demencial del antiguo ser»[75] de Gage llena de «rencor estúpido»[76]. Lo que es peor, el renacido Gage demuestra «apetitos inconfesables»[77] al devorar parcialmente el cadáver de Rachel. Desafiar a la naturaleza trayendo de vuelta a los muertos conduce así a la viciosa perversión de las normas familiares, el niño tambaleante y travestido alimentándose no de la leche de su madre, sino de su carne y de su sangre.

Tan ominosa imagen excede incluso a las imaginaciones más exaltadas de los bioconservacionistas con respecto a un futuro posthumano, pero los problemas que hacen avanzar la novela no están tan alejados de los que exponen teóricos como Kass o McKibben. Dentro del mundo narrativo de *Cementerio de animales*, los intentos de engañar al propio destino biológico —ya sea mediante procedimientos mundanos como la esterilización de Church o mediante procedimientos mágicos— son más perniciosos que fútiles; en el mejor de los casos uno sigue viviendo, disminuido, como un gato tambaleante y sumiso. En el peor, alguien o *algo* pueden entrar a habitar el cuerpo propio y regresar para sembrar el caos entre los vivos. Cuando la muerte es negada y mantenida en secreto, deshonrada y oculta, como la de Zelda, que muere recluida de manera miserable en una habitación trasera, se vuelve un «monstruo»[78], dispuesto a llevar a cabo una «venganza sobrenatural»[79]. O, en términos más cotidianos, hacemos de la muerte un monstruo cuando dejamos de «sentarnos a la mesa» con ella, y así también nos arriesgamos a convertirnos en monstruos a nosotros mismos.

«Hay cosas que es mejor no tocar ni por curiosidad»[80]. Saberes prohibidos e ideas peligrosas

La mayoría de los transhumanistas estaría de acuerdo en que, al menos en principio, «ningún misterio es sacrosanto, ninguna barrera incuestionable»[81]. Aunque en casos puntuales el conocimiento pueda ser obtenido o utilizado de forma imprudente o poco ética, nada hay intrínsecamente malo en el afán de comprender, controlar y modificar nuestros procesos biológicos y psicológicos, incluso de maneras que pueden parecer, de forma intuitiva, «desnaturalizadas».

Por el contrario, teóricos bioconservacionistas como Leon Kass, Francis Fukuyama o Bill McKibben sugieren que hay áreas de la vida a las que no debería tener acceso la mirada impersonal de la ciencia. Defienden que el precepto transhumanista de que todo ámbito de la experiencia humana puede acabar en la arena científica, susceptible al escrutinio intelectual y a los juegos biológicos, resulta en última instancia peligroso y deshumanizador. Algunos conocimientos, algunas posibilidades, *deberían* quedar fuera de nuestro alcance, y los intentos de aventurarse tras esas fronteras son a la vez cuestionables desde un punto de vista ético e imprudentes en grado sumo.

Lo cierto es que hasta los debates con una argumentación más razonada acerca de las ventajas e inconvenientes de biotecnologías controvertidas como la clonación humana resultan, en cierto sentido, irrelevantes: el discurso puramente analítico con el que los filósofos se enzarzan suele obviar la más condenatoria de todas las pruebas contra la clonación: la instantánea repulsión que su mera mención provoca en la mayoría de la gente. Kass propone que ese «agh» como reacción generalizada «es la expresión emocional de una profunda sabiduría», un sistema de alarma interno, visceral, «que nos avisa de que no podemos transgredir algo tan inefablemente hondo». Viendo los «asombrosos misterios» de la procreación humana a través del «prisma de nuestra ciencia reductiva», los defensores de la clonación y de otras tecnologías parecidas demuestran una peligrosa «*hybris Frankensteiniana*»[82].

King también sugiere que hay sendas de conocimiento que los humanos no deberíamos seguir —áreas de saberes prohibidos que, al cruzarse, pueden acabar con nuestras vidas o nuestra cordura— y las materializa físicamente en la forma de *lugares* prohibidos. Louis y Bobbi se meten, de manera literal, en la boca del lobo, atrapados inconscientemente en las garras de terribles fuerzas malévolas, sobrehumanas, cuando se alejan del «camino seguro»[83]. Al comienzo de *Cementerio de animales*, Jud advierte a Louis y a su familia de que los bosques no se pueden atravesar por cualquier sitio, que no es en absoluto recomendable acercarse demasiado a las tierras «que los indios Micmac reclaman»[84]: «Si te mantienes en el camino, todo va bien»[85]. Y de la misma manera, es la decisión de Bobbi de alejarse del camino en busca de leña lo que la lleva a encontrar la nave de los Tommyknockers —«por la elección de un sendero, la nave fue encontrada»[86]—. Las almas errantes abandonan los confines de lo familiar, cruzan los límites, la inestable «barrera»[87], que «no debe cruzarse», a riesgo de que los seres queridos queden «expuestos a la destrucción»[88].

Cementerio de animales y *Los Tommyknockers* funcionan como advertencias para el curioso y los destinos de sus desgraciados protagonistas se erigen como lecciones prácticas de lo que Kass llamó la «sabiduría de lo repugnante»[89]. Tanto Bobbi como Louis son incapaces de hacer caso a la intuición, a la premonición, de que algo no está bien, llevados por la «mente racional que rechazaba»[90] los peligros sobrenaturales de los que las tripas les habían alertado. Ambos deciden, en cambio, tomar una actitud claramente «científica», ignorando, o racionalizando para ignorar, los malos augurios y los oscuros sueños proféticos con los que podrían haber evitado la desgracia.

Desde el momento en que Bobbi descubre la nave de los Tommyknockers, comparte con su perro Peter la sensación de que había algo «raro»[91] en ella. La noche del hallazgo sueña con una «flecha de luz verde, venenosa…, y los dientes que se caían sin dolor»[92], pero la luz del día hace que la pesadilla se esfume y, con ella, toda precaución.

Como sus antecedentes literarios, Louis es un hombre de ciencia, acostumbrado a vérselas con problemas más que con misterios. Médico de profesión, concibe el mundo como lo haría todo empírico cabezota, habiendo «certificado la defunción de dos docenas de personas, y nunca sintió pasar un alma»[93]. King lo caracteriza como un hombre «sin profundos principios religiosos, ni atraído por... ocultismos»[94]. No está, por tanto, preparado para reconocer los presentimientos nebulosos y los presagios que habrían ahuyentado a un hombre más supersticioso: cuando, sosteniendo a Gage entre sus brazos, le inunda un repentino «presagio de horror y tinieblas», hace caso omiso, considerándolo «una de esas lagunas frías por las que a veces cruza la mente»: «Más fantoche que fantasma»[95].

Incluso cuando Louis sucumbe a la «morbosa atracción»[96] del Cementerio de Animales y empieza a imaginar la resurrección de Gage, lo hace sin abandonar los parámetros de una parodia del raciocinio científico y la formulación de hipótesis, tratando de «coordinar todos los datos conocidos de la forma más racional y lógica que aquella negra trama le permitiera»[97]. Louis se empeña en ignorar la intuición de que los que regresan del Cementerio de Animales lo hacen de manera alterada, perversa, lo que ya experimentaron aquellos que «sentían» (en lugar de ver) la «pobre imitación»[98] de un gato que era el Church resucitado. Hace incluso el esfuerzo de racionalizar y descartar su repulsión interna ante la idea de un Gage cambiado del mismo modo —la «obscenidad»[99] que sería contemplar simplemente una transformación así—, concibiéndolo como una especie de experimento, un ejercicio de diagnóstico. Si, tras observarlo «durante un periodo de veinticuatro a setenta y dos horas»[100], Louis determinara que Gage ha regresado dañado o alterado de forma irrevocable —«un engendro del mal»[101], como Timmy Baterman— pondría fin al «frustrado experimento»[102] según los procedimientos científicos adecuados, sacrificando al sujeto si fuera necesario. La descripción que King hace de los conmovedores esfuerzos de Louis, finalmente fracasados, para no caerse de la «pasarela tendida sobre el abismo de la locura»[103] en una situación que desafía a toda comprensión —tratando de asimilar e interpretar los misterios ocultos del Cementerio de Animales dentro del marco racional humano— recuerda a la crítica de Kass a la bioética contemporánea.

Como muchas otras obras de King, ambas novelas tratan los temas de la adicción y la compulsión, pero en ellas el viaje más potente y peligroso es el que provoca el conocimiento, y no alguna substancia más ordinaria. Tanto del cementerio Micmac como de la nave espacial emana cierta fuerza de atracción, de seducción, que hechiza a aquellos que, como Louis y Bobbi, son susceptibles de caer en sus redes. Al entrar en contacto con ellos se experimenta una especie de chute: cuando se adentra por primera vez en el Cementerio de Animales «verdadero» para enterrar a Church, a Louis lo posee el sentimiento extraño, que posee cierta incoherencia contextual, de estar «plenamente encajado», la promesa «magnética» de un «misterio» que aún no alcanza a ver pero que le hace seguir caminando[104]. Antes de la llegada de Gard, Bobbi intenta interrumpir la excavación de la nave pero se encuentra atrapada por la «necesidad física» de continuar su tarea, de ver más, como el ansia que experimenta un adicto «a la heroína, la cocaína, los cigarrillos, el café»[105].

Como sugiere el tema de la adicción, ambas novelas llevan dentro de sí un profundo escepticismo acerca de la capacidad humana para dejar de lado «un conocimiento, *cualquiera que sea*, cuando ha visto su borde»[106], por incendiario que resulte. Como turbia conclusión, cuando los Tommyknockers resultan vencidos, el ejército estadounidense se hace con el control de la nueva y peligrosa tecnología que se ha creado para, queda implícito, utilizarla en el desarrollo armamentístico. Del mismo modo, incluso después de que la familia de Louis haya muerto (en su mayor parte), el narrador predice que a su casa llegará una nueva familia, tan vulnerable como ellos a la atracción fatal del Cementerio de Animales, «una pareja joven y brillante… que se felicitarían de su falta de superstición» y, quizá «tendrían un perro»[107]. Cuando la bomba atómica —o los bebés a la carta— se convierte en una posibilidad, es imposible meter de nuevo al genio en la lámpara.

King ha expresado en varias entrevistas su preocupación acerca de que «el progreso tecnológico haya anestesiado nuestra capacidad para gestionar las emociones»[108]. En este sentido, como mínimo, es posible comprender a los Tommyknockers como hombres mejorados: con capacidades aumentadas, pero profundamente irreconocibles como humanos, por inhumanos. De hecho, el propio King nos induce de manera implícita a hacerlo, caracterizando a los Tommyknockers «originales» como personas «lo suficientemente inteligentes para capturar estrellas que enloquecerían y se destrozarían con las garras de sus pies»[109] y «cavernícolas del espacio»[110].

Mientras que los Tommyknockers de Haven poseen una escalofriante apariencia alienígena —completamente privados de cualquier preocupación o empatía hacia aquellos que no se han convertido—, son susceptibles a las mismas irritaciones mundanas e irracionalidades que acechan a los seres humanos, capaces de poner en marcha un «terrible conflicto, capaz de desgarrar el globo» por cuestiones como «a quién le tocaba pagar el café»[111]. Pese a sus extraordinarias capacidades y a su don superlativo para la invención, los Tommyknockers no están más evolucionados, en un sentido coloquial, que los humanos: tienen acceso inmediato a la tecnología más avanzada, pero eso sólo les sirve para asegurarse de que sus berrinches temperamentales tienen repercusiones galácticas. Están equipados con un conocimiento muy escaso, útil tan sólo para convertirlos en una amenaza, jugando con inmensas y peligrosas fuerzas naturales desde la despreocupación relajada de «un bebé con una pistola cargada»[112].

Los Tommyknockers está llena de referencias a desastres científicos y faltas éticas, el camino migado que recorre la incompetencia y la depravación humanas, diseñado para dejar al lector atento ante una conclusión: a la luz de errores históricos de tal magnitud, ¿cómo podemos confiar en que esta vez la «policía de Dallas»[113] (como Bobbi llama a todas las autoridades de probable ineptitud y carencias morales) tenga alguna idea de lo que está haciendo, se preocupe de verdad por nuestro bienestar? La fe en lograr una vida mejor gracias a la ciencia —la fe en nuestra capacidad para convertirnos en hombres y mujeres mejores, quizá «posthumanos», gracias a la tecnología— se basa en la creencia, histórica y psicológicamente ingenua, de que el «nuevo patrón» sea en esencia diferente al «antiguo patrón»[114].

Algunas de estas alusiones son indirectas y están abiertas a la interpretación —quizá, o quizá no, King se refiere a la famosa utilización de perros beagle en experimentos científicos a mediados de los años setenta cuando especifica la raza de Peter[115]—, pero otras son más explícitas y evidentes. Igual que en *Cementerio de animales*, *Los Tommyknockers* es una novela, pese a su tema fantástico, anclada con firmeza en el mundo real. King presenta a Bobbi como una mujer muy consciente de estar viviendo los últimos coletazos de un siglo marcado por innovaciones y desastres tecnológicos sin precedentes, en el «mundo de los ordenadores, encaminados hacia las desconocidas maravillas y los horrores del siglo XXI»[116]. Igual que a Gard, al comienzo de la novela la descubrimos preocupada por la posibilidad de un apocalipsis inminente apoyado en la tecnología, introduciendo en sus planes y proyectos de futuro una nota mental: «Si alguien no hacía volar el mundo mientras tanto»[117].

La amenaza que implica la energía nuclear extiende su sombra sobre toda la novela y King traza paralelismos constantes entre la transformación de los Tommyknockers y las consecuencias de una exposición extrema a la radiación. Los habitantes de Haven experimentan los efectos de una lluvia radioactiva procedente de la nave, cuya dirección y radio son impredecibles y dependen de las condiciones atmosféricas. Al final de la metamorfosis, Gard piensa que la apariencia de los Tommyknockers de Haven resulta similar a la de «quien ha estado expuesto a una enorme fuga de radioactividad»[118], y sacrifica a la transformación en primer lugar el pelo y los dientes.

El tema se desarrolla en profundidad en la segunda parte de la novela, que sigue el camino tragicómico de Gard por una lectura de poesía, una fiesta de jubilación y un último atracón. En la fiesta que tiene lugar tras el evento poético Gard es incapaz de resistirse a pronunciar una «arenga»[119], un discurso apasionado acerca de su eterna obsesión: los peligros de la energía nuclear. Gard pone a los asombrados asistentes (y a los lectores) al corriente de un buen número de datos alarmantes, detallando la «marcha mortal» desde que Marie Curie descubriera el radio hasta la proliferación moderna de centrales nucleares, una diatriba contra la *hybris* de aquellos que «*supusieron*, jugando con la vida de los seres humanos»[120].

«Más vale lo malo conocido que lo bueno por conocer»[121]

Aunque el proyecto transhumanista promete la «liberación» total —de las fauces del tiempo y la naturaleza, de las «limitaciones de nuestro ADN»[122]— los bioconservacionistas mantienen que el hombre es, en muchos sentidos, «la suma de nuestros límites»[123]. En otras palabras, que las formas intrínsecamente humanas de desarrollo que ahora conocemos proceden —y dependen— de nuestra fragilidad. «Asumir que, por principio, más es mejor»[124] espolea el deseo de acabar con todas las restricciones

143

que se han puesto sobre la vida y el poder del hombre, el deseo de buscar un dominio más perfecto sobre la naturaleza. Sin embargo, los bioconservacionistas nos previenen de que el afán de «salvar al hombre de sí mismo» sólo puede funcionar a expensas de nuestra «humanidad»[125], una especie de aniquilación blanda. Que sólo lograremos ciertos poderes si rendimos primero nuestra alma, si nos volvemos ajenos, *aliens*, si cortamos nuestra conexión con esas formas antiguas de vida, como hicieron los Tommyknockers.

En *Los Tommyknockers* y en *Cementerio de animales*, King defiende la idea de aceptar lo malo conocido y aprender a vivir con nuestras limitaciones. Bobbi y Louis son, al menos al principio, protagonistas hacia los que resulta sencillo sentir cierta simpatía, y el propio King parece empatizar con sus aspiraciones prometeicas. Sin embargo, no cabe duda de que el progreso narrativo de ambas novelas funciona como el de los relatos aleccionadores: igual que el hombre que, de manera imprudente, le pide deseos a una pata de mono, o el joven médico que decide construir un hombre con partes de otros, Louis y Bobbi desafían el orden natural y pagan un alto precio.

A ambos les mueve, al principio, un propósito humanitario: Bobbi quiere un antídoto contra el *aquí no pasa nada*, la corrupción y la ambición inconsciente de los Antiguos Patrones. Como médico, Louis está obligado desde un punto de vista profesional a plantarles cara a la muerte y a la debilidad, pero se mantiene dentro de los límites de la ortodoxia médica hasta que la muerte entra en su casa, primero a través de Church y luego de su hijo, Gage. Ninguno de ellos se parece demasiado a los científicos locos que pueblan las películas de terror, a quienes motiva la arrogancia y el deseo de poder. Pero igual que el proverbial infierno está empedrado de buenas intenciones, la tentación del demonio viene envuelta como un regalo divino. Del mismo modo que esos «tecno-utopistas»[126] a los que critican los bioconservacionistas, Bobbi y Louis intentan remodelar el mundo —y la naturaleza humana— a su antojo para hacer de él un lugar más amable y justo. Y, como los bioconservacionistas predicen que sucederá si el proyecto transhumanista llega a realizarse, su éxito lleva aparejada una ineludible *pérdida de sentido*, que puebla cada rincón del mundo de Gente Nueva y Mejorada cuyos comportamientos, emociones y pensamientos poco tienen que ver con los de la gente, «abominaciones»[127] que no guardan nada en común con los seres que un día fueron.

NOTAS

[1] Jake Kerridge, «Top Ten Stephen King Books», *Telegraph*, 19 de septiembre de 2013, consultado por última vez el 11 de septiembre de 2015, http://www.telegraph.co.uk/culture/books/booknews/10321006/Top-ten-Stephen-King-books.html.

[2] Andy Greene, «Stephen King: The *Rolling Stone* Interview», *Rolling Stone*, 31 de octubre de 2014, consultado por última vez el 11 de septiembre de 2015, http://www.rollingstone.com/culture/features/stephen-king-the-rolling-stone-interview-20141031?page=5.

[3] James Smythe, «Rereading Stephen King, Chapter 25: *The Tommyknockers*», *Guardian*, 28 de agosto de 2013, consultado por última vez el 11 de septiembre de 2015, http://www.theguardian.com/books/booksblog/2013/aug/28/the-tommyknockers-stephen-king-rereading.

[4] Stephen King, *Cementerio de animales*, Barcelona, Círculo de Lectores, 1984, p. 172. Trad. cast.: Ana M.ª de la Fuente.

[5] Ibíd., p. 172.

[6] Andy Greene, «Stephen King», op. cit.

[7] Nick Bostrom, «A History of Transhumanist Thought», *Journal of Evolution & Technology* 14, n.º 1 (abril de 2005), p. 2.

[8] J. B. S. Haldane, «Daedalus; or, Science and the Future» (conferencia presentada en Heretics, Cambridge, febrero de 1923), p. 12.

[9] Max More, «The Extropian Principles 2.5», julio de 1993, consultado por última vez el 11 de septiembre de 2015, http://www.aleph.se/Trans/Cultural/Philosophy/princip.html.

[10] Nick Bostrom, «In Defense of Posthuman Dignity», *Bioethics*, 19, n.º 3 (2005), p. 204.

[11] Nick Bostrom, «Human Genetic Enhancements: A Transhumanist Perspective», *Journal of Value Inquiry*, 37, n.º 4 (2003), pp. 493-506, consultado por última vez el 13 de septiembre de 2015, http://www.nickbostrom.com/ethics/genetic.html.

[12] Resulta significativo que sean los padres quienes tienen la potestad de tomar tales decisiones por sus hijos nacidos o futuros. Los padres pueden someterse a un diagnóstico genético preimplantacional para disminuir el riesgo de que sus hijos nazcan con trastornos potencialmente mortales como la fibrosis cística o la distrofia muscular. Y una vez que los niños nacen, los padres siguen poseyendo potestad legal para tomar decisiones, a menudo irreversibles, capaces de cambiarles la vida. Decisiones respecto a los cuidados médicos que reciban y que pueden determinar, por ejemplo, si un niño que nace con labio leporino se somete o no a una operación.

[13] Francis Fukuyama, «Transhumanism» *Foreign Policy* n.º 144 (septiembre-octubre de 2014), p. 43.

[14] Ibíd., p. 43.

[15] Bill McKibben, *Enough: Genetic Engineering and the End of Human Nature* Nature, Londres, Bloomsbury, 2003, p. 7.

[16] Por ejemplo, teóricos como Francis Fukuyama o Lee Silver han enunciado la preocupación sobre el uso generalizado de nuevas (y, por tanto, caras) biotecnologías entre los más ricos (los que primero tendrán acceso a ellas), y si ello contribuirá a anquilosar la movilidad social y a crear una especie de sociedad de castas genéticas.

[17] Leon R. Kass, «Triumph or Tragedy? The Moral Meaning of Genetic Technology», *American Journal of Jurisprudence*, 45, n. °1 (2000), p. 5.

[18] Bill McKibben, *Enough*, op. cit., p. 218.

[19] Ibíd., p. 49.

[20] Leon R. Kass, «Triumph or Tragedy?», op. cit., p. 16.

[21] Bill McKibben, *Enough*, op. cit., p. 52.

[22] Leon R. Kass, «The New Biology: What Price Relieving Man's Estate?», *Science*, 174, n.º 4011 (1971), p. 785.

[23] Ibíd., p. 785.

[24] Stephen King, *Cementerio de animales*, op. cit., p. 122.

[25] Ibíd., p. 212.

[26] Ibíd., p. 131.

[27] Ibíd., p. 223.

[28] Ibíd., p. 251.

[29] Ibíd., p. 131.

[30] Ibíd., p. 152.

[31] Ibíd., p. 139.

[32] Stephen King, *Los Tommyknockers*, op. cit., p. 186.

[33] Ibíd., p. 176.

[34] Ibíd., p. 522.

[35] Ibíd., p. 132.

[36] Ibíd., p. 144.

[37] Ibíd., p. 145.

[38] Ibíd., p. 598.

[39] Ibíd., p. 189.

[40] Nick Bostrom, «The Fable of the Dragon-Tyrant», *Journal of Medical Ethics*, 31, n.º 5 (2005), p. 277.

[41] Stephen King, *Cementerio de animales*, op. cit., p. 328.

[42] Bernard Williams, «The Makropulos Case: Reflections on the Tedium of Immortality», en *Problems of the Self: Philosophical Papers 1956-1972*, Cambridge, Cambridge University Press, 1973, p. 83.

[43] Nick Bostrom, «The Fable of the Dragon-Tyrant», op. cit., p. 273.

[44] Ibíd., p. 273.

[45] Ibíd., p. 273.

[46] Ibíd., p. 274.

[47] Ibíd., p. 275.

[48] Ibíd., p. 275.

[49] Ibíd., p. 275.

[50] Bill McKibben, *Enough*, op. cit., 162.

[51] Ibíd., p. 164.

[52] Ibíd., p. 48.

[53] Ibíd., p. 183.

[54] Ibíd., p. 183.

[55] Leon R. Kass, «Problems in the Meaning of Death», *Science*, 170, n.º 3963 (diciembre de 1970), p. 1235.

[56] Bill McKibben, *Enough*, op. cit., p. 219.

[57] Leon R. Kass, «The Case for Mortality», *The American Scholar*, 52, n.º 2 (primavera de 1983), p. 189.

[58] Leon R. Kass, «The Case for Mortality», op. cit., p. 190.

[59] Bill McKibben, *Enough*, op. cit., p. 164.

[60] Ibíd., p. 164.

[61] Stephen King, *Cementerio de animales*, op. cit., p. 143.

[62] Ibíd., p. 298.

[63] Ibíd., p. 298.

[64] Ibíd., p. 298.

[65] Ibíd., p. 254.

[66] Ibíd., p. 52.

[67] Ibíd., p. 27.

[68] Ibíd., p. 323.

[69] Ibíd., p. 25.

[70] Ibíd., p. 25.

[71] Ibíd., p. 54.

[72] Ibíd., p. 107.

[73] Ibíd., p. 107.

[74] Ibíd., p. 221.

[75] Ibíd., p. 343.

[76] Ibíd., p. 348.

[77] Ibíd., p. 348.

[78] Ibíd., p. 174.

[79] Ibíd., p. 178.

[80] Ibíd., p. 145.

[81] Max More, «The Overhuman in the Transhuman», *Journal of Evolution and Technology*, 21 n.º 1 (enero de 2010), pp. 1-4, consultado por última vez el 11 de septiembre de 2015, http:// jetpress.org/v21/more.htm.

[82] Leon R. Kass, «The Wisdom of Repugnance: Why We Should Ban the cloning of Humans», *Valparaiso University Law Review*, 32, n.º 2 (primavera de 1998), p. 687.

[83] Stephen King, *Cementerio de animales*, p. 34.

[84] Ibíd., p. 33.

[85] Ibíd., p. 34.

[86] Stephen King, *Los Tommyknockers*, op. cit., p. 16

[87] Ibíd., p. 111.

[88] Stephen King, *Cementerio de animales*, op. cit., p. 75.

[89] Leon R. Kass, «The Wisdom or Repugnance», op. cit., p. 687.

[90] Stephen King, *Los Tommyknockers*, op. cit., p. 25.

[91] Ibíd., p. 25.

[92] Ibíd., p. 32.

[93] Stephen King, *Cementerio de animales*, op. cit., p. 29.

[94] Ibíd., p. 64.

[95] Ibíd., p. 29.

[96] Ibíd., p. 221.

[97] Ibíd., p. 250.

[98] Ibíd., p. 221.

[99] Ibíd., p. 221.

[100] Ibíd., p. 270.

[101] Ibíd., p. 270.

[102] Ibíd., p. 270.

[103] Ibíd., p. 269

[104] Ibíd., p. 109.

[105] Stephen King, *Los Tommyknockers*, op. cit., p. 60.

[106] Ibíd., p. 522.

[107] Stephen King, *Cementerio de animales*, op. cit., p. 344.

[108] Andy Greene, «Stephen King», op. cit.

[109] Stephen King, *Los Tommyknockers*, op. cit., p. 573.

[110] Ibíd., p. 680.

[111] Ibíd., p. 426.

[112] Ibíd., p. 597.

[113] Ibíd., p. 60.

[114] Ibíd., p. 507.

[115] En su artículo de 1975 «The Smoking Beagles» [Los beagles fumadores] la periodista de investigación Mary Beith nos cuenta los experimentos, ahora famosos, en que se obligó a cuarenta y ocho perros beagle a fumar hasta treinta cigarros al día para comprobar la seguridad de un nuevo tipo de cigarro, supuestamente saludable. Roy Greenslade, «Mary Beith, the Journalist Who Broke the "Smoking Beagles" Story», *The Guardian*, 20 de mayo de 2012, consultado por última vez el 11 de septiembre de 2015, http://www.theguardian.com/media/greenslade/2012/May/20/thepeople-investigative-journalism.

[116] Stephen King, *Los Tommyknockers*, op. cit., p. 21.

[117] Ibíd., p. 15.

[118] Ibíd., p. 507.

[119] Ibíd., p. 90.

[120] Ibíd., p. 95.

[121] Ibíd., p. 601.

[122] Bill McKibben, *Enough*, op. cit., p. 48.

[123] Ibíd., p. 214.

[124] Ibíd., p. 162.

[125] Leon R. Kass, «The New Biology», op. cit., p. 785.

[126] Bill McKibben, *Enough*, op. cit., p. 162.

[127] Stephen King, *Cementerio de animales*, op. cit., p. 233.

CUIDADO CON LO QUE SUEÑAS PORQUE PODRÍAN SALIRLE COLMILLOS

Y EMPEZAR A CORRER DETRÁS DE TI

O LA REALIDAD (DESEADA) COMO MONSTRUO

EN TRES ACTOS QUE SON TRES OBRAS DE STEPHEN KING

Laura Fernández

William Wymark Jacobs nació en Wapping, Londres, en algún momento de 1863. Entre ese mismo año y 1943 escribió un buen puñado de divertidísimas novelas —oh, en realidad no entre ese mismo año, evidentemente, a menos que naciera con un lápiz, o pegado a una máquina de escribir, y le hubiese bastado su vida uterina para volverse completamente loco y narrar todo tipo de peripecias deliciosamente absurdas— y otro buen puñado de cuentos macabros. Los títulos de sus novelas —y sus novelas— son encantadoramente delirantes, teniendo en cuenta que nunca escribió una que no pasase en alta mar —él solía definirlas como cosas que les pasan a tipos que embarcan sin saber muy bien con qué intención «en barcos de medio tonelaje»—, a saber, *A la caza del suegro*, *Aprendiz de suicida*, *Amor pasado por agua* y el menos aparentemente desternillante y aun así de lo más desternillante *Náufragos* —pensemos en la clase de infierno que puede desatarse en una isla desierta a la que van a parar un marido y una mujer que no se soportan—. Pero, evidentemente, no es de sus novelas de las que hablaremos a continuación —aunque podemos añadir que su obsesión por el mar era cosa de su padre, que fue administrador del puerto—ni tampoco de cómo lo descubrió Jerome K. Jerome —sí, su novela *Tres hombres en una barca* podría haber pasado por novela de W. W. Jacobs—, aunque fue gracias a él que Jacobs pudo dejar de limitarse a entrar y salir de la oficina de correos en la que trabajaba, porque él fue el primero que apostó por algunos de sus relatos, y acabó publicándolos en su revista, *To-day*. Corría el año 1885 y aún tendría que pasar una década para que *The Strand Magazine*, la revista que empezaba a encumbrar a Arthur Conan Doyle (¡y al mismísimo Sherlock Holmes!), le encumbrara también a él. Para entonces, ya había publicado tres colecciones de cuentos *marineros* delirantes. Y empezaba a dejarse ver por las tertulias londinenses donde, al parecer, coincidía a menudo con Evelyn Waugh, que lo describió como un tipo triste y demacrado que prefería, creemos, acodarse en la barra del bar en el que se hubiesen reunido e imaginar a todos aquellos otros tipos en el mar, o en una isla desierta, rodeados de otros tipos tan engreídos como ellos, a fingir que algo de aquello le interesaba verdaderamente.

Sea cual sea el caso, Jacobs publicaría en 1902 el cuento que eclipsaría su carrera como escritor humorístico —fue considerado en su momento el mejor escritor humorístico inglés de todos los tiempos— y le convertiría en un referente del terror *mundial*: «La pata de mono». No ha habido una sola recopilación de los mejores relatos de terror jamás escritos desde entonces que no lo haya incluido. ¿Por qué? Porque Jacobs no sólo articuló lo que Roberto Bolaño consideraría un perfecto ejercicio de esgrima (y uno de género) —todos los elementos están ahí y su combinación es tan brillante que le bastan una docena de páginas para hacernos temblar— sino que ahondó en la aún por venir *soñadora* era construyéndole un hogar de palabras —¡todo un relato!— a la máxima que reza (CUIDADO CON LO QUE SUEÑAS, PORQUE PODRÍAS CONSEGUIRLO), máxima que, ante las teclas de la vieja Underwood de Stephen King —o la vieja Olivetti que tomó prestada a su mujer durante una época—, se convirtió en algo parecido a (CUIDADO CON LO QUE SUEÑAS PORQUE PODRÍAN SALIRLE COLMILLOS Y EMPEZAR A CORRER DETRÁS DE TI). Sí, aunque King admite haberse inspirado en el famosísimo «La pata de mono» para escribir *Cementerio de animales* —se diría que su novela arranca allí donde el cuento se detiene, aunque uno y otro tengan el mismo *fatídico* final para todo atisbo de vida del *no muerto* que podamos imaginar—, su brillante motor —el del deseo convertido en pesadilla— es uno de los temas recurrentes de la obra del genio de Maine. Pensemos en Annie Wilkes y Paul Sheldon. Pensemos en Polly Chalmers y el resto de vecinos de Castle Rock rendidos a los encantos (malditos) de la tienda de (COSAS NECESARIAS) de Leland Gaunt. Pensemos en Ray Garraty y lo que le espera si logra sobrevivir a la larga marcha. Estamos reviviendo, una y otra vez, la pesadilla de la familia White. Estamos deseando algo y consiguiéndolo y lamentándonos de haberlo conseguido.

Cuando en mi capítulo favorito de *Expediente X* —«Yo deseo»: el capítulo 21 de la séptima temporada, escrito y dirigido por Vince Gilligan—, Fox Mulder le pide a la *genia de la alfombra* —sí, hay un genio de la lámpara, pero ésta no es un tipo con barba sino Paula Sorge— la paz en el mundo —el deseo clásico entre los deseos clásicos, el *one hit wonder* de los deseos al genio de la lámpara—, ésta le pregunta si está seguro. Mulder dice que por supuesto que lo está, ¡va a conseguir la paz en el mundo! Podría carcajearse pero no lo hace, porque Paula Sorge está frunciendo el ceño y diciéndole algo parecido a: (TÚ MISMO) o (TÚ LO HAS QUERIDO) o (ESPERA Y VERÁS), aunque también podría haber articulado la moraleja de «La pata del mono», (CUIDADO CON LO QUE) ya sabéis, porque lo que ocurre a continuación es que el mundo entero desaparece. Es decir, no el mundo en sí, no el planeta Tierra, con sus oficinas —Mulder está en las oficinas del FBI— y sus calles y sus rascacielos y sus cabañas en el bosque, sino la *gente*. (¿QUÉ DEMONIOS HAS HECHO?), le pregunta Mulder a la *genia*. A lo que ella responde, mordisqueando distraídamente algo, probablemente un pedazo de donut, (LO QUE ME HAS PEDIDO). (¡NO TE HE PEDIDO QUE DESAPARECIERA TODO EL MUNDO!) (¿NO?) (¡NO!) (CREÍ QUE QUERÍAS LA PAZ EN EL MUNDO). Mulder tarda un poco más de la cuenta en entenderlo todo (apostamos a que Scully lo hubiese entendido un pelín antes), y en el tiempo en que tarda en caer en la cuenta de que para que exista la paz en el mundo no debe haber nadie, ni siquiera una persona, con la que poder discutir, es decir, que lo que había deseado y lo que desea todo el mundo al desear la paz en el mundo es la extinción de la especie (vaya, nunca pensamos que los extremos podrían llegar a tocarse de tan espeluznante manera, ¿verdad?), pregunta, claro, por Dana Scully, dice, (¿DANA TAMBIÉN?) (¿HAS HECHO DESAPARECER A DANA?) y grita (¡DAAAAANA!), y Paula Sorge no aprovecha para bromear sobre lo que podría haber pedido el bueno de Mulder, se limita a encogerse de hombros y a decir (¿QUIERES QUE LO DESHAGA?) (AÚN TIENES OTRO DESEO), y claro, Mulder, en un redoble que apunta en la dirección de (otra vez) W. W. Jacobs, le dice que por supuesto, que sí, que lo deshaga cuanto antes.

Y, veamos, antes de adentrarnos, definitivamente, en la manera en que la obra de Stephen King, en concreto, mis *tres* obras favoritas de Stephen King[1], han reformulado la advertencia de Jacobs, qué ocurre en «La pata de mono». Pero antes aún pensemos un momento en Jacobs y en su poderosamente norteamericana moraleja, pese a venir de la, en apariencia, menos soñadora Gran Bretaña. ¿Acaso no estaba Jacobs colocando el espejo ante la idea misma de capitalismo, y dejando que éste, con todo su vacío horrendo, se mirase y dijese (¿QUÉ CLASE DE MONSTRUO SOY?)? ¿O estaba, simplemente, haciéndonos desconfiar de los sueños, porque los sueños, como dijo el poeta, sueños son, y sueños deberían seguir siendo, porque en el momento en que dejase de serlo, ¿no existiría tampoco aquel que los ha soñado o podría soñarlos? El sueño, como sueño, debe permanecer siempre lejos de la realidad, porque su sola presencia podría desvirtuarla, peor, aniquilarla, aniquilándonos a nosotros, los *soñadores*, que en el momento mismo en que el sueño se hiciese realidad, dejaríamos de soñar, y qué sentido tendría todo entonces, qué sentido. Para entonces, como les ocurre a los protagonistas de la historia de Jacobs, y a los de las tres novelas de King, ya habríamos perdido la cabeza. Lo dice Shirley Jackson en la canónica e inolvidable primera frase de *La maldición de Hill House*: «Ningún organismo vivo puede prolongar su existencia durante mucho tiempo en condiciones de realidad absoluta sin perder el juicio; hasta las alondras y las chicharras sueñan».

En «La pata de mono», el matrimonio White, un matrimonio anciano que vive con su único hijo en un caserón en, aparentemente, mitad de ninguna parte, invita a cenar a un viajado brigadier, el brigadier Morris. El tipo es un tanto huraño y esquivo. Trae consigo la famosa pata de mono, una pata de mono disecada y horrible, con aspecto de extremidad sucia de peluche. Parece querer deshacerse de ella. Les dice que la pata actúa como una especie de genio de la lámpara. Pueden pedírsele tres deseos. Pero hay que tener cuidado con lo que se desea, les dice[2]. No les dice por qué deben tener cuidado. Y, evidentemente, los White, a los que apenas les cuesta hacerse con ella —primero el anciano la desliza en el bolsillo de su chaqueta y luego le tiende al brigadier algunas monedas, y puede que también algún billete, en cualquier caso, una modesta cantidad con la que el tipo parece encantado, para su sorpresa—, no pierden el tiempo: cuando el brigadier se marcha, cansado, esa noche, después de la cena, bromean sobre la posibilidad de pedirle algo y comprobar si mentía. Es el hijo quien sugiere que podrían pedirle dinero. «¡No nos vendría nada mal!», acuerda, divertido, el padre. Piden doscientas libras. ¿Por qué no? Se van a dormir alegres, creyendo que a la mañana siguiente alguien les extenderá un cheque por valor de doscientas libras, o que, simplemente, se las encontrarán, amontonadas, en uno de los armarios de la cocina. Como la cosa no ocurre, el chico se va a trabajar a primera hora de la mañana, y los padres se quedan en casa, sacudiendo la cabeza y diciéndose que el brigadier les ha tomado el pelo.

Pero no lo ha hecho. Claro que no. Lo descubren cuando en determinado momento del día aparece un tipo de semblante francamente serio en casa. Les dice que tiene algo que anunciarles. Y trae consigo un sobre. Los White se preguntan si no será el cheque. El tipo les dice que su hijo ha sufrido un accidente mientras trabajaba y que ha sido un accidente horrible y que no va a volver a casa porque ha muerto. Los White, consternados, estallan en llanto, y entonces el tipo les tiende el sobre. Dentro encuentran un cheque de doscientas libras correspondiente al seguro por accidente de la empresa. Aquello les hace perder la cabeza. Han cambiado un cheque de doscientas libras por la vida de su hijo. «¡Ha sido la pata! ¡Ha sido la pata de mono!», se dicen, y la destierran a un cajón de la cocina. Sí, ha sido ella, porque en tanto viven en un mundo en el que todo efecto debe tener una causa, la realidad debe adaptarse a los deseos que se piden, es decir, la realidad debe, de alguna manera, reescribirse, y aquí podríamos pensar en la pata de mono como una traviesa novelista condenada a encajar tramas y subtramas para ejecutar sus deseos, y en ese mundo, en el mundo de los White, lo más lógico era que, si la póliza de seguro era de doscientas libras, se quitase de en medio a aquel que debía quitarse de en medio para que se hiciese efectiva. Evidentemente, los White deciden, desolados, que si la pata de mono tiene semejante poder, y puesto que aún les quedan por pedir dos deseos, podrían pedir que su hijo regresara. Y aquí es donde arranca el elemento macabro —que inspiró *Cementerio de animales*—, porque ¿acaso no podría haber sido la muerte de su hijo una casualidad? En cualquier caso, dejaremos que siga siendo un misterio —para todos aquellos que aún no conocen el famoso cuento de Jacobs, que, por cierto, fue incluido en la *Antología de la literatura fantástica* compilada por Jorge Luis Borges, Silvina Ocampo y Adolfo Bioy Casares— lo que ocurre cuando desean que su hijo vuelva de entre los muertos, porque ha llegado el momento de ver de qué manera Stephen King ha explorado la advertencia de Jacobs a su, también, macabra manera, sin, veremos, ser siquiera consciente de que lo estaba haciendo.

Triunfo, luego pierdo la cabeza

Stephen King empezó a escribir *La larga marcha* en 1966. En 1966, Stephen King tenía diecinueve años. Lo más probable es que ya conociese a Tabitha, su futura mujer. Tabitha echaba una mano en la biblioteca de la universidad. King debía pasar demasiado tiempo allí. Era su primer año. La universidad era, claro, la Universidad de Maine. *La larga marcha* fue la primera novela que escribió, aunque no la publicaría hasta mucho después —en realidad, sólo cinco años— de haber publicado *Carrie*, la novela con la que debutó en 1974. Inspirándose en, ha confesado en alguna ocasión, las maratones que se pusieron de moda a principios de los sesenta en Estados Unidos, maratones con aspecto de larguísimas caminatas, caminatas de cincuenta millas —más de ochenta kilómetros—, que organizaban cadenas de televisión y emisoras de radio que las retransmitían en directo, King escribió la historia del jovencísimo Ray Garraty, Raymond Davis Garraty, un chaval de dieciséis años, de Pownal, Maine, que decide participar en La Larga Marcha, una carrera anual para jóvenes que se ha convertido en una especie de deporte nacional en la cruel, despiadada y adicta a los realities América del futuro. La premisa es terrorífica: de los cien participantes, en un rocambolesco guiño a *¿Acaso no matan a los caballos?*, de Horace McCoy, la novela que dio lugar al *Danzad, danzad malditos* de Sydney Pollack[3], sólo puede quedar uno, *literalmente*, es decir, el resto morirán. El propio King recuerda, cuando habla de aquellas maratones, que él mismo participó en una: «Apenas logré completar veinte millas», dice. Es decir, que alrededor de los treinta kilómetros tiró la toalla. No ganó, pero consiguió algo mejor: la pieza que le faltaba para poner en marcha su primera novela. Después de aquello, King se preguntó qué pasaría si aquella caminata hubiera sido *mortal*, y todo se puso en marcha. A los chavales se les llamaría Caminantes. Deberían mantener una velocidad de al menos seis kilómetros y medio por hora; si iban más lentos durante treinta segundos, alguien —uno de los tipos de las metralletas que viajan en los tanques que cierran filas— le advertiría de lo que ocurría, y en el momento en que se le diesen tres advertencias, se le daría el pasaporte. Es decir, se le acompañaría gustosamente a la cuneta —donde con toda probabilidad habría familiares, o fans, o novias, o simplemente curiosos, jaleando el asunto— y se los liquidaría a sangre fría. El precio que hay que pagar por El Premio, en mayúsculas, es altísimo, porque El Premio lo merece. Pero ¿en qué consiste exactamente El Premio? En, y aquí volvemos a Jacobs, un deseo al genio de la lámpara, esto es, cualquier cosa que desees, *para siempre*.

Si no supiéramos que *La larga marcha* es la primera novela que King escribió, podríamos convertirla en alegoría de lo que ocurrió a su alrededor —ajajá, alrededor de quien acabó por convertirse en el indiscutible Rey del Terror, el único y supremo Maestro de lo Macabro Cotidiano— cuando el genio de Maine empezó a destacar primero y a *barrer* después, en el hasta entonces aún no de masas público lector de género. Porque

160

¿qué ocurría a medida que sus libros vendían cada vez más, a medida que no sólo el lector tradicional de género, sino todo lector posible, incluidos cientos de miles y puede que millones de futuros escritores de hasta el último ámbito en el que se os ocurra pensar —el mismísimo creador de *Resident Evil* trabaja ahora mismo en un nuevo *survival horror* inspirado nada menos que en *Misery*, con la idea de trasladar el terror psicológico a la experiencia interactiva—, devoraba todo lo que King editaba, que era mucho y delicioso para cualquiera deseoso de estar en cualquier otro lugar en el que vivir aventuras, aunque fuesen terroríficas, con tipos y tipas a los que habría jurado conocer —¡Oh, King, todos esos personajes, tus personajes, estaban, están, siempre, tan alucinantemente *vivos*!—, tipos y tipas por los que habría dado la vida, o por los que llegó a gritar, a solas en su habitación, creyendo que así les salvaría la vida? Que iba quedándose más y más solo, que a su alrededor el pelotón seguía alejándose, como se aleja el pelotón de Ray Garraty y Stebbins. Porque Garraty no está solo. A su lado corre un chaval solitario llamado Stebbins. Stebbins camina con la cabeza baja y responde evasivamente y con cierto mal humor a todo aquel que se le acerca. Por eso Garraty le compara primero con la oruga azul de *Alicia en el País de las Maravillas*, a lo que el tal Stebbins —que es nada menos que el hijo de El Comandante, el tipo, el ogro que ha creado tan mortífero espectáculo— responde: «No, te equivocas, yo soy más bien el Conejo Blanco».

Efectivamente, el tal Stebbins ha sido, de alguna manera, *introducido* en la carrera para *espolearla*, como esos conejos mecánicos que espolean a los galgos y que siempre correrán más que ellos, por más que ellos no sepan que ni siquiera son conejos. ¿Y quién sería el Stebbins del propio King si su vida como escritor de terror fuese una maratón en la que estuviese dejando a todo el mundo *sin vida*? Por supuesto, Dean R. Koontz, el escritor de terror más famoso del mundo después del propio

King, aunque, evidentemente, a años luz de él, en especial en España. ¿Y qué ocurre cuando Stebbins cae y Garraty sigue corriendo y cruza la meta, después de cinco días sin dormir y sin dejar en ningún momento de moverse, habiendo recorrido *cientos* de kilómetros? Que sigue corriendo, que no puede dejar de hacerlo, porque cree que alguien le persigue, porque, mientras a su alrededor todo el mundo celebra que alguien, él, ha ganado El Premio, ve cernirse sobre el asfalto una sombra que es la sombra de su competidor, un competidor fantasma que quizá no sea nadie más que él mismo. Leer *La larga marcha* sabiendo lo que ocurrió cuando Stephen King alcanzó la *verdadera* fama, la Fama, con mayúsculas, es decir, todos esos años en que perdió la cabeza, en que escribió novelas que ni siquiera recuerda haber escrito —su vida era drogas, drogas, drogas, algo de alcohol, discusiones, gritos de niños, sus propios niños, y tecleo, tecleo, tecleo—, como *Cujo*, porque todo lo que ocurría a su alrededor era simplemente *demasiado*, era *insoportable*, es descubrir hasta qué punto la literatura puede resultar premonitoria siendo un mero pulso del momento.

Y aquí viene lo interesante. Porque evidentemente, cuando King escribió *La larga marcha* no tenía ni idea de lo que iba a ocurrir con su carrera. Tal vez, en ese momento, sólo estaba pensando en lo que ya había dejado atrás para llegar hasta donde había llegado, y en lo único que tenía —la escritura— para seguir adelante. Así, el par de piernas de Garraty, aquello que lo había *distinguido* del resto, podrían haber interpretado el papel del par de manos del aún futuro escritor de éxito, y lo habrían hecho bajo la sombra del mismísimo futuro escritor de éxito. Porque sí, a juzgar por lo que Stebbins planea pedir cuando gane la carrera —porque Stebbins, el Chico Oruga, el Chico, en realidad, Conejo, cree que va a ganar la carrera— no es más que un reflejo, la *sombra*, del propio King, un King que hubiera vivido en un mundo alternativo en el que hubiera sido posible *volver a casa*.

Volver, en realidad, a una casa de la que su padre jamás se hubiese ido.

Así, Stebbins, decidido a desear volver a casa con su padre, el temido Comandante, pese a que ni siquiera lo reconoció, si gana la carrera, se perfila, como conejo mecánico *puesto ahí* para espolear a los demás, es decir, como instigador y culpable, como *la mitad oscura* del escritor, aquella que desea perdonar hasta el último *crimen* de su progenitor, que lo abandonó a los dos años. ¿Garraty? Garraty es la mitad con la que el escritor *vive*, aquella que ve a su yo que aún piensa en la idea de un Padre como una sombra que nunca va a abandonarle. Al eliminar a Stebbins, King elimina también la posibilidad de volver a casa, se dice a sí mismo: «Cuidado con lo que deseas, pequeño, porque no voy a dejar que lo consigas». En este caso, porque lo que deseas, Steve, no te merece. Lo más mínimo, chaval.

Te quiero *matar*: el fan lector como (letal) villano

Admitió, tiempo después, Mark David Chapman, el asesino de John Lennon, que en realidad nunca quiso un autógrafo del artista, que lo que quería era su vida. ¿Es eso lo que desea, en realidad, el fan? Después de todo, el sujeto de su admiración es su *ídolo*, y ¿qué se hace con los ídolos? Se les sigue, y ¿para qué? Para, en teoría, llegar a donde se desea. Pero ¿qué ocurre cuando eso que se desea no va a llegar de ninguna de las maneras? ¿Qué ocurre cuando el fan, un fan que, además, considera que J. D. Salinger le guiña el ojo desde su ejemplar de *El guardián entre el centeno* y le *exige* que sea, como Holden Caulfield, un chico *malo*, ya ha visto pasar hasta el último tren, cuando todo lo que tiene es algo de dinero, un revólver y un billete de avión que lo aleja de Honolulú, y lo lleva a la puerta del edificio Dakota, en Nueva York, sabiendo exactamente todo lo que debe saberse sobre los horarios de entrada y salida de sus vecinos más ilustres, porque se ha hecho buen amigo del portero, un tipo llamado José Perdomo? Que, incapaz de mirarse al espejo, un espejo que no le devuelve lo que espera ver —no, John Lennon no es, como él, un tipo barrigudo y horrible, y no trabaja en un hospital de Honolulú y no tiene una guitarra cubierta de polvo porque nunca va a convertirse en una estrella del *rock*, y él, desde luego, no firma dieciséis mil autógrafos diarios, ni se deja fotografiar, como ocurrió la mañana del fatídico 8 de diciembre de 1980, por Annie Leibovitz—, decide *eliminar* aquello que no soporta *ver*. La gota que colmó el vaso, dicen, fue un aparentemente inofensivo comentario del músico. Chapman, un fervoroso cristiano recién convertido, la clase de personaje extremo, no ficticio, que King encaja tan bien en su ficción macabra —pensemos en la madre de Carrie White, inspirada, por cierto, en la madre de una compañera de instituto—, no pudo soportar oír a Lennon decir que los Beatles eran, entonces, «más famosos que Jesucristo».

Pero ¿acaso tiene Chapman algo que ver con Annie Wilkes, la poderosa fan *fatal* que protagoniza *Misery*, y que primero secuestra a su escritor favorito, un malherido Paul Sheldon, el famoso autor de una serie de novelas románticas, que él mismo aborrece, y luego le obliga a reescribir la última de ellas, a escribir, en realidad, una *nueva* novela en la que nada de lo que ocurría en la última de ellas, es decir, en la que la *muerte* de su protagonista, Misery Chastain, se *corregía*, se eliminaba, no existía? Sí. En 1979, Stephen King era ya una pequeña celebridad *mundial*. Una noche, a las puertas de una cadena de televisión, en Nueva York, se topó con un puñado de fans que no eran, dice, como el resto de fans con los que se había topado hasta entonces. O quizá él había dejado de verlos como solía hacerlo. En cualquier caso, tiempo después, dijo que «les mirabas a los ojos y sus ojos te parecían casas abandonadas». «No sabían para qué querían mi autógrafo. Lo querían y ya está. Eso me hizo darme cuenta de que las casas de sus ojos no sólo estaban abandonadas, también estaban encantadas», dijo. Uno de esos fans con ojos como casas encantadas era Mark Chapman. Le pidió a King un autógrafo y le suplicó que se prestase a hacerse una fotografía con él. Le dijo que era su fan número uno. De hecho, King se recordó escribiendo eso mismo, (PARA MI FAN NÚMERO UNO), cuando, meses más tarde, leyó en el periódico que la mañana del día en que asesinó a John Lennon, el tal Chapman también se había acercado a él, con una copia de *Double Fantasy* en la mano, y le había pedido un autógrafo asegurando que era *su fan número uno*. En realidad, lo que King escribió fue (PARA MARK, CON LOS MEJORES DESEOS, STEPHEN KING). Tal vez el asunto del *fan número uno* tan sólo era el primer golpe de nudillos que la idea de su siguiente novela, *Misery*, daba a su puerta. El resto los propinaron las drogas (ajajá, y sin creer ni por un momento que lo estaban haciendo) y un agresivo y exigente, vanidoso y, a la vez, autodestructivo, ejército de fans perpetuamente insatisfecho. ¿Por qué? Quién sabe, los fans, en especial aquellos que podrían dar la vida por ti, porque, de alguna manera, tú, como las novelas de Paul Sheldon a la, por otro lado, también *enfermera* Annie Wilkes[4], les estás salvando la vida, cada vez, con lo que sea que hagas, tienden a ser de lo más cruel con el sujeto de su veneración, tienden a creer que nada de lo que hagas se parecerá ni remotamente a aquello que ya hiciste y que ellos descubrieron antes que nadie. Porque ese tipo de fan, el fan *Annie Wilkes*, se cree, henchido de la vanidad del que se ha considerado a sí mismo *imprescindible* como fan, de alguna manera, *primigenio* y, siempre, *leal*, siempre *fiel*, con derecho a erigirse sobre ti y señalar, con su dedo *primordial*, la dirección que debe seguir tu carrera en ese preciso instante, porque él sabe más y mejor que nadie lo que te conviene, porque él ha estado ahí desde el principio, cuando tú ni siquiera eras tú, y le trae sin cuidado saber que tú no has podido evitar ser tú todo el tiempo, porque él cree que estás perdiendo algo, que se ha perdido algo, irremediablemente, con el paso del tiempo, y no debes permitirlo, él, el fan *Annie Wilkes* no va a dejar que lo permitas, porque cada paso que das en alguna dirección, sea la que sea, es un paso que se aleja de lo que sea que él tiene en la cabeza y eso no puede ser, no no no no, de ninguna de las maneras.

En 1984, el año en que oficialmente Stephen King empezó a escribir *Misery*, el genio de Maine llevaba una década Ahí Arriba, esto es, en el Estrellato de los Maestros del Terror y había tenido que vérselas en más de una ocasión con ese tipo de fans, fans *Annie Wilkes*. En parte, habían sido todos ellos, había sido la Fama Inesperada, o, mejor, su exceso, el que le había hecho alargar la mano y empezar a empuñar la botella y no sólo la botella. Cuando empezó a escribir *Misery*, Stephen King pasaba menos de tres horas sobrio al día. No hacía mucho más que beber cerveza y consumir cocaína. Lo contó él mismo a *The Paris Review* mucho tiempo después. Llegó a decir que Annie Wilkes era, en realidad, su adicción. Algo que lo estaba matando, pero sin lo que no podía vivir. Dijo: «Visto con la perspectiva del tiempo, parece de lo más claro. Annie era mi problema con las drogas. Las drogas eran entonces mi fan número uno. Dios, no me dejaban en paz». Y con toda probabilidad, la historia es tan descarnadamente macabra porque, efectivamente, King estaba hablando del infierno que él mismo estaba atravesando, un infierno que, no por casualidad, tomó la forma de la fan número uno de Paul Sheldon, el escritor desafortunado que tiene un accidente de coche y se parte las dos piernas[5] en el camino que cada día recorre la psicótica Annie Wilkes, una ex jefa de enfermeras sin más vida que la que vive, en las novelas de Sheldon, la almibarada Misery Chastain, personaje a quien el escritor odia con todas sus fuerzas y al que ha matado en el manuscrito que lleva consigo en el coche y que despierta la ira de su fan número uno. Pero la idea, asegura, la tuvo en un vuelo transatlántico que hizo a Inglaterra, ese mismo año, 1984, con el fin de promocionar la primera novela que escribió con Peter Straub[6]. Se durmió y en algún momento soñó con un escritor que caía en las garras de un fan psicótico. Cuando se despertó, anotó en una servilleta una pequeña escena en la que el fan, que resultaba ser una fan corpulenta e irascible, le decía al escritor que no había llamado Misery a su cerdo para reírse de él —ajajá, entonces Annie tenía un cerdo y ese cerdo iba a acabar comiéndose a Sheldon, porque la historia empezó siendo un relato que se convirtió en algo más— sino todo lo contrario. Le había llamado así por honrar el amor del fan, que es el amor, escribió, más puro que existe. Pensemos en el animal elegido por King (UN CERDO), y luego pensemos en lo que realmente ocurrió: el cerdo no acabó siendo *real* sino tan sólo una estatuilla de hierro, la estatuilla con la que el *resistente* Paul acaba finalmente con la vida de Wilkes, completando el círculo y dejando que sea la obra (MISERY), la que acabe con el fan (y no con el escritor).

El sueño transatlántico lo inspiró, como confiesa en su web oficial, un relato del gran Evelyn Waugh —el tipo que creía que W. W. Jacobs era demasiado poco sociable para tratarse, como se trataba, de un escritor *cómico*— que leyó en ese mismo vuelo, titulado «El hombre al que le gustaba Dickens». En ese relato, un fan de Charles Dickens que no sabe leer aloja en su casa al malherido *Paul* Henry, y le obliga a leerle a Charles Dickens. Cuando el tal Paul quiere irse, el tipo, un anciano llamado James MacMaster, el señor MacMaster, se lo impide, una y otra vez, llegando a comprometerse a dejarle en libertad cuando acabe de leerle *Martin Chuzzlewit*. El otro, aún herido, le implora piedad, y le asegura que en cuanto llegue al pueblo encontrará a alguien que le lea por él, a lo que el tal MacMaster responde: «¿Para qué iba a querer a otro "alguien"? Ya le tengo a usted». En el relato se respira el irrespirable ambiente que King explotó, como sólo él sabe hacer, en la novela. «Lo que me dije después de leer el relato fue: "¿Y si no fuera un tipo cualquiera sino el mismísimo Charles Dickens el tipo al que el tal MacMaster ha encontrado en la cuneta?". Y así fue como empezó todo», recuerda. Se estaba diciendo King, y nos lo decía a todos: «¿Sueñas con ser un escritor famoso? Pues ten cuidado. Ten mucho cuidado. Piénsatelo dos veces. No alces aún la pata de mono. Aún no lo sabes porque no tienes forma de saberlo, pero el mundo está repleto de Annie Wilkes».

Tu alma por un cromo de béisbol: *Leland Gaunt is coming to town*

Es de lo más probable que, como asegura Brian Catling[7], el género fantástico como tal provenga de la Biblia. Que, de alguna manera, todo ya estuviera allí y, sin quererlo, por más que ni siquiera se haya abierto un ejemplar en la vida, lo que conforme nuestros miedos, anide, sin que lo sepamos, en una de sus páginas. En ese sentido, podría decirse que la variante más antigua de aquello que explora *La tienda*, la novela que King publicó en 1991, la primera que publicaba estando, de nuevo, y por fin, sobrio, esto es, el pacto con el Diablo, una variante, a su vez, del relato de Jacobs —aquí no es *cuidado con lo que deseas* sino más bien *cuidado con lo que ese deseo va a costarte*—, no proviene directamente de la Biblia, aunque sí de la imaginería cristiana. Se dice que el predecesor del Fausto con el que dio el librero Johann Spies en Frankfurt —allá por 1587—, el *Historia von D. Johann Fausten*, que inspiró al resto, es un clérigo infeliz que habría vendido su alma al Diablo para llegar tan lejos como le fuera posible en la Iglesia, algo que no iba a ocurrir de ninguna de las maneras porque el obispo le tenía manía. La historia aparece en un texto cristiano del siglo ix.

No hay clérigos en *La tienda*, pero sí hay un tipo, Leland Gaunt, un tipo entrañable aunque *raro*, que ha traído consigo un puñado de cosas que son, como reza el título de la novela en inglés, *cosas necesarias*, o, al menos, lo parecen, para los habitantes del pueblo —Castle Rock— en el que instala su pequeño y encantador, aunque por momentos aterrador, negocio. Ese tipo, Leland Gaunt, es, como no tardamos en descubrir, un trasunto del Diablo, que *vende*, a todo aquel que desee comprar, *cosas* que no son lo que parecen, o más bien, cosas que parecen verdaderamente valiosas para el comprador en cuestión, pero que a ojos del mundo, un mundo *no necesitado* —ajajá: veremos en breve de qué manera las drogas están, aún aquí, por todas partes— de ese algo supuestamente *valioso*, no son más que montones de *nada*, fruslerías con tendencia a convertirse en aquello que Philip K. Dick llamaba *kippel* —cachivaches que acumulas, sin saber cómo ni por qué a tu alrededor, y que no dejan de *crecer*—. Pensemos, sin ir más lejos, en el chaval Brian Rusk. Tiene once años y acaba de ver en el escaparate de Cosas Necesarias un inencontrable cromo de Sandy Koufax. Un cromo de Topps del año 1956. Firmado. Oh, pero no sólo *firmado*. *Dedicado* a un tal *Brian*. «Para mi buen amigo Brian, con mis mejores deseos», reza en el cromo. Brian, claro, no da crédito. Quiere el cromo, cueste lo que cueste. ¿Y cuesta demasiado? Oh, apenas nada, le susurra Leland Gaunt. Sólo una pequeña jugarreta. Sólo, en realidad, debería haberle susurrado Gaunt, *tu alma*. Porque la pequeña jugarreta de Brian le cuesta la vida a Nettie y Wilma. Destrozado por la culpa, incapaz de volver siquiera a sujetar el maldito cromo, que para el resto no era más que un cromo cualquiera, se pega un tiro con la pistola de su padre delante de su hermano pequeño, Sean, asegurándose de que antes de hacerlo éste le promete que se mantendrá alejado de la tienda de Gaunt. Exacto. No se te ocurra toca la pata de mono, porque no sabes cuáles podrían ser las consecuencias de aquello que has deseado, ni lo ridículo que podría resultarte aquello que deseaste cuando descubras las consecuencias que ha tenido tu maldito deseo.

Sí, teniendo en cuenta el lugar del que venía —el mismísimo Infierno del Consumo, *años* de adicción a todo tipo de cosas que lo mantuvieron tan al margen que ni siquiera fue consciente de haber escrito ciertas cosas[8]—, como señala James Smythe, el crítico de *The Guardian*, esas *cosas necesarias*, eran, claramente, las drogas, algo por lo que había sido capaz de vender, una y otra vez, su alma al Diablo —no, el Jack Torrance de *El resplandor* (1979) no es producto de la imaginación de *nadie*, es más bien una exageración de la culpa que el escritor sentía en ese momento, por la manera en que todo lo que consumía estaba convirtiéndole en una especie de Ogro para su mujer y sus tres hijos: Naomi (1970), Joe (1972) y Owen (1977)—, un algo que, además, carecía de valor para nadie que no fuese él —como todo lo que podía comprarse en la tienda de Leland Gaunt— y que, sí, lo estaba destruyendo, pero ¿acaso podía evitar que lo hiciera? La manera en que cada objeto se presenta como necesario, indispensable, para aquel que lo desea, justifica lo que sea que Leland vaya a pedirle a cambio, porque lo que le pide a cambio siempre parece algo ridículo ante la enormidad de aquello que van a conseguir. Un algo que, curiosamente, en cuanto salgan de la tienda, una vez *pagado* el objeto con lo que sea que Gaunt les ha hecho hacer, tendrá el valor de *nada*.

Sí, King asegura que *La tienda* fue su manera de encerrar para siempre los años ochenta (norteamericanos) en una novela. Que los ochenta, dijo King, fue la década en la que, al menos por un tiempo, se creyó que la codicia era, por qué no, algo bueno —después de todo, nos daba lo que queríamos— y que no estaba del todo mal ser hipócritas, al fin y al cabo, el fin justificaba cualquier medio. Sí, King está hablando de Patrick Bateman[9] y los suyos, está hablando de los *yuppies* y la manera en que su sombra se cernió durante un tiempo sobre su rincón del mundo. «En los ochenta parecía que todo tenía un precio, en cierto sentido fue, literalmente, la *venta del siglo*, nos estábamos deshaciendo de todo lo que habíamos tenido: honor, integridad, amor propio e inocencia», dijo al respecto. «Los ochenta fueron la traca final del Verano del Amor, su corrupción total y absoluta», añadió. Y sí, fue un día volviendo a casa en coche, después de haber asistido a un partido de baloncesto, y pensando en un *show* cristiano de moda por entonces (el de Jim y Tammy Faye Bakker) cuando se le ocurrió que iba a convertir los años ochenta en una tienda de curiosidades de un pequeño pueblo. «Debía tener un espíritu delirante, tan delirante como la caseta del perro de los Bakker, que había sido equipada con agua corriente y radiadores», dijo.

El resultado fue un (CUIDADO CON LO QUE DESEAS POR-QUE PODRÍAS CONSEGUIRLO Y ESO TE HARÍA UN SER DESAL-MADO) que bien podría definir al mismísimo Patrick Bateman, pero también a toda esa generación consumista y aniquiladora de hasta el último vestigio de inocencia que King se propuso retratar, a la vez que no olvidaba reflexionar sobre la clase de infierno (culpable) por el que él mismo había pasado y reelaboraba, desde un inexistente pueblo de Maine, el mito fáustico, transformando al Diablo en un vendedor de cromos de béisbol condenado a vagar por el mundo, abriendo una tienda tras otra[10], y sembrando, a su paso, la destrucción. Una destrucción que empieza siendo una destrucción personal, puesto que cada uno de los clientes de Leland Gaunt se enfrenta, tarde o temprano, a su propio infierno, que es el infierno de la culpa, pero también el del vacío. Los clientes de Gaunt son capaces de cualquier cosa con tal de conseguir algo que va a convertirles en alguien desdichado en cuanto lo tengan, porque lo que amamos, se diría, es la búsqueda o la imperfección, y estar completo es la *nada*. O, diríamos también, la realidad deseada bien podría ser un monstruo si no se miden las consecuencias. Porque he aquí la moraleja de «La pata de mono», la moraleja sobre la que se construye la narrativa de terror. Primero teme, luego actúa. Es decir, piensa en las consecuencias. ¿Hasta qué punto te conviene lo que deseas? La eterna lucha del Bien contra el Mal en una máxima es, en realidad, la posibilidad. No, ni William Wymark Jacobs ni Stephen King quieren que dejemos de soñar. No quieren que dejemos de desear.

Sólo quieren que tengamos cuidado. Que pensemos, siempre, antes, en las consecuencias.

[1] *La larga marcha* (1979); *Misery* (1987); *La tienda* (1991).

[2] De hecho, el relato apareció por primera vez en el *Harper's Monthly*, en algún momento de 1902, y lo abría la famosa cita: «Be careful what you wish for, you may receive it», es decir, «cuidado con lo que deseas, porque podrías conseguirlo», una cita que Jacobs no atribuía a nadie («Anónimo», se leía), por lo que lo más probable es que fuese cosa suya.

[3] En la novela, y en la película, se organizan competiciones en salones de baile en las que las parejas deben bailar, sin descanso, hasta que sólo quede una en pie en la pista.

[4] Sí, Mark David Chapman era *enfermero*.

[5] Pensemos de qué manera, como apunta el propio King en *Mientras escribo*, su manual de escritura y a la vez ensayo autobiográfico, la novela resultó premonitoria: el propio King acabaría postrado, a la manera de Sheldon, años después, cuando una camioneta casi lo mandó directo al Más Allá en el que quizá le esperen todos sus personajes, menos, esperemos, Randall Flagg.

[6] *El talismán* (1984).

[7] El nuevo escritor favorito de Michael Moorcock y Alan Moore, autor de la totémica y rara *Vorrh* (Siruela).

[8] Como, insistimos, *Cujo* (1981).

[9] El protagonista de *American Psycho*, de Bret Easton Ellis, puro vacío existencial.

[10] Cuando acaba la novela, Leland se dirige a Iowa, para abrir una nueva tienda que piensa llamar *Plegarias Atendidas*.

DISTOPÍA EN LAS PANTALLAS.

PODER Y VIOLENCIA EN *EL FUGITIVO* Y *LA LARGA MARCHA*

Joseph J. Foy y Timothy M. Dale

«Es cierto que el hecho de relatar una historia
revela significado sin cometer el error de definirlo»[1].
Hannah Arendt, *Hombres en tiempo de oscuridad*

A Stephen King se le conoce como el «maestro del terror». Sus escalofriantes novelas han aterrorizado a generaciones de lectores que aún aceleran cuando conducen junto a un campo de maíz, contemplan con recelo a los payasos y no se fían de nadie que quiera venderles «cosas necesarias». Sin embargo, las obras que escribe bajo el pseudónimo de Richard Bachman contienen una clase diferente de terror. En ellas crea mundos cuyas realidades distópicas no están dominadas por criaturas saliendo de la niebla, mascotas zombis ni automóviles psicóticos dotados de vida propia. Los monstruos que las pueblan son de distinta índole, seres humanos que utilizan la violencia estructural y física como forma de control político[2].

Desde ese punto de partida, en este ensayo nos gustaría analizar cómo los planteamientos que se desarrollan en dos de los libros de Bachman, *La larga marcha* (1979) y *El fugitivo* (1982), reflejan ideas articuladas en la filosofía política y social de Hannah Arendt, la filósofa y teórica política judía, nacida en Alemania, que huyó del Holocausto y se asentó en Estados Unidos. Al igual que las novelas *La larga marcha* y *El fugitivo*, la filosofía de

Arendt toma como temas centrales la política, la autoridad y el poder. A través de su obra, es posible comprender y apreciar de forma más rica el armazón y el contexto dentro del cual King se mueve en las obras distópicas que escribe bajo el pseudónimo de Bachman. Y, al mismo tiempo, cuando entretejemos las sobrecogedoras narrativas de éste con las teorías políticas de Arendt sobre el poder y la violencia, somos capaces de comprender con mayor claridad la brutalidad de nuestro propio mundo, el lugar que en él ocupamos y las consecuencias que tiene el consumo morboso de violencia y entretenimiento como forma de evasión de la realidad.

Que empiece el juego

Tanto *La larga marcha* como *El fugitivo* se desarrollan en versiones ficticias de Estados Unidos, en un futuro próximo, y ambas proponen diferentes miradas distópicas acerca de la concentración y la ejecución del poder y la violencia. En *La larga marcha*, el poder y su uso pertenecen a un gobierno militar que respalda una suerte de Estado policial. En *El fugitivo*, el Estado sigue existiendo pero el poder real parece haber pasado a manos de una gran empresa de la industria del entretenimiento conocida como Games Network. Y en ambas novelas encontramos competiciones parecidas a aquellas circenses de los gladiadores, que buscan el doble propósito de ofrecer un espectáculo y de recordarles a las masas el control que la autoridad posee sobre ellas.

En el caso de *La larga marcha*, se trata de una competición anual, financiada por el gobierno, en la que se selecciona a cien chicos adolescentes para una agotadora prueba de resistencia que consiste en no dejar de caminar a una velocidad de, al menos, seis kilómetros y medio por hora, sin ayuda y sin interacción de ningún tipo con nadie, salvo con los soldados que controlan la Marcha.

Cuando un caminante es incapaz de mantener el ritmo, se le da un aviso. Después de tres avisos se dice que el caminante «recibe pasaporte», un eufemismo para su ejecución. Perder supone la muerte. El vencedor de la competición recibe el premio definitivo: todo lo que quiera durante el resto de su vida. Sin embargo, aquellos que han vencido están lejos de llevar una vida sin preocupaciones. Padecen numerosas enfermedades, físicas y mentales, secuelas de lo tormentoso y tortuoso de su participación en la Marcha.

El fugitivo también se centra en una competición a vida o muerte. En la novela, Games Network es la institución de control predominante. Los omnipresentes Libre-Visores están emitiendo continuamente programas brutales que son una mezcla de deportes y telerrealidad. En algunos de los programas más básicos aparecen individuos con discapacidades físicas compitiendo por dinero en pruebas cada vez más difíciles cuyo resultado es, en la mayoría de los casos, la muerte de todos ellos y la emisión en directo de la misma. De todas las competiciones, *El fugitivo* es la más famosa y la de mayor crueldad. En ella se escoge a individuos inteligentes y con buenas capacidades físicas, y se les suelta en algún lugar de Estados Unidos. Su misión consiste en escapar de los Cazadores y de la policía. Reciben dinero por cada Cazador o policía que matan y sus ingresos aumentan con el tiempo que logran seguir con vida. Todo aquel que sobrevive treinta días recibe el gran premio de un billón de dólares. Antes de que el protagonista de la novela, Ben Richards, entrara a participar, nadie había sido capaz de sobrevivir más de ciento noventa y siete horas[3].

Eso de la Libre-Visión es una mierda para gente sin nada en la cabeza

El tema de la competición «gladiatoria» como espectáculo aparece en numerosas distopías narrativas, desde *Los juegos del hambre* a *Battle Royale*, desde *El corredor del laberinto* a *Rollerball*. ¿Un futuro próximo? En las novelas distópicas de King, el Estado utiliza la violencia y el consumo de la misma en forma de espectáculo como medida de control social. Eso es lo que encontramos en *La larga marcha* y *El fugitivo*: formas extremas de violencia que dominan la totalidad de la existencia. En ambas novelas la violencia se ha vuelto la norma y se encuentra tan generalizada que a los habitantes les resulta difícil mantener algún tipo de relación con los demás fuera de la experiencia de la violencia. El Estado la emplea como herramienta para apaciguar a las masas, y ofrece un entretenimiento visual que es también una amenaza inherente contra todos aquellos que pretendan desafiar su autoridad.

En *Sobre la violencia*, Hannah Arendt describe el proceso por el cual la violencia —no el poder, no la fuerza, no la represión— se ha convertido, con el desarrollo tecnológico y la evolución histórica, en un medio que se confunde con su propio fin[4]. Más que ser el camino que utilizan los regímenes para lograr aquello que se les antoja necesario, la violencia se ha vuelto en sí misma un objetivo para la sociedad. La existencia de la guerra se revela como una condición permanente y no como una acción necesaria de manera puntual. Y aquellos que viven en una sociedad así deben aceptar que la vida humana es contingente y que la violencia resulta preferible a la formación de vínculos con los demás. Como consecuencia, aquellas sociedades basadas en la imagen, las sociedades visuales, dependerán enormemente de la creación de un espectáculo de la violencia que consiga que los individuos acaben con todos los lazos afectivos que los unen. Como en el caso de la Network de *El fugitivo*, que manipula sus programas para mostrar a todos los «competidores» como criminales violentos, con el objetivo de que la masas de espectadores se entreguen a la exaltación de la violencia, con cantos de «ACABAD CON ÉL» O «MATADLO», Arendt argumenta que estos espectáculos violentos limitan la posibilidad de sentimientos revolucionarios que pudieran desafiar a la autoridad o a la acción estatal. Una herramienta efectiva, una versión de aquel divide y vencerás que en la novela expresa perfectamente Killian: «Olvida que es usted un anacronismo, señor Richards. La gente no se agolpa en bares y locales públicos ni se apretuja bajo el frío alrededor de los escaparates de las tiendas de electrodomésticos deseando verle escapar. ¡Ni mucho menos! Quieren verle borrado del mapa, y colaborarán si pueden»[5].

Aunque a menudo se considere que poder y violencia están íntimamente relacionados, Arendt defiende que la violencia y el poder se encuentran, en realidad, en los polos opuestos de un espectro. Según lo que ella plantea, el poder requiere coordinación, mientras que la violencia se basa en la coerción, y conforme aumenta la presencia de uno, la del otro disminuye. Al examinar los avances tecnológicos del siglo XX, en particular aquellos comprendidos dentro del ámbito militar del Estado, Arendt desarrolla la diferencia entre el poder, que nace de un grupo o grupos actuando colectivamente hacia un fin común, y la violencia, que utiliza instrumentos para alcanzar la acción o el acuerdo. La violencia es un medio artificial para lograr los mismos objetivos que busca la práctica del poder pero forzando a la capitulación, a la sumisión. En *Sobre la violencia*, Arendt explica que esta relación entre la violencia y el poder tiene como consecuencia una de las ironías del Estado moderno, la que se produce cuando quienes ostentan el poder recurren a la violencia y, de ese modo, pierden gradualmente el poder[6]. Se trata de un círculo vicioso de menoscabo de la autoridad, que ocurre porque, a menudo, las élites políticas confunden la violencia —y el control que ésta otorga— con el poder real, y cuanta más violencia ejercen, más debilitado y cuestionado por la población resulta su poder. El recurso por parte del Estado a la violencia le supone, por tanto, una pérdida de poder y, a continuación, la aparición del fervor revolucionario que comienza a gestarse en

181

aquellos sometidos a los abusos, aquellos que se levantarán en un estallido subversivo que terminará por arrebatarles por completo el poder a quienes un día lo ostentaron.

Las cuestiones que Arendt plantea con respecto al poder y la violencia se entretejen en las obras distópicas de King. Por ejemplo, en *El fugitivo*, los Estados Unidos del futuro carecen de la capacidad o de la voluntad colectiva para darle a la población unos recursos y una protección adecuada. En su lugar, utilizan los aparatos de Libre-Visión y la Games Network para apaciguar a las masas mediante la violencia extrema. La muerte de quienes compiten en sus juegos no es una anomalía ni una consecuencia accidental, sino la regla que mantiene a los espectadores frente a las pantallas. Las emisiones de la Marcha y de Games Network se revelan, por tanto, como el ejercicio artificial del poder por parte de aquellos que ocupan posiciones de privilegio, con el objetivo de mantener la apariencia de autoridad y control. Al utilizar a los participantes como ejemplos del «poder» que el Estado y sus diversos aparatos ejercen sobre la vida y la muerte y de su capacidad de recurrir a la violencia extrema, el espectáculo se convierte en el medio para conservar la autoridad y preservar el orden.

La violencia se vuelve cada vez más extrema y cada vez más presente, y con ella lo hace también la violencia estructural, intrínseca, con la que el sistema establece la distancia que separa a los más ricos de los pobres. Como Arendt postula al describir la diferencia entre el poder y la violencia, cuanta más violencia se ejerce, más recursos y esfuerzos debe dedicarle el Estado a esa violencia, menoscabando así, progresivamente, su capacidad para hacer frente a las necesidades de la gobernanza. A su vez, eso debilita la confianza en el Estado y sus instituciones, lo que implica una mayor pérdida de poder y, por tanto, una mayor necesidad de recurrir a la violencia para mantener el control. De este modo, como les sucede a los Marchadores que pasan de la admiración hacia el Comandante antes de la Marcha a ridiculizarlo conforme se desarrolla la competición («Todo el mundo quiere cagarse en el Comandante»[7]), cuanta mayor sea la violencia que ejerza el Estado como forma de control, mayor serán la resistencia y la frustración de su ciudadanía.

Los hombres de verdad no se presentan a presidente

Repasando de este modo las ideas de Arendt acerca de la violencia, podría llegarse a repudiar todo empleo de la misma por necesariamente ilógico o injustificado. No es así. Según Arendt, siempre que la violencia no sea un fin en sí misma, puede utilizarse racionalmente como medio para alcanzar objetivos inmediatos o a corto plazo. Cuando conocemos a Richards, éste tiene ante sí un futuro marcado por la violencia estructural de la pobreza absoluta, que nace de una división social extrema. Su familia no puede acceder a una nutrición adecuada (píldoras) ni tiene los recursos para adquirir los medicamentos que necesita la hija enferma, Cathy. Sheila se ve obligada a vender su cuerpo para conseguir los bienes más básicos, pero los medicamentos al alcance de las familias pobres en las farmacias son, según Richards, «mierda». En el mercado negro, promovido por individuos como la señora Jenner, se podían adquirir esos bienes, pero eran demasiado caros. Antes de entrar en la Lista Negra del gremio por su comportamiento, Richards podía buscar empleo, pero los trabajos a los que optaba eran inhumanos. Fugas radiactivas o falta de seguridad son sólo dos ejemplos de lo que les esperaba a los trabajadores como él. La violencia sistémica que las condiciones laborales míseras ejercen sobre las clases trabajadoras —igual que la pobreza, el hambre y la enfermedad resultantes— hicieron que la única opción de Richards fuera la de participar en la violencia de los concursos; utilizarla racionalmente, tal vez, como respuesta a lo opresivo de sus circunstancias.

Hay ocasiones en que la violencia puede parecer una táctica adecuada, pero si con ella se logran objetivos a corto plazo, las consecuencias a largo plazo son impredecibles. Arendt plantea que «los medios utilizados para lograr objetivos políticos son, más a menudo que lo contrario, de importancia mayor para el futuro que los objetivos propuestos»[8]. Cuando se piensa que el Estado obtiene su legitimidad del miedo que impone, los actos violentos se vuelven más importantes que aquello que se pretendía alcanzar. En consecuencia, cuanta más violencia ejerzan el Estado y las instituciones que lo sustentan, mayor resistencia opondrán aquellos que estén amenazados por esa violencia, lo que funciona en detrimento de la legitimidad del mismo. No tardará en ocurrir que los aparatos sobre los que se mantiene resulten debilitados y el Estado deba recurrir a una violencia mayor para tratar de recuperar el control. Como le dice Stacey a Richards, «odio a esos cerdos de uniforme más que a nadie. Incluso más que al diablo»[9]. El resentimiento y la resistencia que surgen como respuesta a la violencia infunden un fervor revolucionario que terminará siendo masivo. Como Bradley apunta cuando habla con Richards antes de ayudarle, «la gente está loca. Lleva treinta años sometida a ese grupito. Lo único que precisa es una razón. Una razón…»[10].

Marchar hacia la banalidad del mal

Si Bradley tiene razón, uno puede preguntarse por qué los individuos de las novelas de King no se organizan para oponer resistencia a la violencia institucional. La respuesta, al menos en lo relativo a estas novelas, es que a King no le interesa narrar ese tipo de historias. En su lugar se centra en los extenuantes esfuerzos de Garraty y Richards durante la competición para obtener sus particulares «premios definitivos». En estas novelas, aquellos que viven bajo el yugo de la violencia son también cómplices de la misma por morder el anzuelo de la competición y la recompensa prometida por el sistema. Para King, la competición violenta que se da en todo momento en el seno de la sociedad es lo que provoca la conformidad de la población con cualquier ejercicio de violencia, el deseo de formar parte de ellos. De este modo, King también arroja luz sobre las zonas sombrías de nuestra propia naturaleza.

Evidentemente, hay múltiples razones por las que los habitantes de estas versiones distópicas de Estados Unidos no optan por acciones y salidas revolucionarias. En primer lugar, el temor individual que se manifiesta a menudo en los contextos de una asentada inacción colectiva. Tanto en *La larga marcha* como en *El fugitivo*, está claro que el Estado no ve ningún problema en responder con penas capitales a lo que podrían parecer infracciones menores. Los soldados de *La larga marcha* ejecutarán sin más preámbulos y a la vista de todos a cualquiera que reciba cuatro avisos durante la competición, y el objetivo último del programa que se emite en *El fugitivo* es el de mostrar los asesinatos en directo de hombres y mujeres que corren para salvar sus vidas. Una brutalidad tan activa, tan establecida, por parte del Estado genera pavor en la población y, así, anula la posibilidad de una resistencia directa.

Del mismo modo, en contextos violentos a menudo surgen sentimientos de impotencia. Los mundos y las sociedades ficticias que King presenta nos permiten observar las enormes diferencias que se dan entre los que tienen y los que no. En *El fugitivo* hay numerosos ejemplos de individuos que sufren la carga de la pobreza extrema y la carencia de recursos. Está Cassie, la niña de cinco años que padece cáncer de pulmón por culpa de la contaminación y los vertidos al aire y a las calles de los barrios más míseros (los filtros nasales cuestan más de doscientos dólares, no ofrecen verdadera protección y sólo las clases más acomodadas pueden permitirse aquellos que sí lo hacen). Su historia no es, en absoluto, extraordinaria. La mujer de Richards, Sheila, tiene que hacer malabarismos, o recurrir al engaño, para adquirir los bienes más básicos para su marido e hija, Cathy, que padece también una enfermedad grave. *La larga marcha* comienza presentándonos a la madre doliente y atormentada de Garraty, que ha perdido a su marido y ahora ve cómo puede perder también a su hijo, para quien no hay más solución en la vida que la de resultar vencedor de la Marcha. Son individuos cuyos esfuerzos están tan dedicados a la mera supervivencia, aún sin incurrir en alteraciones que pudieran llamar la atención de un Estado poco dado a hacer la vista gorda, que la posibilidad de una revolución queda anulada. Tal como Sheila le dice a Richards cuando éste decide apuntarse a las competiciones: «Ben, eso es lo que pretenden de gente como nosotros, como tú…»[11], señalando que la Games Network se alimenta de aquellos que no ven otra salida para sus vidas que las competiciones a vida o muerte ofertadas por la industria del entretenimiento.

Sin embargo, según Hannah Arendt, los motivos por los que la gente no se resiste a la violencia pueden ser más profundos que el miedo o el desempoderamiento. Arendt lo desarrolla en una de sus obras más controvertidas, *Eichmann en Jerusalén: Un estudio sobre la banalidad del mal*. A raíz de la cobertura que hizo del juicio por crímenes de guerra contra el nazi Adolf Eichmann, Arendt reflexionó sobre cómo el mal puede resultarles tentador a gentes ordinarias, cómo consigue que cometan acciones terribles bajo el paraguas del «cumplimiento de órdenes» o mediante la apropiación acrítica de las opiniones y emociones más extendidas entre el resto de la población. Los soldados que disparan contra los Marchadores tras el cuarto aviso, los Cazadores que persiguen a los Corredores, la policía que regula la sociedad con brutal autoridad o incluso el ciudadano que grita enfervorecido ante la muerte de un competidor o denuncia a los Corredores pese a saber que eso implicará su ajusticiamiento: he ahí ejemplos de gente que sólo «hace su trabajo» y queda atrapada, sin darse cuenta, dentro de los límites del paradigma dominante.

Sean incluidos en el género literario de la distopía o en el de lo apocalíptico, los mundos creados por Stephen King son fantásticos y extremos, pero las principales problemáticas que se dirimen en ellos nos resultan familiares, pues están presentes también en nuestras propias realidades. La fascinación por los combates de gladiadores puede encontrarse en la enorme popularidad que tienen las artes marciales mixtas (AMM) o la *Ultimate Fighting*, o en la violencia presente dentro la Liga Nacional de Fútbol Americano. El prolongado éxito de la, así llamada, telerrealidad también revela la intensidad del deseo morboso de ver a «gente normal» compitiendo en juegos orquestados y en escenarios variopintos. Aunque el Estado no recurre a ellos para lograr el control de la misma forma que propone King en sus obras, el empleo de esa violencia y ese voyeurismo como espectáculos constituye una forma de escapismo mercantilizado que permite a los individuos desconectarse de las realidades sociales y políticas del mundo que les rodea, primando una perspectiva que desbarata los lazos afectivos que nos unen en una noción común de humanidad. Desde luego, no es necesario un esfuerzo demasiado grande para imaginar un devenir de la realidad similar al que nos propone King. Por mucho que escudemos tras todo tipo de excusas nuestros gritos y nuestro ánimo violento en un campo de fútbol americano, ignorando la evidencia de que los competidores a menudo sufren un proceso de debilitamiento mental y físico a largo plazo o acaban teniendo vidas mucho más cortas que los demás, ¿somos tan diferentes de Killian o del Comandante cuando argumentamos que los altos sueldos que reciben esos deportistas compensan todo el daño que se les haga? Si dejamos de ver a los competidores como seres humanos —si los lazos afectivos resultan deteriorados o anulados—, ¿no se vuelve más fácil sentir cierta urgencia, cierta emoción desbocada cuando alguno de los que consideramos «nuestros» acaba con ellos, todo en aras del entretenimiento personal?

Esta última pregunta es la que completa el círculo de la filosofía política de Arendt. Si el Estado es capaz, mediante el empleo y la normalización de la violencia, o por otros medios igualmente deshumanizadores, de acabar con los lazos afectivos de la humanidad, lo que podría parecer una distancia insalvable —la que nos separa de ser una multitud de espectadores que anima cuando presencia la muerte de los competidores— se vuelve una posibilidad real. Es posible, entonces, que una de las posibilidades más terroríficas traídas al mundo por Stephen King bajo el pseudónimo de Bachman sea el recordatorio de lo que planteó Arendt en *La vida del espíritu*: «El mal, como se nos ha enseñado, es algo demoniaco; su encarnación es Satán, "un rayo que cae del cielo"… Sin embargo, aquello con lo que fui confrontada era totalmente distinto, pero un hecho innegable. Me impresionó la manifiesta superficialidad del acusado, que hacía imposible vincular la incuestionable maldad a ningún nivel más profundo de enraizamiento o motivación. Los actos fueron monstruosos pero el responsable era totalmente corriente, del montón, ni demoníaco ni monstruoso»[12].

… menos 001 y contando…

El fugitivo termina con Richards fatalmente herido pilotando un avión Lockheed robado contra el edificio de la Games Network, haciendo «llover fuego a veinte calles de distancia»[13]. Es el último acto, desesperado y revolucionario, de un hombre al que un Estado brutal y autoritario se lo ha arrebatado todo. Para Garraty, en cambio, un acto así no es siquiera posible. Cuando tiene delante la promesa del premio definitivo, cuando una mano oscura le toca el hombro (¿el Coronel declarándole vencedor?), dentro de sí sólo encuentra fuerzas para salir corriendo. Ambos son actos personales de resistencia, pero el cambio revolucionario que acabaría con la brutalidad de la opresión estatal no aparece. Aunque las historias de Garraty y Richards concluyen, el lector se queda con una sensación orwelliana de derrota, la imagen de una bota golpeando para siempre un rostro humano. Nada cambia. Nada mejora. La sombra oscura viene a tocarnos el hombro y las visiones ominosas de un futuro no muy lejano persisten.

El propósito de la literatura distópica, sin embargo, es el de protegernos de ese destino, e invitan a los lectores a reflexionar acerca de sí mismos y del mundo en el que viven. Ésa es la fuerza de la escritura de King. Si Arendt está en lo cierto, la violencia y el mal alcanzan su mayor grado de amenaza cuando los individuos dejan de detenerse a pensar sobre lo que están haciendo. Es nuestra obligación como ciudadanos llevar a cabo un esfuerzo consciente para juzgar las estructuras en las que vivimos y sopesar las respuestas apropiadas contra la violencia y el mal. En términos filosóficos, a través de los libros de Bachman, Stephen King nos da la oportunidad de hacerlo. Se nos invita a acceder a un mundo en el que ninguno de nosotros querríamos vivir, sabiendo que cuando regresemos al nuestro tal vez estemos más preparados para tomar mejores decisiones. Y tal vez optemos por alejarnos de la violencia, en dirección a la seguridad del poder verdadero que surge en los vínculos afectivos de nuestra humanidad común.

NOTAS

[1] Hannah Arendt, *Hombres en tiempos de oscuridad*, Barcelona, Gedisa, 1990, p. 91. Trad. cast.: Claudia Ferrari.

[2] Los otros dos primeros libros de Bachman son *Rabia* (1977), sobre una matanza en un centro educativo, que sólo se encuentra incluida en la colección *The Bachman Books*, pues el propio King se opuso a su reimpresión tras las matanzas reales que ocurrieron en varios institutos durante los años ochenta y noventa, y *Carretera maldita* (1981), que gira en torno a un protagonista profundamente atormentado, a punto de perder el juicio, al descubrir que su casa y el lugar donde trabaja serán demolidos para construir la ampliación de una autopista interestatal. Aunque ambos tratan aspectos de la condición humana y su relación con la sociedad y la comunidad, los planteamientos de filosofía política que contienen no son tan completos como los de *La larga marcha* y *El fugitivo*.

[3] En 1987, *El fugitivo* fue adaptado al cine y convertido en una película titulada *Perseguido* y protagonizada por Arnold Schwarzenegger. Aunque ha sido gracias a la película que muchos han conocido la historia de *El fugitivo*, y aunque en ella aparecen también ciertos elementos relativos a la violencia promovida por el Estado y la industria del entretenimiento que estaban desarrollados en la novela, existen también diferencias numerosas, y cruciales, entre ambas, hasta el punto de que King no quiso incluir su nombre (ni el de Bachman) en los títulos de crédito. Este capítulo se centra exclusivamente en la novela.

[4] Hannah Arendt, *Sobre la violencia*, Madrid, Alianza, 2005. Trad. cast.: Guillermo Solana.

[5] Stephen King, *El fugitivo*, Barcelona, RBA, 2004, p. 48. Trad. cast.: Hernán Sabaté.

[6] Hannah Arendt, *Sobre la violencia*, op. cit.

[7] Stephen King, *La larga marcha*, Barcelona, RBA, 2004, p. 267. Trad. cast.: Hernán Sabaté.

[8] Hannah Arendt, *Sobre la violencia*, op. cit., pp. 10-11.

[9] Stephen King, *El fugitivo*, op. cit., p. 98.

[10] Ibíd., p. 113.

[11] Ibíd., p. 9.

[12] Hannah Arendt, *La vida del espíritu*, Madrid, Centro de Estudios Constitucionales, 1984, pp. 13-14. Trad. cast.: Ricardo Montoro Romero y Fernando Vallespín Oña.

[13] Stephen King, *El fugitivo*, op. cit., p. 256.

LA SUBJETIVIDAD FEMENINA EN *CARRIE*

Kellye Byal

En relación con la enorme popularidad de *Carrie*, Stephen King dijo en una ocasión: «Un motivo para que la historia funcione tanto leída como visualmente, creo, reside en que la venganza de Carrie es algo que cualquier estudiante al que alguna vez le hayan bajado los pantalones del chándal en clase de Educación Física o le hayan quitado las gafas en la biblioteca aprobaría»[1]. *Carrie* es, de hecho, una novela con la que cualquier estudiante puede sentirse identificado. Lo interesante aquí es que ese «estudiante cualquiera» está encarnado por una adolescente. En las novelas de iniciación son frecuentes las protagonistas femeninas, desde la *Jane Eyre* de Charlotte Brontë a *¿Estás ahí, Dios? Soy yo, Margaret*, de Judy Blume. La diferencia entre *Carrie* y el resto es que el origen de esa iniciación reside en los poderes sobrenaturales de la protagonista, en su propio cuerpo.

Las facultades telequinésicas de Carrie actúan allí donde ella no es capaz: ante los abusos de su madre en forma de fervor religioso, ante los tormentos a los que la someten sus compañeras, Carrie descubre los poderes de la mente. Si King está sugiriendo que en la novela el paso de la juventud a la madurez —igual que

el paso de adolescente desvalida a poderoso ser sobrenatural—
es intencionado, hemos de plantearnos una serie de preguntas
acerca de la identidad de Carrie. En particular, ¿cómo lidia Carrie White con su feminidad a lo largo de la novela? ¿Y cómo, si
consideramos *Carrie* una novela de terror, entran en contacto la
feminidad y la monstruosidad?

Yo fui un tema adolescente

A Simone de Beauvoir siempre le interesó, y de manera particular, la forma en que el «destino femenino» configuraba las vidas
de las mujeres, y su obra puede servirnos para contemplar la situación de Carrie, y los destinos que su madre y sus compañeras
le ofrecen bajo una nueva luz. Beauvoir describe cómo la «feminidad» se construye aparte de la «humanidad». Según sus planteamientos, para ser una mujer, para asumir las particularidades
sociales asociadas con la condición de serlo, una debe categori-
zarse a sí misma como entidad dentro del reino de lo humano y,
al mismo tiempo, separada de éste, pues la comprensión cultural
que poseemos de la humanidad está unida a la de la masculini-
dad. Dice Beauvoir: «El nominalismo es una doctrina un tanto
limitada, y los antifeministas tienen muy fácil la demostración de
que las mujeres no son hombres. Es evidente que la mujer es un
ser humano como el hombre, pero una afirmación de este tipo
es abstracta; la realidad es que todo ser humano concreto siempre tiene un posicionamiento singular»[2]. Esto plantea inmediatamente un problema. Si «mujer» y «humano» no son una y la misma categoría, ¿qué podemos hacer con esa diferencia? Una mujer
que desee pertenecer a un grupo social donde rijan principios
como los «derechos humanos» o la «dignidad humana», ¿en qué
posición se queda? Y si la definición, masculina, de lo humano no
es capaz de incluir a esa mujer, ¿significa eso que es un monstruo?

194

Las películas de terror normalmente exploran las categorías de lo «humano» frente a lo «no humano» a través del concepto del monstruo, «el elemento más unificador de las historias de terror». El filósofo y teórico del arte Noël Carroll describe al monstruo como aquel «ser cuya existencia es imposible según la ciencia moderna», o como todo aquello que constituya «una aberración formal, dado que la mayoría de los monstruos ocupan un estatus intermedio entre dos o más categorías de existencia»[3]. En cierto sentido, Carrie White encaja dentro de tales criterios, por su condición de chica con características sobrenaturales y de marginada social, como lo fueron tantos monstruos antes que ella. Sin embargo, ignorando la cuestión de la telequinesia, Carrie es bastante normal, tiene los mismos deseos y los mismos problemas que cualquier otra adolescente: no encaja en el colegio, le surgen dudas acerca de sus cambios físicos y problemas al tratar de conciliar su vida en casa con las expectativas que le plantean sus compañeras. Lo que convierte la historia de Carrie en una tragedia son los momentos en los que al lector se le permite fisgar en su humanidad, cuando dirigimos nuestra empatía hacia ella y hacia su situación. En muchos sentidos, no resulta lo suficientemente monstruosa. Por eso resulta posible plantear que el verdadero «malo» de la historia tal vez no sea ella sino la comunidad que no ha sabido apoyarla y acogerla.

La identidad de Carrie está indisolublemente unida a los cambios físicos de su cuerpo, cambios que en la novela y en la película aparecen desde el principio. En las duchas, se da cuenta de repente de que sangra entre las piernas. Es incapaz de reconocer lo que le está sucediendo y reacciona pidiendo ayuda, creyéndose herida. Como apunta Beauvoir, «la sangre manifestaría a sus ojos una herida en los órganos internos»[4]. A no ser que la adolescente haya sido debidamente informada, la primera menstruación va a generar siempre confusión, impacto. Las compañeras de clase de Carrie, más expertas y mejor informadas que ella, le arrojan tampones y le gritan «¡que lo tape!», en lugar de ayudarla. Sue Short escribe en *Misfit Sisters: Screen Horror as Female Rites of Passage* [Hermanas inadaptadas: el terror cinematográfico de los ritos de iniciación femeninos]: «Como deja claro la escena que da comienzo a la película, la primera menstruación de Carrie la aterroriza, le hace pensar que se va a desangrar hasta morir, un terror que sus compañeras reciben con burlas y escarnio»[5]. Castigada injustamente por su ignorancia, Carrie reacciona sin pensar:

> Se produjo un brillante relampagueo sobre su cabeza seguido por lo que pareció una ligera detonación mientras la bombilla crepitaba y se apagaba. Miss Desjardin dio un grito de sorpresa y pensó (todo este maldito lugar se está viniendo abajo) que parecía que ese tipo de cosas siempre ocurrían cerca de Carrie cuando estaba alterada, como si la mala suerte siguiera obstinadamente sus pasos. La idea desapareció con tanta rapidez como había llegado[6].

La primera menstruación puede ser traumática. Según Beauvoir, la menstruación de las mujeres y sus primeras relaciones sexuales vienen a romper de forma inesperada la comodidad de la niñez y a lanzarlas hacia las inquietantes perspectivas que ofrece la edad adulta. Sobre la menstruación anota: «Es natural que la niña tenga miedo: le parece que se le escapa la vida... Aunque intervenciones prudentes le ahorren angustias demasiado agudas, tiene vergüenza, se siente sucia»[7]. Beauvoir pone de manifiesto la diferencia con la adolescencia masculina, que es recibida en sociedad con cierto grado de orgullo. Sin embargo, «la niña pronto se siente decepcionada, pues se da cuenta de que no tiene ningún privilegio y la vida sigue su curso. La única novedad es el acontecimiento desaseado que se repite cada mes;

hay niñas que lloran durante horas cuando se enteran de que están condenadas a ese destino»[8].

Por lo tanto, la menstruación, siguiendo a Beauvoir, tiene un papel esencial en el destino de una joven porque las mujeres son reconocidas casi enteramente en términos corporales; en particular, por sus capacidades reproductivas. A las mujeres no se les ofrece la misma libertad ni las facilidades que sí poseen los hombres con respecto a la sexualidad, con restricciones impuestas por su nacimiento y por su destino materno. Margaret White, la madre de Carrie, representa una distorsión enajenada de la idea del pecado en las relaciones sexuales y en la procreación, e impide a su hija el acceso a cualquier información al respecto de sus principios básicos. La pureza en el mundo de Margaret es la virginidad y el ascetismo: conecta así con el arquetipo de la «Mística» que plantea Beauvoir en *El segundo sexo*. Sin embargo, la vida sexualmente activa que llevan las compañeras de Carrie tampoco le ofrece muchos medios para afirmarse a sí misma. En la adaptación cinematográfica de De Palma es la profesora de gimnasia, Miss Collins, quien actúa como nexo de unión entre Carrie y el mundo de sus compañeras, pero en la novela ese papel lo asume Sue Snell, de quien King descubre una relación de insatisfacción con Tommy Ross, que se une a la relación abusiva de Chris Hargensen con Billy Nolan.

De este modo, Carrie queda atrapada entre dos destinos, enfatizados por dos figuras maternales: Mrs. White y Sue Snell / Miss Collins. Short plantea que «en cierto sentido, Carrie tiene en la película dos madres: una que se interpone en su camino hacia la madurez, poseída por un odio patológico hacia las mujeres y una desconfianza absoluta hacia los "herejes" de su entorno, y otra que intenta animarla para que sea más activa físicamente y poder así "encajar" mejor en el mundo superficial de citas y bailes de las chicas del colegio»[9]. Si *Carrie* puede ser interpretada como un mito de iniciación (Short lo vincula al de

Cenicienta), la madre tiene un papel primordial a la hora de determinar cuál será la dirección que tome el futuro de la joven.

Dice Beauvoir: «Veremos más adelante lo complejas que son las relaciones de la madre con la hija: la hija siempre es para la madre su doble y el otro, la madre la quiere imperiosamente y también le es hostil; impone a la niña su propio destino: es una forma de reivindicar orgullosamente su feminidad». Como la muñeca que es a la vez extensión del ser y un objeto extraño para la niña pequeña, la hija representa una posibilidad de realización para una madre que se encuentra ya atrapada en el curso de su propio destino. «Así, las mujeres, cuando se pone una niña en sus manos, se consagran, con un celo en el que la arrogancia se mezcla con el rencor»[10]. Eso explica el fervor con el que Margaret White intenta conservar la devoción de la propia Carrie. En un fragmento ciertamente turbador, King describe cómo Margaret queda embarazada y da a luz a Carrie abriéndose el vientre ella misma:

Pensé que Dios me había castigado con el cáncer, que estaba convirtiendo mis partes femeninas en algo tan negro y podrido como mi alma pecadora. Pero eso hubiese sido demasiado fácil. Los caminos del Señor son misteriosos y su poder ilimitado. Ahora lo veo claro. Cuando comenzaron los dolores fui a buscar un cuchillo, este cuchillo —exclamó, alzándolo de entre los pliegues de su falda—, y esperé a que tú llegaras para poder realizar mi sacrificio. Pero fui débil y reincidente. Cogí el cuchillo nuevamente cuando tenías tres años y otra vez mi flaqueza se impuso. Y ahora el demonio ha llegado a casa[11].

Los intentos de Margaret de matar a Carrie o de, al menos, convertirla en una versión más pura de sí misma, se repiten y son evidentes a lo largo de la novela, como una forma exagerada de destino impuesto. Nunca llega a reafirmar a Carrie como su hija, sino sólo como una extensión de sí misma (y de su sexualidad) que debe controlar. Como dice Beauvoir de la Mística: «Lo que buscan no es una trascendencia, es la redención de su feminidad»[12]. Desde la vergüenza hacia sus propios deseos sexuales y hacia su cuerpo, Margaret proyecta sus sentimientos sobre la hija. De ese modo, cualquier forma de asumir la feminidad resulta un tabú en casa de las White, no vayan a surgir ocasiones de pecado. Atrapada en las redes de la vergüenza que Margaret le proyecta, el asesinato de ésta a manos de su hija es una acción en defensa propia, que libera a Carrie del último cimiento de su infancia.

Paralelamente, el hecho de que Carrie no encaje entre sus compañeras en el colegio también provoca una mezcla de lástima y hostilidad. En la adaptación de De Palma, Miss Collins siente pena por Carrie y trata de llevarla por los caminos de la feminidad, hacia el mundo de los cosméticos y el baile de fin de curso. La solución no es muy efectiva. Short sugiere que «el baile de fin de curso revela la falacia que subyace a la idea de que los accesorios de la feminidad (tener el vestido perfecto, el pelo perfecto, el maquillaje perfecto, la cita perfecta) son los únicos objetivos a los que una mujer puede aspirar, y por eso ésta resulta una fábula revisionista tan importante»[13]. Al enfatizar el baile o la pérdida de la virginidad como los eventos más importantes en la vida de toda adolescente, resuenan los ecos de la creencia en que el matrimonio y los hijos constituyen el destino último de la mujer. En otras palabras, la feminidad de la joven sólo será plena en la consumación con un hombre. Mientras que el destino que representa Mrs. White le reclama abstinencia sexual, lo que Miss Collins le está pidiendo a Carrie es que cuide sus modos y su apariencia para que los hombres heterosexuales no huyan de ella. Las únicas salidas parecen ser la muerte (como puede inferirse de los intentos de Mrs. White de asesinar a Carrie) o el cercenamiento de su subjetividad (Carrie tiene que cambiar para encajar). Como afirma Shelley Stamp Lindsey, «en última instancia, el camino de Carrie hasta convertirse en mujer se presenta lleno de engaños y trampas, y ha de recorrerlo con precaución, siguiendo una de las dos rutas que se le ofrecen: la represión sexual que le exige su madre o la promesa de feminidad que viene de la mano de su profesora de Educación Física»[14]. Ser mujer es una posición ambigua. Debe rechazar las normas y las expectativas sociales y convertirse en una paria, o adoptarlas y ver menoscabada su propia subjetividad.

La novela describe con detalle los cepos que la aguardan en ambas sendas, a través de la perspectiva de Sue Snell. El propio King escribe: «Había conseguido lo que siempre había ansiado —una sensación de seguridad, de que existía un lugar para ella, de prestigio— y se encontraba, sin embargo, con que todo ello llevaba consigo una inquietud que la seguía como una hermana poco brillante… La idea de que ella le había permitido metérsela (tienes que decirlo de esa manera, sí, esta vez sí) sencillamente porque él era Popular, por ejemplo»[15]. La idea de que la conformidad social (en este caso, la popularidad en el colegio) y la sexualidad se encuentran intrínsecamente unidas conecta con las afirmaciones anteriores acerca del destino de la feminidad. En ese sentido, si Carrie rechazara por completo la feminidad quedaría atrapada en el mismo extraño estado de negación en que vive su madre. Al mismo tiempo, asumir la feminidad conlleva una forma peculiar de asimilación, de desasosiego. No se trataría de una verdadera afirmación de la propia subjetividad, sino, más bien, de reducir el yo de la mujer al nivel de lo meramente corporal.

Maldita seas si lo haces…

El auténtico «terror» de la película no procede del hecho de que Carrie White sea diferente a sus compañeras, pues el propio King admite que el lector ha de identificarse con ella antes que con quienes la atormentan. El terror procede del hecho de que Carrie no pueda vivir de otra manera y tenga que convertirse en otra persona para encajar entre aquellos que la demonizan. Como en el caso de los monstruos que la precedieron, la de Carrie es una historia de resistencia a la asimilación. La teórica del cine Carol Clover afirma que «al final, ella vuelve las tornas y se convierte en una especie de heroína monstruosa: heroína en tanto que se rebela contra la fuerzas de la monstruosidad y las derrota, monstruo en tanto que ella misma se ha vuelto excesiva, demoníaca»[16].

Sin embargo, a pesar de lo que han propuesto algunos críticos, la telequinesia de Carrie no procede de ningún «femenino» monstruoso, en el centro de sus acciones y motivaciones, por el que termine siendo castigada. Parece más interesante la interpretación que hace Serafina Kent Bathrick. Carrie White es castigada en última instancia por su fracaso a la hora de adaptarse bien al mundo de la madre fundamentalista, bien al de sus compañeras sexualmente activas. Bathrick propone que «como todas las mujeres de la película, Carrie acarrea en sí su propia destrucción: es castigada por ser una mujer»[17], destruyéndose a sí misma a la vez que destruye el lugar en que transcurrió su niñez. Carrie experimenta una profunda frustración ante un mundo que es incapaz de reconocerla como sujeto por derecho propio. Así, «la telequinesia puede verse como una metáfora del empoderamiento, pues es en el descubrimiento de sus capacidades que ella da los primeros pasos de resistencia contra el dolor al que se la ha sometido»[18]. El aspecto «monstruoso» de la condición de Carrie es el hecho de que su miedo y su ira, agudizados, se convierten en una amenaza física, exterior, que ella emplea contra sus torturadores. Y, sin embargo, a nosotros no nos corresponde identificarnos con ellos; hasta King lo reconoce cuando habla de cómo cualquier alumno que haya sufrido acoso «aprobaría» la película.

La telequinesia de Carrie es más una extensión de su cuerpo que un rasgo de su corporalidad. A diferencia de Buffy Summers en *Buffy, cazavampiros,* de Joss Whedon, Carrie no es la encargada de lanzar los puñetazos y las patadas, ni de quemar el colegio hasta los cimientos; ella actúa, más bien, a través de un tercero metafísico. Es más, la suya es una reacción, no una acción en la que tome la iniciativa de manera consciente y deliberada. Para críticos como Bathrick, esa pasividad es problemática, pues es reflejo de una estructura social más profunda. ¿Se trata, sin embargo, sólo de eso? ¿Esa forma de pasividad no refleja más que las limitaciones impuestas sobre la mujer?

Sugiere Beauvoir que «la mujer sólo se *siente...* tan profundamente pasiva, porque se concibe de entrada como tal»[19]. No se nos permite más que un breve vistazo a la infancia de Carrie White, pero resulta implícito desde el principio que su destino fue el de asumir una existencia pasiva. Que en la forma en que se mostraba al mundo debía sentirse alienada en su propio cuerpo. «Entre las niñas y los niños el cuerpo es, ante todo, la emanación de una subjetividad, el instrumento que lleva a cabo la comprensión del mundo»[20]. Tales sentimientos, presentes en la primera infancia, tienen su origen en los momentos en que la niña comienza a imitar las acciones de sus mayores, en los juguetes con los que debe jugar. La forma en que se desarrollan los poderes de Carrie resulta así más compleja, pues su subjetividad queda configurada por la manera en que es comprendida, recibida por los demás. El problema es que a Carrie se la empuja en tantas direcciones diferentes que para emerger en tanto que ella misma debe actuar *a pesar de* las circunstancias que se le presentan. La acción, en este caso, requeriría una forma de ser que no viniera dictada por norma externa alguna, una acción auténtica, radicalmente libre. Una acción no limitada por las expectativas o el contexto que la determina. Eso es lo que representa la telequinesia.

Este análisis saca a la luz algo importante en lo que se refiere a cómo se construyen la feminidad y la subjetividad desde el punto de vista de Beauvoir. En primer lugar, plantea preguntas con respecto a cuáles son los beneficios de la feminidad para la mujer como sujeto. Carrie White trata de adoptar la feminidad que se le propone, pero no es suficiente para hacerla merecedora de aceptación en su entorno social. Queda implícito que no importa cuánto maquillaje lleve Carrie o el fervor religioso que demuestre, nunca encajará en ninguna de las esferas prescritas, nunca será lo suficientemente buena, nunca logrará el ideal. Beauvoir describe cómo la asunción de la feminidad lleva al sujeto femenino inmediatamente a su perdición, a la inmanencia, a quedar definido y destinado a desarrollarse dentro de los límites que su circunstancia histórica le impone como mujer. Escribe: «A cambio de su libertad, se le ofrecen estos tesoros falaces de la "feminidad"»[21]. Cuando, durante el baile, Carrie rechaza su feminidad como la señal de una traición (cuando le vuelcan el cubo con sangre de cerdo sobre la cabeza y ella se hace consciente y dueña de sus poderes), sólo entonces puede actuar por sí misma.

La muerte ahora es ella

Al final, la muerte de Carrie se vuelve especialmente relevante porque ocupa el lugar de una moraleja, que parecería destinada aquí a las jóvenes que desean escapar a la carga que les impone la feminidad. La idea de heroínas fuertes que terminan suicidándose ante una realidad penosa es un motivo recurrente, significativo, en el cine y la literatura. Vale para la película de Ridley Scott *Thelma y Louise*, o para la novela *El despertar*, de Kate Chopin. En este caso, la diferencia crucial es que en la historia de Carrie también actúa la fantasía de la venganza. El análisis de Bathrick apenas menciona ese concepto pero para King es fundamental y recurre a menudo a él para hablar de su propia obra. Otra forma, por tanto, de leer *Carrie* sería a la luz de los elementos destructivos de la venganza y la naturaleza de la tragedia, que podría explicar en parte la autodestrucción de la protagonista.

Hay que considerar también que la idea de que Carrie sea «castigada» por su violencia telequinésica asumiría como propio el planteamiento de que las narrativas de terror ofrecen cierto tipo de instrucción moral subyacente: compórtate como debes o serás víctima de alguna clase de horripilante destino sobrenatural. El terror artístico es una ficción y como tal debe abrirse a la posibilidad de múltiples interpretaciones. Si leemos los relatos de terror de una forma tan simplista corremos el riesgo de convertirlos en mera propaganda. Teniendo en cuenta el éxito popular y la persistencia y vitalidad del género de terror en la literatura, el cargo es infundado. Y *Carrie* guarda también paralelismos con otros monstruos narrativos cuyos protagonistas masculinos sufren suertes similares. En la adaptación de James Whale del *Frankenstein* de Mary Shelley, el monstruo muere a manos de los aldeanos porque la sociedad no es capaz de asimilarlo. Del mismo modo, en *La novia de Frankenstein*, el monstruo reconoce solemnemente que «nosotros ya estamos muertos» cuando la novia creada para él le rechaza. Y cuando el monstruo de Frankenstein no puede habitar entre los vivos ni ser aceptado por otros como él, muere trágicamente de la misma forma que Carrie White muere al final de la novela de King. En este sentido, *Carrie* se asemeja a los monstruos cinematográficos que la precedieron en que su protagonista se presenta como alguien demasiado ajeno al mundo que habita. Short señala: «Aunque podría argumentarse que su muerte sirve de castigo contra lo aberrante femenino, es posible verla también como una denuncia contra aquellos que la atormentaron, pues el verdadero

204

monstruo del texto es la ignorancia de una comunidad entera, incluida su madre, por tratarla de la forma en que lo hicieron»[22]. En otras palabras, quien lea *Carrie* también como un mito de iniciación, verá en la novela la destrucción de la «malvada madrastra», necesaria para que la heroína supere los obstáculos, pero, en este caso, es la «madrastra» quien tiene la última palabra y arrastra a la heroína consigo. Así *Carrie* se convierte en una historia de terror, en lugar de en un cuento de hadas.

Una manera más compleja y enriquecedora de entender la situación de Carrie White sería partir de la afirmación de Beauvoir de que no existe la solidaridad entre mujeres, de que lo que hay es un fracaso comunal más que una desviación individual. Beauvoir describe cómo las mujeres se consideran a sí mismas el «Otro» y, sin embargo, eso no las une de ninguna manera. Escribe: «Las mujeres —salvo en algunos congresos, que no pasan de manifestaciones abstractas— no dicen "nosotras"; los hombres dicen "las mujeres" y ellas retoman estas palabras para autodesignarse, pero no se afirman realmente como sujetos»[23]. Esta dinámica se repite varias veces a lo largo de las versiones cinematográficas y de la novela de *Carrie*. La madre se opone a la feminidad de su hija por considerarla pecado, Miss Collins / Miss Desjardin y Sue Snell fracasan en su intento de hacerse amigas de Carrie, y Chris proyecta sobre ella sus sentimientos de impotencia en forma de abusos. Tengan buenas o malas intenciones, son predominantemente las mujeres quienes no logran ayudar a Carrie White. Por tanto, si queremos estudiar en *Carrie* los fracasos de una comunidad, debería tenerse en cuenta que se trata de una comunidad formada por mujeres.

Al contrario que esas mujeres, sin embargo, Carrie es única. Aunque la veamos anhelar las mismas formas de feminidad que demuestran las demás, lo cierto es que su capacidad para la autosuficiencia resulta mucho mayor. Más que en la telequinesia, sus poderes residen, en cierto sentido, en el hecho de que experimenta y se opone a los destinos que le han sido dictados. Y, así, toma una posición más firme como sujeto en la configuración de su propio estatus, oponiéndose a que sus deseos sean determinados a través de los demás. No obstante, como señala Beauvoir, «ningún educador aislado puede modelar en este momento un "ser humano mujer" que sea el homólogo exacto del "ser humano varón": educada como un muchacho, la niña se siente excepcional y así sufre una nueva forma de especificación»[24]. Lo que introduce un rasgo importante en la concepción de Beauvoir acerca de la subjetividad femenina: ésta debe existir en una comunidad de otros, donde pueda progresar como posibilidad aceptable.

Lo que nos devuelve a la idea inicial acerca de la trágica muerte de Carrie White. Aunque es lo suficientemente fuerte para cuidar de sí misma, no puede existir en soledad. Beauvoir lo plantea no sólo cuando habla del Sujeto y el Otro en términos de Hombre y Mujer, en una relación de dependencia en la que cada uno implica al otro, sino también cuando habla de cómo las mujeres interactúan entre sí. Al tiempo que critica el hecho de que las amistades entre mujeres se encuentran aún condicionadas por la mirada del hombre (incluso cuando ningún hombre se halle presente), expone la urgencia de desarrollar una solidaridad femenina. Esa misma urgencia está presente también en *Carrie*, en la muerte de la protagonista. Aunque pareciera que el momento culminante de la película sucede durante la fatídica escena del baile, el verdadero desenlace hay que buscarlo dentro del armario en que Carrie se desploma, aferrada al cuerpo de su madre, dominada por la propia sensación de indefensión general y por la falta de confianza, de conexión, entre ella y la comunidad.

En respuesta, entonces, a la afirmación de King de que «cualquier estudiante» podría identificarse con Carrie, yo seguiría diciendo que es cierta, pero que es necesario tener en consideración la experiencia particular de *las* jóvenes adolescentes. Como repite Beauvoir constantemente en *El segundo sexo*, para las chicas, la adolescencia lleva dentro de sí la idea de un destino femenino. Para afirmar la propia subjetividad, Beauvoir propone que es necesario renunciar hasta cierto punto a la feminidad. Sin embargo, en tal caso, el sujeto femenino corre el riesgo de convertirse en una paria o en un monstruo. *Carrie* es, en este sentido, una novela en la que lo sobrenatural se alza como respuesta a las presiones del destino femenino y al miedo a que vivir de forma diferente nos haga perder nuestro lugar en el mundo.

[1] Stephen King, *Danza macabra*, Madrid, Valdemar, 2016, p. 187. Trad. cast.: Óscar Palmer Yáñez.

[2] Simone de Beauvoir, *El segundo sexo*, v. 1, Madrid, Cátedra, 1998, p. 48. Trad. cast.: Alicia Martorell.

[3] Kellye Byal, *Monsters on the Couch: Art, Horror and Psychoanalysis* (MA thesis), Londres, Kingston University, 2015, p. 39.

[4] Simone de Beauvoir, *El segundo sexo*, v. 2, Madrid, Cátedra, 1998, p. 58. Trad. cast.: Alicia Martorell.

[5] Sue Short, *Misfit Sisters: Screen Horros as Female Rites of Passage*, Hampshire, Palgrave Macmillan, 2007, p. 74

[6] Stephen King, *Carrie*, Barcelona, Debolsillo, 2017, p. 19. Trad. cast.: Gregorio Vlastelica.

[7] Simone de Beauvoir, *El segundo sexo*, v. 2, op. cit., p. 58.

[8] Ibíd., p. 60.

[9] Sue Short, *Misfit Sisters*, op. cit., p. 76.

[10] Simone de Beauvoir, *El segundo sexo*, v. 2, op. cit., p. 27.

[11] Stephen King, *Carrie*, op. cit., p. 216.

[12] Simone de Beauvoir, *El segundo sexo*, v. 2, op. cit., p. 485.

[13] Sue Short, *Misfit Sisters*, op. cit., p. 75.

[14] Shelley Stamp Lindsey, «Horror, Femininity and Carrie's Monstrous Puberty», *Journal of Film and Video*, 43, n.º 4 (invierno de 1991), pp. 33-34.

[15] Stephen King, *Carrie*, op. cit., p. 51

[16] Carol Clover, *Men, Women and Chain Saws: Gender in the Modern Horror Film*, Princeton, Princeton University Press, p. 4.

[17] Serafina Kent Bathrick, «Ragtime: The Horror of Growing Up Female», *Jump Cut: A Review of Contemporary Media*, 14, 1977, p. 5.

[18] Sue Short, *Misfit Sisters*, op. cit., p. 75.

[19] Simone de Beauvoir, *El segundo sexo*, v. 2, op. cit., p. 540.

[20] Ibíd., p. 13.

[21] Ibíd., p. 533.

[22] Sue Short, *Misfit Sisters*, op. cit., p. 80.

[23] Simone de Beauvoir, *El segundo sexo*, v. 1, op. cit., p. 53.

[24] Ibíd., v. 2, p. 538.

APUNTES SOBRE PRECOGNICIÓN, VERIFICACIÓN Y CONTRAFACTUALES EN *LA ZONA MUERTA*

Tuomas W. Manninen

«I've seen the future and it will be;
I've seen the future and it works».
Prince, «The Future»

Johnny Smith, el protagonista de *La zona muerta*, de Stephen King, posee poderes adivinatorios: sólo tiene que tocar a una persona (o un objeto que le pertenezca) para conocer hechos que la incumben y que ésta desconoce. Parte de esos conocimientos se refieren al presente, a un presente que el sujeto ignora, y otra parte a acontecimientos que aún no han ocurrido. En ambos casos, aunque por diferentes razones, los poderes de Johnny resultan problemáticos desde un punto de vista filosófico[1].

Con respecto al primer caso, lo que Johnny es capaz de conocer acerca del presente, podemos tomar en consideración los siguientes ejemplos: al tocar la mano de Eileen, su fisioterapeuta, Johnny descubre que su casa está ardiendo porque se le olvidó apagar el hornillo aquella mañana[2]; al besar a Sarah, Johnny es capaz de decirle dónde se encuentra el anillo de boda que creyó haber perdido[3]. Si los individuos a los que tocó no conocen (o no podían conocer) tales eventos, ¿cómo podía conocerlos Johnny? ¿De dónde obtiene el conocimiento? Y aún más: ¿qué lo convierte en conocimiento?

211

Y con respecto a la adivinación de acontecimientos futuros, los ejemplos problemáticos también abundan. Johnny sabe que Chuck morirá en un incendio si va a la fiesta de graduación en Cathy's[4], y que Greg Stillson, si es elegido presidente, desencadenará una guerra nuclear[5]. Entre otras preguntas, hay que plantearse: ¿son éstas realidades que Johnny pueda conocer? Y si lo son, ¿está el futuro predeterminado? ¿Puede modificarse? ¿Y qué sucede entonces con la libertad humana, con nuestra capacidad de decisión?

Antes de comenzar nuestro análisis, es importante que tengamos claro a qué nos referimos con *conocimiento*. Durante mucho tiempo —desde el *Teeteto* de Platón, escrito en torno al año 396 a. C.— los filósofos han dado por buena la siguiente definición: el conocimiento es la *creencia verdadera justificada*. Aunque Edmund Gettier la puso en tela de juicio en un famoso ensayo, y abrió la puerta a que se propusieran un buen número de definiciones alternativas, aquí no vamos a tratarlas todas[6]. La mayoría de las definiciones actuales del conocimiento recurre, en cualquier caso, a la unión de esas dos premisas: que lo que se conoce esté *justificado* y que lo que se conoce sea *verdadero*. Podemos llamar a éstas la *condición de justificación* y la *condición de verdad* para el conocimiento.

Los poderes adivinatorios de Johnny plantean problemas considerables a la condición de *justificación*. Si el individuo al que Johnny toca ignora la situación en cuestión (como en el caso de Sarah y la ubicación de su anillo de boda), ¿puede justificarse que Johnny crea aquello que percibe? Tal vez —y esto es sólo una especulación— Johnny sea capaz de acceder a los recuerdos inconscientes de Sarah: el recuerdo visual —quizás, incluso, el recuerdo táctil— del anillo que se le cayó del dedo en cierto momento, sin prestarle atención. Así, cuando Johnny le toca la mano, es capaz de conectar con el registro que su memoria hizo de tal acontecimiento. Dejaremos que sean los epistemólogos quienes se ocupen de esta cuestión, por la sencilla razón de que los debates epistemológicos post-Gettier se centran principalmente en la condición de *justificación*. Nosotros, en cambio, vamos a centrarnos en este ensayo en la condición de verdad, en cómo sólo los acontecimientos *verdaderos* pueden ser conocidos. De esta condición surgen problemas que, incluso si pasamos por alto los que resultan de la *condición de justificación*, no pueden obviarse.

Expuesto de forma breve: si afirmamos que sólo los acontecimientos *verdaderos* pueden ser conocidos, y tratamos de reconciliar tal definición con lo que ocurre en *La zona muerta*, entramos de lleno en el siguiente problema. Suponiendo que para cada proposición verdadera debe existir alguna realidad que la haga tal (es decir, que le sirva como *verificador*), en lo que se refiere a los acontecimientos presentes no parece que haya demasiadas complicaciones. En este momento, la proposición «estoy leyendo un ensayo sobre las cuestiones metafísicas que plantea *La zona muerta* de Stephen King» está verificada por el hecho de que tú (el lector) estás, de hecho, leyendo tal ensayo. Para utilizar términos formales, llamaremos a las proposiciones *portadores de verdad* (en el sentido de que las *proposiciones* pueden ser verdaderas o falsas). Así, para responder a la pregunta: «¿Qué convierte a un portador de verdad en *verdadero*?», necesitamos tomar en consideración a los *verificadores*, que están fuera del reino de las proposiciones, es decir, en la realidad. De esta teoría, puesto que los filósofos no se ponen de acuerdo acerca de cómo aplicarla, sólo procuraré resumir los elementos básicos y centrales. Pensemos lo siguiente: para cada portador de verdad (proposición) es necesario que exista un verificador: un acontecimiento o situación o similar que haga que la proposición portadora de verdad sea verdadera (o cuya ausencia haga que la proposición portadora de verdad sea falsa)[7]. Por ejemplo, la proposición «Charlie Norton y Norm Lawson descubrieron un cadáver el uno de enero de 1975», deviene verdadera por el hecho de que los dos chicos mencionados descubrieron un cadáver en tal fecha[8]. Hasta aquí, parece que han quedado satisfechos los requisitos de las proposiciones hechas en el presente sobre el presente o sobre el pasado. El mundo era de una determinada manera o no lo era; un caso se daba o no se daba. Y, por tanto, las proposiciones sobre el pasado o el presente resultan verdaderas o falsas en función de si algo ocurrió, está ocurriendo, o no.

Ahora bien, ¿qué sucede si tratamos de aplicar esta forma de verificación a acontecimientos *futuros*? ¿Si tratamos de aplicarla a proposiciones sobre acontecimientos que aún no han sucedido? Pensemos de nuevo en *La zona muerta*, particularmente en los sucesos que tuvieron lugar en esa funesta noche de octubre de 1970, cuando Johnny llevó a Sarah a la «ultimísima feria agrícola del año en New England», en la que ella cae enferma. El verificador para la proposición «Sarah cayó enferma en la feria agrícola» es el *hecho de que Sarah cae enferma en la feria agrícola*[9]. Al considerar retrospectivamente aquellos acontecimientos —como hace Sarah cuando visita la tumba de Johnny unos diez años después de aquella noche en la feria— el verificador que acabamos de mencionar sigue vigente, por mucho que Sarah desee lo contrario: «Todo tenía que haber sido distinto, ¿verdad? No tenía que haber terminado así»[10].

¿Y qué ocurre con los acontecimientos *futuros*? Es decir, si los acontecimientos futuros tienen verificadores (que es lo que deberían tener si nuestras afirmaciones sobre el futuro van a ser verdaderas), ¿son estos verificadores tan inalterables (como llegan a serlo algunos de los que aparecen en los viajes al pasado de Jake Epping en la novela de King *22/11/63*) que no pueden ser modificados en ningún caso? Nos encontramos aquí con uno de esos venerables problemas que, en la historia de la filosofía, se remontan a la Antigua Grecia. Fue Aristóteles quien realizó una de las primeras disquisiciones acerca del conocimiento de acontecimientos futuros en su «Sobre la interpretación», donde hace conjeturas con respecto a si una batalla naval tendrá lugar o no al día siguiente: «Digo, por ejemplo, que necesariamente mañana habrá o no habrá una batalla naval, pero no que sea necesario que mañana se produzca una batalla naval ni que sea necesario que no se produzca; sin embargo es necesario que se produzca o que no se produzca»[11].

Por tanto, para que haya una batalla naval mañana es necesaria la existencia de un acontecimiento o una situación o algo que convierta la proposición «Hay una batalla naval» en verdadera. Puede que, en este caso, parezca un asunto trivial, pero no nos dejemos engañar por las apariencias. Por expresarlo en términos más generales, un acontecimiento futuro —llamémoslo X— o bien ocurrirá mañana (o en otro momento más lejano en el futuro) o bien no ocurrirá. O bien Greg Stillson resulta elegido presidente de los Estados Unidos, o bien no; o bien Johnny Smith consigue un empleo en el Departamento de Obras Públicas de Phoenix, o bien no, etc. Pero si X (para *cualquier* valor de X) ocurre *y* alguien conoce que X ocurrirá *antes de que X ocurra realmente*, entonces tenemos un problema, partiendo de los supuestos del análisis previo. Puesto que conoces algo, ese algo ha de ser verdadero, ha de darse. Y por eso, si *conoces* el futuro, ese futuro ha de ser inevitable, es decir, que ha de ser necesariamente de la forma en que tú *conoces* que es, o, más bien, que será. De lo que resulta que el futuro es inalterable, que está predeterminado. Johnny conocía que había estado en el accidente de coche que le envió al hospital por la razón de que estaba en el hospital a consecuencia del accidente de coche. Pero ¿*conocía* Johnny de verdad que Greg Stillson iba a ser el presidente de los Estados Unidos y, a continuación, desencadenaría una guerra nuclear? En nuestro análisis del conocimiento, que requiere de verificadores para toda proposición verdadera, si lo *conocía*, entonces es que el futuro es tan inamovible como el pasado.

215

A la luz de este planteamiento, podemos reformular el problema de Aristóteles para el caso de Johnny y sus poderes de adivinación de la siguiente manera: si Johnny conoce que la proposición «Greg Stillson, cuando sea elegido presidente, desencadenará una guerra nuclear» es verdadera, debe existir un verificador para esa afirmación (digamos, por ejemplo, una serie de acontecimientos entre los que se encuentre la victoria electoral de Stillson, el juramento del cargo, la posterior instigación de una guerra nuclear). Eso significaría que no hay manera de modificar tales acontecimientos. O, en palabras de Aristóteles, «nada impide que uno diga que dentro de diez mil años habrá esto y que otro diga que no, de modo que necesariamente será cualquiera de las dos cosas que en aquel momento era verdad decir que sería»[12].

Aquí está nuestro problema. Aunque tú (el lector) *podrías* haber elegido leer otro libro cualquiera, distinto al que estás leyendo, lo que no puedes hacer es cambiar las cosas —ni las decisiones— una vez que han tenido lugar, lo que significa que, en cierto sentido, no puedes evitar la lectura de *The King. Bienvenidos al universo literario de Stephen King.* En términos generales de nuevo, si no podemos alterar *ni* las verdades *ni* los verificadores del pasado, ¿por qué íbamos a ser capaces de alterar los verificadores *futuros*? Johnny podía haberse ahorrado llevar a Sarah a la feria —pero sólo hasta el momento en que llevó a Sarah a la feria—. Es decir, el futuro estaría bloqueado, o, en las sabias palabras que Dorrance Marstellar le regala a Ralph Roberts: «Lo hecho, hecho está»[13].

Sobre el futuro (y otros asuntos similares)

Es éste el momento de contemplar nuestras opciones, como Johnny acabó haciendo tras ver lo que iba a depararle el futuro

—lo que iba a deparar, entre otras cosas, la presidencia de Stillson—. El nuestro es, sin embargo, un problema metafísico. Asumiendo como hipótesis de trabajo que las visiones de Johnny sobre el futuro son acertadas, ¿cómo pudo saber lo que se avecinaba? O lo que resulta una pregunta aún más precisa: ¿cómo es posible que los acontecimientos futuros tengan verificadores? Podríamos pensar aquí que hablamos en realidad de contingencias futuras; es decir, de acontecimientos que podrían ocurrir pero que no es necesario que ocurran. Por ejemplo, aunque el sheriff Bannerman decidió recurrir a Johnny Smith y pedirle ayuda para dar con el estrangulador de Castle Rock, no tenía por qué hacerlo. Aunque Sarah Bracknell podía haberse quedado en casa en lugar de ir a la feria con Johnny, no tenía por qué, etc.

Así que aquí reside nuestro problema. Si queremos conocer algo, lo que se conozca debe ser verdadero —y, por tanto, tener un verificador—. Pero si algo es verdadero, o tiene un verificador, entonces no puede ser de ninguna otra manera. Por lo tanto, si vamos a conocer algo sobre el futuro, la consecuencia es que el acontecimiento futuro debe ser inamovible. Y entonces, si uno puede tener conocimiento de contingencias futuras, parece que no puede hacerse nada para modificarlas.

Consideremos algunas alternativas que nos permitan hacer más clara la cuestión. Para la pregunta «¿Cómo puede Johnny Smith *conocer* el futuro y, además, cambiarlo?», hay una lista de posibles respuestas.

Opción 1: Johnny no puede hacerlo. Los supuestos poderes adivinatorios de Johnny no son sino un fraude, como defiende Dees en su artículo para *Inside View*[14].

Opción 2: Lo que hace Johnny es, como mucho, conjeturas sobre acontecimientos futuros sin ninguna garantía de que sus visiones se realizarán, a pesar del hecho de que esas conjeturas resultan ser ciertas en un número insólitamente alto de los casos.

Opción 3: No existen los verificadores para los acontecimientos contingentes futuros, dado que el futuro aún no ha tenido lugar. Las proposiciones contingentes sobre el futuro no son ni verdaderas ni falsas, no hasta el momento en que el futuro se haga presente.

Cada una de estas tres alternativas podría solucionarnos el problema inmediato que tenemos entre manos, pero eso no es lo mismo que *resolver* la cuestión. Al fin y al cabo, hemos asumido que Johnny sí podía *conocer* el futuro. Por tanto, la primera y la segunda opción no nos sirven. Por lo que respecta a la tercera, aunque podríamos esquivar con ella el problema original, sólo conseguiríamos encontrar nuevos problemas. Supongamos por un momento que no hubiera verificadores para las proposiciones que las visiones de Johnny revelan acerca del futuro. Si ése fuera el caso, tendríamos que abandonar, aparentemente, la posibilidad de que Johnny tuviera poderes de adivinación. La verdadera pregunta aquí es ¿existe un motivo independiente para rechazar la afirmación de que las contingencias futuras posean verificadores; es decir, independientemente de este problema en particular? Tal rechazo acaba convenientemente con el problema, no mediante una solución, sino mediante una negación. La pregunta es, entonces, ¿no se nos ocurre nada mejor?

Opción 4: Johnny puede conocer el futuro y sí existen verificadores para los acontecimientos contingentes futuros. Sin embargo, Johnny es incapaz de alterar el porvenir.

Esta alternativa es incluso menos atractiva que las anteriores. Si afirmamos que las visiones de Johnny le revelan verdades sobre el futuro (y, junto a ellas, los verificadores respectivos), deberemos sumarnos a la causa del fatalismo. Es lo mismo que decir que el futuro está fijado y que Johnny es uno de los pocos que puede ver el resultado al que el mundo se encamina.

Si las visiones de Johnny sobre el futuro cumplen la condición de verdad que debe cumplir el conocimiento (para que podamos decir que conoce lo que ocurrirá en el futuro), la consecuencia sería que Johnny es incapaz de modificar aquello que sabe que va a ocurrir. Peor aún, que ni siquiera es posible plantear la posibilidad de hacerlo, igual que no puede plantear la posibilidad de no haber llevado a Sarah a la feria agrícola *a posteriori*.

Así, incluso si esta alternativa explica la verdad de las proposiciones sobre el futuro, de ella resultaría que toda situación es inamovible y anularía la posibilidad de contemplar alternativas a los acontecimientos futuros[15]. Uno no puede contemplar alternativas a las decisiones que se tomaron en el pasado, aunque se arrepienta de ellas («¡no debería haber...!»), y del mismo modo, si éste fuera el caso para las contingencias futuras, uno tampoco podría plantear opciones relativas al futuro («¡Nunca volveré a...!»). Es decir, que para que existan alternativas y capacidad de decisión, las posibilidades en que se enmarcan los acontecimientos futuros deben estar abiertas.

Por lo tanto, si queremos permitir que Johnny pueda conocer el futuro en el sentido de conocer las consecuencias de ciertas decisiones, el futuro debe estar abierto. El monólogo[16] en el que Johnny considera las opciones que podría —o debería— llevar a cabo para impedir que Greg Stillson se convierta en presidente parece apuntar en esta dirección. Lo que nos lleva a la última alternativa.

Opción 5: Johnny *puede* tener conocimiento del futuro, pero no sabe qué futuro se materializará.

En esencia, esta opción le permite a Johnny conocer futuros posibles, en los siguientes términos. Consideremos la proposición: *si Stillson fuera presidente, desencadenaría una guerra nuclear*. Bien, Johnny no sabe que Stillson será presidente; todo lo que sabe es que si Stillson llega a ser presidente, habrá una guerra nuclear a continuación. Este tipo de conocimiento se denomina conocimiento *contrafactual* —o *scientia media* [conocimiento medio], según el filósofo que planteó tal teoría, Luis de Molina (ca. 1535-1600)—. Es una teoría que habitualmente se ha utilizado para reconciliar la libertad humana con la precognición divina —el problema de que si Dios lo sabe todo, Dios sabe también lo que haré mañana y sabe también que Stillson desencadenará una guerra nuclear, y por tanto el futuro está predeterminado y la libertad humana es una ilusión—, pero que también es posible aplicar en nuestro caso. Aunque Johnny no tenga todos los poderes divinos —puesto que el conocimiento que posee de los acontecimientos futuros resulta a menudo parcial—, merece la pena desarrollar esta alternativa, en particular porque con ella llegamos al problema general del conocimiento contrafactual (el conocimiento sobre acontecimientos contingentes futuros, acontecimientos que pueden ocurrir pero que no es necesario que ocurran).

Para el caso de Johnny, podemos plantear la situación de la siguiente manera: cuando Johnny toca a Chuck y le avisa de lo que sucederá si asiste a la fiesta de graduación en Cathy's, no le está describiendo lo que ocurrirá. La visión de Johnny queda plasmada en la proposición «Chuck morirá *si* asiste a la fiesta de graduación en Cathy's», que será verificada por el hecho de *la muerte de Chuck en Cathy's entre las llamas.* Es, sin embargo, una visión condicional, y la proposición «Chuck asistirá a la fiesta de graduación en Cathy's» se encuentra en un estado indeterminado; en palabras de Johnny, se encuentra en la zona muerta. Para los filósofos, se trata de un futuro contrafactual. El resultado, o la consecuencia, puede o no ocurrir, dependiendo de si el antecedente, el acontecimiento precedente, ocurre. Por tanto, si Chuck va a la fiesta, morirá. Pero eso sólo le dice a Johnny lo que sucederá si Chuck va. Chuck puede optar perfectamente por no ir, y en ese caso, Johnny no sabe lo que le sucederá. Por tanto, al evitar el antecedente —la asistencia de Chuck a la fiesta—, Johnny puede evitar la consecuencia, la muerte de Chuck en el incendio, al menos en tanto que hay una conexión entre ambos. Chuck aún podría morir en un incendio, pero no sería a causa del antecedente que Johnny ha evitado. Los futuros pueden acabar siendo de múltiples maneras y detener un acontecimiento precedente no garantiza que no llegará la consecuencia por algún otro medio. A pesar del hecho de que la proposición mencionada —«Chuck morirá *si* asiste a la fiesta de graduación en Cathy's»— posee un verificador, la muerte de Chuck en el incendio una vez que asista a la fiesta, también lo poseen las proposiciones que reflejan el resto de alternativas posibles, entre ellas, «Chuck no asistirá a la fiesta en Cathy's porque la advertencia de Johnny le convenció» o «Chuck no asistirá a la fiesta en Cathy's porque se le averió el coche», o... La conclusión que hemos alcanzado no es tan diferente de la que alcanza el propio Johnny Smith. Al final, hemos encontrado una forma de que el conocimiento de Johnny sobre el futuro sea posible. Y la pregunta que se nos presenta ahora es: ¿a qué precio?

Conclusión

En suma, podemos concluir que Johnny *no conoce* cómo se desarrollarán los acontecimientos futuros, pero sí conoce que *pueden* desarrollarse. En virtud de este conocimiento, no nos resulta necesario abandonar la teoría de los verificadores, y a Johnny sí le es posible contemplarle alternativas al futuro. Todo porque el conocimiento que Johnny tiene del futuro no está en la *zona muerta* (como sugiere su propio análisis), sino que es un conocimiento *contrafactual*. Es decir, Johnny conoce que si Chuck *asistiera* a la fiesta de graduación en Cathy's, *moriría* en el incendio que ocurriría a continuación[17]. Del mismo modo, Johnny conoce que *si* a Stillson lo eligieran presidente, se *produciría* un holocausto nuclear. Etcétera. Johnny sabe cómo puede ser el futuro, es decir, cómo resultará si ciertos acontecimientos tienen lugar de forma efectiva. Puede, por tanto, alterar el futuro, aunque de una forma completamente impredecible, en tanto que puede evitar que los acontecimientos que lo anteceden ocurran. Puede evitar la guerra nuclear que Stillson desencadenaría evitando que Stillson se convierta en presidente, aunque puede haber otras formas de que tenga lugar una guerra nuclear, y Stillson aún puede tener algo que ver con varias de ellas. Johnny sólo evita el futuro posible que va unido a la elección de Stillson como presidente.

Bien, es cierto que no hay ningún Castle Rock, que no existe en el mundo real, y que tampoco lo hacen Johnny Smith, ni Herb, ni Vera Smith, ni Sarah Hazlett (de soltera, Bracknell). Sin embargo, los problemas que plantean las ficciones narradas en *La zona muerta* (igual que en *Insomnia* y en *22/11/63*) por Stephen King sí son reales. Si la teoría de los verificadores que hemos resumido arriba funciona también en lo que respecta a contingencias futuras, es interesante que la pongamos a prueba en relatos de ficción y que traigamos aquí, a la realidad, los resultados obtenidos. En otras palabras, incluso en un mundo en el que no existen los poderes de adivinación, no puede satisfacernos la noción de que el futuro está predeterminado, o de que no es más que un juego conjetural. Cuando afirmamos que cierto acontecimiento futuro (por ejemplo, que el sol saldrá mañana por la mañana) va a ocurrir, estamos proponiendo verificadores para esa proposición.

Y hay otro motivo por el que algunas de las cuestiones que hemos venido planteando son importantes. Ocurre que si suponemos la existencia de, digamos, una deidad omnisciente, una deidad que conoce (con certeza, con precisión, etc.) lo que deparará el futuro, a ti, a mí, a cualquiera, ¿cuánta libertad —supuesta libertad— nos queda? La cuestión que se plantea en la ficticia capacidad de Johnny para conocer cómo se desarrollará el futuro —o, desde su perspectiva, cómo *puede* desarrollarse— es también una cuestión más amplia, y crucial, sobre el libre albedrío y la omnisciencia divina. Si Dios conoce el futuro —no Johnny— y Dios es perfecto e infalible, ¿está el futuro predeterminado? Entonces, en lugar de considerar a Johnny Smith y su capacidad para adivinar el futuro, supongamos que se trata de alguna deidad con la misma habilidad y cuyas visiones son infalibles. ¿Cómo cambia eso nuestra percepción de la situación, del futuro, de la libertad humana?

Llegados a tal encrucijada, podríamos extender nuestro análisis más allá de *La zona muerta*, sin salirnos, sin embargo, de las obras de Stephen King. Tomemos, por ejemplo, *Insomnia*, donde Atropos (uno de los tres «médicos calvos y bajitos») le muestra a Ralph Roberts una visión del futuro, en la que un coche atropella al hijo de su vecino. En ese momento —cuando la visión del futuro es cortesía de un ser sobrenatural— puede que haya que aplicar otras consideraciones.

Y puede que ese momento sea en el que nosotros hacemos mutis por el foro.

NOTAS

¹ Hay muy pocos debates filosóficos que exploren cuestiones sobre adivinación y otras formas paranormales de percepción. Una de las excepciones es Jane Duran, «Philosophical Difficulties with Paranormal Knowledge Claims», en *Philosophy of Science and the Occult*, 2ª edición, ed. Patrick Grim, Albany, SUNY Press, 1990, pp. 232-242. Aun así, los planteamientos de Duran se dirigen más hacia el problema de la justificación.

² Stephen King, *La zona muerta*, Barcelona, RBA, 2004, pp. 210-211. Trad. cast.: Eduardo Goligorsky.

³ Ibíd., pp. 194-195.

⁴ Ibíd., pp. 466-467.

⁵ Ibíd., p. 539.

⁶ El argumento que suspendió la definición de «conocimiento como creencia verdadera justificada» lo presentó Edmund Gettier en «Is Justified True Belief Knowledge?», *Analysis*, 23, n.º 6 (junio de 1963), pp. 121-123. Para un análisis más completo sobre el «problema de Gettier» (y las respuestas al respecto), véase Matthias Steup y Jonathan Jenkins Ichikawa, «The Analysis of Knowledge», en *Stanford Encyclopedia of Philosophy* (primavera de 2014), ed. Edward Zalta. Para lo que aquí nos ocupa, utilizaremos la siguiente definición general de conocimiento: conocimiento es creencia verdadera no accidental.

⁷ Para una introducción comprensiva —y breve— sobre los verificadores y los portadores de verdad, véase John Bigelow, «Truthmakers and Truthbearers», en *The Routledge Companion to Metaphysics*, ed. Robin Le Poidevin, Peter Simons, Andrew McGonigal y Ross P. Cameron, Nueva York, Routledge, 2009, pp. 389-390. Como beneficio añadido, el artículo resulta bastante accesible a quienes no estén demasiado familiarizados con la filosofía. Para una introducción al tema en mayor profundidad, véase Robert C. Koons y Timothy H. Pickavance, *Metaphysics: The Fundamentals*, Malden, Massachussets, Wiley, 2015.

⁸ Stephen King, *La zona muerta*, op. cit., pp. 128 y ss.

⁹ Por si tales objeciones fueran pocas, estoy ignorando el hecho de que los acontecimientos que aparecen en *La zona muerta* de Stephen King son ficticios, y estoy tratando la narración como si representara acontecimientos reales (aunque sólo sea para plantear mi teoría…).

¹⁰ Stephen King, *La zona muerta*, op. cit., p. 556.

¹¹ Aristóteles, «Sobre la interpretación», en *Tratados de lógica. Órganon*, Madrid, Gredos, 1988, pp. 54-55. Trad. cast.: Miguel Candel Sanmartín.

¹² Ibíd., 53.

¹³ Stephen King, *Insomnia*, Barcelona, Orbis, 1995, p. 289. Trad. cast.: Bettina Blanch.

¹⁴ Stephen King, *La zona muerta*, op. cit., p. 298.

¹⁵ Para una exploración en profundidad sobre la cuestión de por qué la capacidad de contemplar diferentes alternativas no sólo es necesaria en el presente, sino también sobre por qué resultaría anulada si los acontecimientos futuros estuvieran predeterminados, véase Richard Taylor, «Deliberation and Foreknowledge», en *Free Will and Determinism*, ed. Bernard Berofsky, Nueva York, Harper and Row, 1966, pp. 277-293.

[16] Stephen King, *La zona muerta*, op. cit., pp. 493 y ss.

[17] Ibíd., pp. 467 y ss.

«GAN HA MUERTO»

NIETZSCHE Y EL ETERNO RETORNO DE ROLAND

Garret Merriam

«¿Qué dirías si un día o una noche se introdujera furtivamente un demonio en tu más honda soledad y te dijera: "Esta vida, tal como la vives ahora y como la has vivido, deberás vivirla una e innumerables veces más; y no habrá nada nuevo en ella, sino que habrán de volver a ti cada dolor y cada placer, cada pensamiento y cada gemido… todo en el mismo orden e idéntica sucesión… Al eterno reloj de arena de la existencia se le da vuelta una y otra vez y a ti con él, ¡grano de polvo del polvo!"? ¿No te tirarías al suelo rechinando los dientes y maldiciendo al demonio que así te hablara? ¿O vivirías un formidable instante en el que serías capaz de responder: "Tú eres un dios; nunca había oído cosas más divinas"?»[1].

Friedrich Nietzsche, *La gaya ciencia*

«¿Cuántas veces había subido esta escalera para descubrirse despellejado, doblegado, rechazado…? ¿Cuántas veces se había encontrado con una circunvalación…? ¿Cuántas veces la recorrería?

—¡Oh, no! —gritó—. ¡Por favor, otra vez no!

¡Ten piedad! ¡Ten misericordia!

Las manos tiraron de él hacia delante sin consideración.

Las manos de la Torre no sabían de piedad»[2].

Stephen King, *La Torre Oscura*

Tras proclamar la muerte de Dios, Friedrich Nietzsche propuso una herramienta nueva para que cada individuo evaluara su vida. En ausencia del juicio divino que había servido de valoración objetiva, Nietzsche recupera una idea antigua, el «eterno retorno», que nos coloca en el lugar de Dios, nos convierte en nuestros propios jueces. Partiendo del fragmento que hemos citado al comienzo de este ensayo, llegamos a la conclusión de que todos debemos hacernos la siguiente pregunta: «¿Me reconozco en la vida que estoy viviendo, en mi compromiso hacia ella, tanto que estaría dispuesto a revivirla entera no una sino infinitas veces?». Si se quiere afirmar que la propia vida ha sido un éxito auténtico, uno debería reconocerse en el *amor fati*: el amor a su propio destino. Nietzsche, rechazando las metafísicas lineares, teleológicas (las metafísicas que se construyen «al servicio de ciertos objetivos») vinculadas al cristianismo, las ha sustituido por una metafísica cíclica, donde cada uno de nosotros es el juez último de su propia existencia.

Cuando, al final de *La Torre Oscura*, Roland escala la Torre y llega al salón de la cima, lo que descubre en él no es otra cosa que la misma misión que cree haber completado. En lugar de encontrar el final de su búsqueda, el pistolero es enviado de vuelta al Desierto de Mohaine, donde lo descubrimos al comienzo del primer libro de la saga. La imagen linear del Haz (la búsqueda de Roland completada en la Torre) es sustituida por la imagen de la rueda, en cuyo eje se encuentra la Torre y en torno a la cual gira constantemente la existencia entera y la de Roland en particular. Roland evita la destrucción de la Torre y se condena a la perpetua repetición de un círculo vicioso, y nosotros comprendemos que su misión es infinita. Si nos guiamos por la segunda cita que abre este capítulo, parecería que Roland no supera el examen de Nietzsche: a la hora de la verdad, Roland no siente amor alguno hacia su *ka*.

En la obra de Nietzsche abundan las preguntas acerca de la relación entre el hombre y Dios, el destino y el libre albedrío, el nihilismo y el sentido de la vida, y al leer *La Torre Oscura* a través de los ojos de Nietzsche podemos comprender mejor tanto al filósofo como al pistolero. Este ensayo quiere explorar de qué forma la búsqueda de Roland sirve de ilustración para la filosofía de Nietzsche y qué puede enseñarnos *La Torre Oscura* acerca de cómo vivir una vida plena de sentido.

El fatalismo y el Cuerno de Eld: ¿puede Roland cambiar su *ka*?

Frente a lo que sucede en el experimento conceptual que Nietzsche plantea más arriba, en *La Torre Oscura* existe una posibilidad, aunque sea mínima, de que Roland cambie su destino: el Cuerno de Eld. A diferencia de la primera vez que vimos a Roland en el Desierto de Mohaine, al comienzo de *El pistolero*, ahora, al final del séptimo libro, Roland emprende la enésima persecución del hombre de negro llevando consigo el cuerno de su antepasado. En el ciclo anterior Roland había dejado el cuerno en las manos de un moribundo Cuthbert Allgood en la Batalla de la Colina de Jericó, pero en esta ocasión parece que «Roland se había detenido el tiempo suficiente para volver a recogerlo, y había sentido el golpe del polvo mortífero de ese lugar en la garganta»[3]. Es de suponer que no se deshará de él en esta nueva-vieja búsqueda, y que lo hará sonar cuando llegue al campo de rosas de Can'-Ka No Rey.

Aunque no está nada claro cuáles serán las implicaciones que eso tendrá en su destino (ni siquiera si tendrá alguna), lo cierto es que, al menos, ofrece un resquicio de esperanza para los tormentos del pobre pistolero. Al final del séptimo libro, comenzando de nuevo su aventura a través del mismo desierto, se escucha la voz de Gan: «Ésta [el Cuerno de Eld] es tu promesa de que las cosas pueden ser diferentes, Roland, de que puede haber un descanso. Incluso una salvación»[4]. Robin Furth, en su *Stephen King's The Dark Tower: A Concordance* [*La Torre Oscura de Stephen King: concordancias*], interpreta que eso significa que «el viaje de Roland debe repetirse interminablemente porque no posee el Cuerno de Eld... Esa falta de previsión, y la ocasional incapacidad de Roland para anticipar las consecuencias de sus actos a largo plazo, es el error que Roland debe corregir antes de alcanzar el verdadero final de su búsqueda... Es posible, entonces, que la historia que leemos en la saga de *La Torre Oscura* sea el penúltimo viaje de Roland hacia la Torre»[5]. Es posible que esta vez Roland se libre del destino maldito que le aguarda. Para Furth (y probablemente para el propio King), ahí se encuentra la esperanza mínima, la posibilidad de escapatoria al fatalismo absoluto del relato, a un final definitivo en las sombras.

En principio, parecería que esa posibilidad que posee Roland para cambiar el curso de los acontecimientos hace su historia incompatible con el mito del eterno retorno de Nietzsche.

Según éste, uno no puede modificar su propio destino (por eso se llama, al fin y al cabo, «destino»). El filósofo alemán es bastante claro en su afirmación de que «no habrá nada nuevo en ella [tu vida], sino que habrán de volver a ti cada dolor y cada placer, cada pensamiento y cada gemido… todo en el mismo orden e idéntica sucesión»[6]. Tomadas al pie de la letra, tales ideas no podrían aplicarse a la misión de Roland, dado que en ellas el fatalismo que Furth rechaza es inequívoco. En la concepción de Nietzsche, uno carece de libre albedrío, pues todo lo que se hace ya está diseñado en los caminos inexorables y recurrentes del destino. Roland, en cambio, sí ostenta esa libertad, y en esta ocasión, al recoger el Cuerno de Eld, ha llevado a cabo una alteración mínima (aunque significativa) en su círculo vicioso. Si es capaz de realizar ese pequeño ejercicio de control, tal vez pueda finalmente romper el círculo y hallar paz y descanso.

Sin embargo, estamos tomando los planteamientos de Nietzsche desde una perspectiva demasiado literal (algo contra lo que él mismo nos previno). Aunque en su pensamiento había buenas dosis de fatalismo, Nietzsche siempre defendió que seguimos siendo responsables de quienes somos. Esta posición aparentemente contradictoria —conocida como «compatibilismo»— es importante para nuestra lectura tanto de Nietzsche como de la saga de *La Torre Oscura*. Es posible comprender la noción de *amor fati* no como el intento de Nietzsche de negar nuestro libre albedrío, sino como un aliento para que nos comprometamos con la plenitud de nuestras vidas, con lo que podemos controlar y con lo que no[7]. Furth parece comprender esto mismo cuando enfatiza la medida en la que Roland es responsable de su propia situación. «Como tantos de nosotros, Roland está atrapado en una trampa. Para escapar de ella, debe entender primero que la trampa se la ha creado él mismo»[8]. Esta mezcla de la propia responsabilidad y la ausencia de control es uno de los temas característicos de la filosofía del alemán.

Nietzsche, el nihilismo y el Rey Carmesí

Sin embargo, dicho esto, es probable que Nietzsche rechazara la propuesta que hace Furth a propósito de la posibilidad de «escapar de la trampa». Si creemos que la única esperanza de Roland es que esta vez tenga la suficiente capacidad previsora para no abandonar el Cuerno de Eld, estaremos ignorando la enseñanza más profunda que nos propone la Torre Oscura. Digamos que en esta ocasión Roland se queda con el Cuerno de Eld y lo hace sonar cuando llega al campo de Can'-Ka No Rey. ¿Qué ocurre a continuación? Vuelve a escalar la Torre y… ¿qué? Abre la puerta de la cima y ninguna fuerza lo catapulta de vuelta al desierto, sino que… ¿qué? ¿Qué final satisfaría a Roland (por no mencionar las expectativas del lector)? La verdadera maldición de Roland no se encuentra en el eterno retorno, sino en que comprende su propia vida como una búsqueda linear, como una serie de medios sólo justificados en la consecución de un determinado fin.

Existe otro personaje que, por extraño que resulte, también concibe su propia misión de la misma forma linear que lo hace Roland: el Rey Carmesí. Mientras que la misión de Roland es proteger la Torre, el propósito del Rey Carmesí es destruirla. Son objetivos de naturaleza opuesta pero ambos comparten el mismo fracaso a la hora de apreciar la naturaleza cíclica de *ka* y ambos resultan irrealizados por ese fracaso. Tal observación no está exenta de cierta perversidad: dado que salvar la Torre no salva a Roland, puede ser que la única paz real le alcance si la Torre se derrumba. ¿No es ése el reducto cruel de la ironía inherente al eterno retorno de Roland, a su repetida misión? En su éxito, la batalla continúa; si fracasara encontraría la paz.

Es posible encontrar aquí esa visión que llamamos nihilismo y que a menudo se asocia con Nietzsche, una idea sobre la que escribió con frecuencia. El Rey Carmesí podría perfectamente ser el hombre al que se refiere Nietzsche cuando escribe que «un nihilista es el hombre que piensa que el mundo, tal como es, no tiene razón de ser, y que el mundo, tal como debería ser, no existe. Por tanto, el hecho de existir (obrar, sufrir, querer, sentir) carece de sentido»[9]. ¿Podría ocurrir, entonces, que el mejor resultado para Roland estuviera vinculado a un sencillo punto final a su existencia (y a la de todo lo demás)? ¿Es posible que el Rey Carmesí no sea el malo de la historia, sino la única persona que puede liberar a Roland de las inclementes manos de *ka*? ¿Es *La Torre Oscura* un texto esencialmente nihilista?

Roland contempla el abismo

Cuando Roland alcanza su objetivo y escala la Torre, le inunda una sensación de victoria anticipada: algo en la cima dará sentido a su búsqueda. Pero ¿qué podría satisfacer sus expectativas? ¿Qué piedra angular podría haber colocado Gan en la cima de la Torre capaz de algo así? Si Roland llegara a ver el rostro del propio Gan, ¿no les supondría (a él y al lector) una terrible decepción? ¿O si encontrara sólo una habitación vacía, como se imagina en varias ocasiones a lo largo de su búsqueda? ¿Cuánto tiempo pasaría Roland inmóvil en el umbral de la puerta, asomado al vacío? Tras escalar la Torre, Roland observa el desarrollo brutal y sangriento de su propia vida ante él: «Éste es un lugar de muerte —pensó Roland—, y no sólo éste. Todas estas habitaciones lo son. Todas las plantas». «Sí, pistolero —susurró la voz de la Torre—. Pero sólo porque tu vida ha hecho que sea así»[10].

Nietzsche le habría dado un consejo: «Quien con monstruos lucha cuide de no convertirse a su vez en monstruo. Cuando miras largo tiempo a un abismo, también éste mira dentro de ti»[11].

Al tomar en consideración la primera mitad de su máxima, debemos preguntarnos si Roland se ha convertido en un monstruo. Se le califica a menudo de «antihéroe» pero es posible que esa categoría se quede corta. Unas pocas páginas después de que el lector lo encuentre por primera vez en *El pistolero* descubrimos cómo masacró a toda la población de Tull, cincuenta y ocho personas, incluyendo a cinco niños. Incluso reconociendo que la matanza fue en defensa propia, sigue resultando ciertamente monstruosa (particularmente si se tiene en cuenta el hecho de que Roland lo vio venir, que pudo haberla evitado marchándose de Tull después del sermón de Sylvia Pittston, en el que ella fue perfectamente clara con sus violentas amenazas a Roland). A lo largo de los ocho libros de la saga Roland mata a cientos de personas (contando a los Mutantes Lentos, a los taheen, los hampones y demás surtido de demonios y criaturas varias). En función de las veces que haya repetido su misión, el número de sus víctimas puede ser infinitamente mayor. Son los actos de Roland los que han hecho de la Torre, el nexo de toda existencia, el cuerpo del mismo Gan, un nuevo Gólgota, un lugar para la muerte. ¿Qué podría ser más monstruoso? De nuevo estamos obligados a plantear la pregunta de si no habría sido mejor que Roland permitiera, simplemente, que la Torre se derrumbara. Aunque las consecuencias hubieran sido un número similar (o mayor) de muertes cuando ésta se viniera abajo, tal vez Roland habría evitado convertirse en un monstruo y, en el camino, corromper la Torre. Parafraseando el Evangelio según San Marcos, ¿de qué le sirve a Roland ganar la Torre, si pierde su alma?

Roland contempla el abismo en numerosas ocasiones a través del círculo vicioso que recorre, pero nunca de una forma más literal que cuando deja caer a Jake al final de *El pistolero*. El sacrificio al abismo es necesario (eso cree, al menos, Roland) para continuar con su misión. Pero para Jake la muerte no es el final, como él mismo profetiza: «Hay más mundos que éste».

Roland recupera a Jake en *Las tierras baldías*, sólo para que se lo arrebaten de nuevo en *La Torre Oscura*. La segunda muerte de Jake es también un sacrificio, esta vez para salvar a Stephen King.

Y, por supuesto, todo el ciclo debe entonces repetirse otra vez. Roland está obligado a no dejar de sacrificar a su hijo simbólico. Debemos preguntarnos si Roland no habría preferido el vacío que se llevó a Jake antes que el eterno retorno de su muerte. O si tal vez una y otra opción tienden a ser la misma, pues en ambas se le niega a Roland su descanso, la salvación en pos de la que marcha. Ante la disyuntiva de una vida siempre igual, siempre recurrente, y la nada, ¿cuál habría preferido Roland? Visto el terror con el que recibe la perspectiva de la recurrencia, es posible que hubiera optado por la nada. ¿Y qué dice eso acerca de cómo vivió su vida? ¿Habría hecho las cosas de otra manera si hubiera sabido desde el principio que la cima de la Torre estaba vacía?

Ama tu *ka*

Estas preguntas nos guían en una lectura nihilista de *La Torre Oscura*. No es una interpretación descabellada, como no lo es la interpretación nihilista de Nietzsche (y tal vez de toda la literatura), pero tampoco son descabelladas otras lecturas menos extremas. Aunque sí es cierto que Nietzsche flirteó con el nihilismo, su consideración como nihilista se sustenta sólo sobre una lectura restrictiva de sus textos. Del mismo modo, leer *La Torre Oscura* a través de un prisma nihilista hace que se nos escapen algunas de las lecciones más importantes que la saga de King puede enseñarnos. Para no caer en esa simplificación debemos volver a la idea de *amor fati*. En el caso de que Roland aprenda a amar su *ka*, la nada dejará de parecerle una alternativa atractiva.

Aunque a menudo Nietzsche sea interpretado como nihilista, lo cierto es que sólo utilizó el nihilismo como telón de fondo, como espacio de contraste para enfatizar la crisis del hombre moderno tras lo que llamó «la muerte de Dios» (algo a lo que volveremos brevemente). Como pensador, Nietzsche quiere que nos comprometamos con nuestro destino, nuestra existencia, que le digamos «sí a la vida» para redimirnos a nosotros mismos de la falta de sentido del nihilismo.

El mismo tema está presente en ese esquema de recurrencia de la Torre Oscura, y Furth parece reconocerlo cuando menciona que «la segunda lección que Roland tiene que aprender antes de hallar paz es que la misma vida, y no sólo la ciega misión que es su búsqueda, tiene valor. Pensamos a menudo que el fin justifica los medios, pero lo que Roland encuentra al llegar a la meta de su vida es que los medios pueden corromper el fin»[12]. Cuando se le da la oportunidad de ignorar la Torre, Roland comprende el valor de lo que posee en la vida: los amigos por los que se preocupa profundamente, el amor que conoció con Susan Delgado, el «Commala» que bailó una vez (y merece la pena resaltar que no puede decirse lo mismo del Rey Carmesí, que sólo tiene en la vida el sueño de destruir la Torre). Pero, en general, todo esto le resulta secundario a la Torre. Cuando Flagg le implora, al final de *Mago y cristal*, que cancele su búsqueda, no encontramos ni un mínimo atisbo de tensión dramática: el lector no piensa en ningún momento que Roland vaya a seguir su consejo. Está dispuesto a arriesgar, a entregar, incluso, las vidas de todos sus seres queridos para llegar a la Torre.

Sin embargo, a pesar de tal reconocimiento, hay una tensión aquí que a Furth parece escapársele, entre esta segunda lección y la primera que mencionamos antes: si Roland llegara a aprender que la vida tiene valor por sí misma, no vería entonces su vida como una «trampa» y no trataría de «escapar» de ella. El problema de Roland no reside en que sea o no capaz de romper el círculo que hasta ese momento ha sido su misión. Mientras continúe buscando la redención en cierto logro, en cierto objetivo, su único destino será la decepción. El verdadero problema es que no se compromete con su *ka*. Aunque lo diga en numerosas ocasiones, Roland no comprende verdaderamente que el «*ka* es una rueda». Si insiste en concebir su misión como una línea con un punto final determinado, nunca hallará paz, nunca entenderá su *ka* y mucho menos podrá amarlo. Y esa lección es precisamente la que Nietzsche intenta transmitirnos cuando nos pide que amemos nuestro destino.

¿Gan ha muerto?

Tal vez otra manera de entender esto es mirar más de cerca la famosa sentencia de Nietzsche «Dios ha muerto». Esta afirmación, tan conocida y tan malinterpretada, no ha de tomarse literalmente: Nietzsche no está diciendo que el creador eterno, omnisciente y omnipotente del universo haya fallecido. Más bien, la frase se refiere al papel que la *idea de Dios* ha tenido en la civilización occidental —como fundamento de sentido, de valor, de moralidad— y cómo esa idea ha dejado de resultar adecuada para tales cometidos. Nietzsche creía que la humanidad no podía ya, honestamente, creer en un Dios que justificara la existencia de esa manera. De ahí que, si nuestras vidas iban a tener algún sentido, éramos nosotros los que debíamos encontrar el lugar del que éste surgiera, nuevos cimientos para el significado de la existencia. Nietzsche pensó que la muerte de Dios era, más que una fuente de sufrimiento, una liberación, y que comprometernos con esa emancipación era el primer paso hacia una vida realmente propia.

La Torre Oscura sirve como excelente ilustración de los planteamientos de Nietzsche. Gan es la fuerza creadora de toda realidad en la cosmogonía de la Torre Oscura, similar al Dios de los mitos judeocristianos. E igual que en la tradición judeo-cristiana, Gan no ha muerto en un sentido literal; la Torre es el cuerpo de Gan y escuchamos su voz dirigiéndose a Roland cuando éste entra en la Torre (lo que, como el propio Nietzsche habría hecho notar, es más de lo que podemos decir del Dios judeocristiano). E igual que en los mitos cristianos, Roland obtiene de Gan el sentido de su existencia; de su misión y su empeño por escalar la Torre. Igual que la vida cristiana está definida por el deseo de contentar a Dios y unirse a Él en el cielo, la llamada ineludible de la Torre define el propósito de Roland. Gan le promete que para alcanzar la «salvación» sólo tiene que responder a esa llamada. Eso y dedicarle la totalidad de su existencia. La Torre daba sentido a la vida de Roland: un sentido hacia y desde «las alturas». De ahí la cruel ironía cuando se le obliga a recorrer de nuevo el círculo vicioso. El eterno retorno fue el intento de Nietzsche de proponernos la búsqueda de nuestro propio sentido, uno que no procediera desde lo alto. Tal vez el tormento de Roland en el último minuto, antes de volver al desierto, sea su castigo, no por carecer de fe, sino por tenerla. En lugar de encontrar algo que hiciera que sus sacrificios (Susan, Cuthbert, Alain, Jake, Eddie, Jake de nuevo) merecieran la pena, lo que halló fue que estaba condenado a realizar todos esos sacrificios de nuevo, en vano.

Nietzsche probablemente defendería que, a pesar de tan horribles perspectivas y de la promesa de salvación que hace Gan, Roland en realidad no tiene necesidad de ningún tipo de liberación. Roland, como tantos de nosotros, ve su vida desde una perspectiva teleológica («todas las cosas sirven al Haz») cuando en realidad es cíclica («*ka* es una rueda»). Roland encuentra la perspectiva del eterno retorno tan terrorífica porque nunca deja de creer que la Torre será su salvación. No ve que su vida tenga sentido por sí misma, más sentido que el que esperaba encontrar en su cima. Cuando Roland acepte el hecho de que Gan ha muerto —de que la única salvación digna de tal nombre es la que él pueda ofrecerse a sí mismo— será capaz de abrir la puerta en la cima de la Torre, oír la voz de *ka* llamándole y responder (con la carga adecuada de ironía): «¡Tú eres un Dios, nunca había oído cosas más divinas!»[13].

Conclusión: Roland y Sísifo

El filósofo Albert Camus, tan profundamente influido por Nietzsche, llevó a cabo su propia meditación acerca del eterno retorno en *El mito de Sísifo*. Camus recrea la historia de aquel personaje de la mitología griega, condenado por los dioses a pasar la eternidad empujando una roca por la ladera de una montaña y a ver cómo ésta cae de nuevo al llegar a la cima, y a empezar de nuevo. Camus se sirvió de este relato de empeños infinitos, sin sentido, para proponer una alegoría de la vida del hombre: no importa lo duro que trabajemos, no importa todo lo que logremos, el inexorable transcurrir del tiempo desbaratará siempre cuanto hayamos conseguido. Ahora que Dios ha muerto, ¿cómo podemos encontrar sentido en nuestras vidas si todos nuestros fútiles afanes terminarán siendo sepultados y olvidados? Si nuestros trabajos son en última instancia estériles, ¿qué posible valor, propósito o justificación pueden, entonces, ostentar? La redención de Sísifo no procede del perdón de los dioses ni de la huida de su destino, sino del simple reconocimiento de lo absurdo de su situación y del compromiso con ese absurdo. Al final de su ensayo Camus intenta reconciliar nuestras vidas con su efímera brevedad: «La lucha por llegar a las cumbres basta para llenar el corazón de un hombre. Hay que imaginarse a Sísifo feliz»[14].

La misma moraleja puede ayudarnos a comprender al pistolero: su lucha ha llenado nuestros corazones. Quizá sea difícil

imaginar a Roland feliz: no es ésa, en líneas generales, su naturaleza, y la manera en que lo vemos por última vez, al final del
séptimo libro, no nos sirve de ayuda. Pero cuando Camus lleva
a cabo ese mismo planteamiento con respecto a Sísifo, cuando
busca una lectura transformadora en un texto antiguo, tampoco nos está diciendo que sea una tarea fácil. Sin embargo, si
nuestras opciones se reducen a una lectura nihilista de *La Torre
Oscura* o a una existencialista, entonces está claro cuál es nuestro cometido: debemos imaginar a Roland feliz.

NOTAS

[1] Friedrich Nietzsche, *La gaya ciencia*, Madrid, M. E. Editores, 1994, p. 211. Trad. cast.: Luis Díaz Marín.

[2] Stephen King, *La Torre Oscura*, Barcelona, Debolsillo, 2007, p. 860. Trad. cast.: Verónica Canales Medina.

[3] Ibíd., p. 861.

[4] Ibíd., p. 862.

[5] Robin Furth, *Stephen King's The Dark Tower: A Concordance*, Volume II, Nueva York, Scribner, 2005, pp. 297-298.

[6] Friedrich Nietzsche, *La gaya ciencia*, op. cit., p. 211.

[7] Para saber más acerca del «compatibilismo» de Nietzsche, véase Robert C. Solomon, «Nietzsche on Fatalism and "Free Will"», *Journal of Nietzsche Studies*, n.º 23 (primavera de 2002), pp. 63-87.

[8] Robin Furth, *Stephen King's The Dark Tower*, op. cit., p. 297.

[9] Friedrich Nietzsche, *La voluntad de poder*, Madrid, EDAF, 2006, p. 400. Trad. cast.: Aníbal Froufe.

[10] Stephen King, *La Torre Oscura*, op. cit., p. 858.

[11] Friedrich Nietzsche, *Más allá del bien y del mal*, Madrid, Alianza, 2008, p. 106. Trad. cast.: Andrés Sánchez Pascual.

[12] Robin Furth, *Stephen King's The Dark Tower*, op. cit., p. 297.

[13] Friedrich Nietzsche, *La gaya ciencia*, op. cit., p. 211.

[14] Albert Camus, *El mito de Sísifo*, Madrid, Alianza, 2006, p. 173. Trad. cast.: Esther Benítez.

EL HOTEL OVERLOOK O LA HETEROTOPÍA DEL TERROR
Elizabeth Hornbeck

El Hotel Overlook, donde suceden los inquietantes acontecimientos de la novela de Stephen King *El resplandor* (1977) y de la posterior adaptación cinematográfica de Stanley Kubrick (1980), es un extraordinario ejemplo de cómo la arquitectura puede funcionar como vector de un discurso narrativo. El espacio, para Stephen King, no es algo neutral ni pasivo, y su gran creación espacial, el Hotel Overlook, es un caso paradigmático de hasta qué punto éste puede cargarse de sentido y capacidad subversiva. Para examinarlo, este ensayo se basa en la teoría de Michel Foucault acerca de la heterotopía. El filósofo francés sugiere que los espacios también desempeñan un papel en el seno de las relaciones sociales, un papel que conceptualiza contraponiendo el concepto de heterotopía frente a los espacios cotidianos más normativos. Foucault llama heterotopías a aquellos lugares en los que «todos los demás espacios reales que pueden hallarse en el interior de una cultura dada, están a un tiempo representados, impugnados o invertidos, una suerte de espacios que están fuera de todos los espacios, aunque no obstante sea posible su localización»[1]. La propuesta de Foucault se asienta sobre una comprensión del espacio arquitectónico como espacio social, es decir, como espacio definido socialmente, a través de su uso. Esto es, la heterotopía no la crean las formas arquitectónicas de un edificio, sino las interacciones sociales que ocurren en él. En este ensayo analizaré el Hotel Overlook de King como heterotopía y sugeriré que la teoría de Foucault es una herramienta cargada de posibilidades a la hora de analizar los espacios que se construyen dentro de los discursos narrativos, sean literarios o cinematográficos.

Foucault consideraba que la gran preocupación de nuestra época es el espacio, frente al tiempo, que había sido el gran problema del siglo XIX (en forma de preocupación por la historia). En la conferencia que pronunció en 1967 «Des espaces autres: Utopies et heterotopies» [«Los espacios otros: utopías y heterotopías»] y que sólo se publicó después de que falleciera, Foucault propone el concepto de heterotopía como espacio que subvierte las normas sociales. Pese a lo neutral de su lenguaje, en el texto de Foucault queda implícito que la transgresión de las normas sociales es en muchos sentidos deseable, y que la existencia de lugares en que puedan producirse esas transgresiones es necesaria. De este modo, la heterotopía promueve y limita al mismo tiempo la transgresión, confinando la amenaza dentro de un recinto dado y ahorrándosela al resto de espacios sociales.

Ahora bien, del mismo modo que ciertas transgresiones resultan liberadoras (si bien de cuántas y de cuáles se trate es una cuestión subjetiva), hay otras que nos mueven al horror. *El resplandor* —la novela y la película— nos muestra transgresiones en el ámbito de la vida familiar y de las relaciones que no sólo subvierten las normas sociales, sino que resultan absolutamente terroríficas. Jack Torrance es un padre y marido convertido en monstruo, una perversión de la función esperable de protector y proveedor. Es el propio King quien se atribuye y reconoce su evidente papel como agente en el «mantenimiento del *statu quo*» o «agente de la norma»[2] : el Hotel Overlook es otro personaje más de la historia, el villano principal que mina los cimientos del núcleo familiar y, por ende, del orden social al completo. Aquí está la principal diferencia entre la heterotopía de King y la de Foucault: mientras este último intenta desenmascarar y cuestionar el sistema, King encuentra la transgresión y la subversión profundamente amenazadoras. En *Danza macabra*, King observa que todo el género de terror es, en realidad, un género conservador, en el que la derrota del monstruo se revela como una metáfora de la restauración del *statu quo*[3].

El aspecto más perturbador de *El resplandor* es la desintegración de la familia Torrance (Wendy, Jack y Danny) por culpa de la desintegración psicológica del padre/marido. Bob Fear demuestra que la unidad familiar es inseparable de la casa en la práctica totalidad de las películas de terror de cierto éxito, ampliando la idea de que «las mayores historias de terror son aquellas que subvierten lo familiar». Las películas de este género, afirma, explotan nuestro miedo a «perder las comodidades y las seguridades más básicas»[4]. Fear tiene razón en tal observación, pero en su ensayo no entra a analizar *cómo* la arquitectura doméstica realiza esta subversión, en el género de terror, de lo familiar. La teoría de la heterotopía de Foucault resulta más eficaz a la hora de explicar el fenómeno observado por Fear. En la subversión de lo familiar, las casas que pueblan las películas de terror afirman su propia condición heterotópica, una condición que, en principio, no deberían poseer, pues, según Foucault, el «hogar» es uno de los espacios sociales normativos que sirven de contraste para la definición de las heterotopías. Ninguna crisis, ninguna desviación habría de ocurrir en la seguridad doméstica de ese mundo ideal. Pero cuando la familia se desintegra, hasta el calor del hogar puede convertirse en una terrorífica heterotopía.

Ahondando en el planteamiento de Fear, una de las cuestiones que quiero plantear es que la arquitectura doméstica se

utiliza *siempre* en el cine para representar a la familia, sin importar el género de la película: pensemos en *Las uvas de la ira* (John
Ford, 1940), *Un lunar en el sol* (Daniel Petrie, 1961, basada en la
obra de teatro homónima de Lorraine Hansberry, 1959), *Sweet
Land* (Ali Selim, 2005), *Gosford Park* (Robert Altman, 2001), o
incluso la comedia *Los Blandings ya tienen casa* (H. C. Potter,
1948). Sin embargo, en las películas de terror es donde esa representación resulta más evidente, desde la casa rural de *Terror
en Amityville* (Stuart Rosenberg, 1979) y los chalets suburbanos
de *Las esposas de Stepford* (Bryan Forbes, 1975) y *Poltergeist* (Tobe
Hooper, 1982) hasta la casa en la ciudad de *La habitación del pánico* (David Fincher, 2002) y el edificio de apartamentos de *La
semilla del diablo* (Roman Polanski, 1968, basada en la novela de
Ira Levin de 1967). El hogar estructura las relaciones sociales y
refleja las dinámicas familiares y las relaciones de poder, incluyendo aquellas que nacen de diferencias de género, raza, clase,
edad y el resto de significantes sociales. Sólo en las películas y
novelas de terror el hogar puede funcionar como heterotopía,
y eso es lo que hace el Hotel Overlook, hogar estacional de la
familia Torrance, que no posee ninguna de las comodidades y
seguridades que ofrece el hogar normativo ideal. El Hotel Overlook atrapa a la familia Torrance en una perversión malvada del
hogar, una aterradora heterotopía en la que ni siquiera Foucault
querría vivir.

Las heterotopías de Foucault

Foucault propuso por primera vez el término «heterotopía» en
su libro *Las palabras y las cosas*. Allí el término no hacía referencia a un espacio social o físico, sino al lenguaje mismo, a la taxo-
nomía y a las formas en que cada cultura particular estructura
y, por tanto, comprende el mundo. En el prefacio a *Las palabras*

y las cosas, Foucault expone que el lenguaje como mecanismo de categorización no es neutral; por el contrario, genera un lugar figurativo (es decir, un no lugar) en el que quedan trazadas las relaciones entre las palabras y las cosas que éstas representan. Foucault identifica la «utopía» y la «heterotopía» como tropos lingüísticos, el primero asociado a lo «Mismo» y el segundo a lo «Otro». Por ejemplo, «la historia de la locura sería la historia de lo Otro —de lo que, para una cultura, es a la vez interior y extraño y debe, por ello, excluirse (para conjurar un peligro interior), pero encerrándolo (para reducir la alteridad)—»[5]. Y es justo aquí donde la heterotopía como tropo lingüístico se engarza con la heterotopía como tropo espacial: los individuos que ocupan los espacios heterotópicos son «Otros» para los individuos que se ajustan a las normas sociales, igual que, según Foucault, la categoría social de la «locura» denota la alteridad. Pero no se trata de que ciertas personas se constituyan por sí mismos en el «Otro», sino que son las instituciones y los espacios que ocupan los que se encargan de designarlas como tal. Lo que sugiere aquí Foucault es que, al trasladarse de un lugar a otro, un individuo normativo puede dejar de serlo, y viceversa.

En *Las palabras y las cosas*, Foucault anota que «las heterotopías [del lenguaje] inquietan» por la resistencia que oponen a los esfuerzos de categorización y clasificación. Un año después, Foucault adaptó el concepto de heterotopía a sus reflexiones acerca del espacio. En ambos casos, desde un punto de vista lingüístico y espacial, la heterotopía de Foucault es, en esencia, un instrumento de crítica política y social[6]. En este sentido, Foucault describe tres categorías para el espacio: utopías, heterotopías y el resto. Tanto las utopías como las heterotopías «tienen la curiosa propiedad de ponerse en relación con todas las demás ubicaciones, pero de un modo tal que suspenden, neutralizan o invierten el conjunto de relaciones que se hallan por su medio señaladas, reflejadas o manifestadas». Comparándolas con las utopías —que son, por definición, irreales—, Foucault afirma que las heterotopías sí existen en la realidad. Son, en palabras de Foucault, «una especie de utopías efectivamente verificadas»[7].

Foucault describe numerosos ejemplos de heterotopías, todos los cuales se ajustan a los siguientes seis principios básicos: primero, la heterotopía es «una constante de todo grupo humano»; segundo, para una misma sociedad, una heterotopía puede funcionar de diferentes maneras en diferentes momentos; tercero, «la heterotopía tiene el poder de yuxtaponer en un único lugar real distintos espacios, varias ubicaciones que se excluyen entre sí»; cuarto, están ligadas a momentos y fragmentos temporales concretos; quinto, «las heterotopías constituyen siempre un sistema de apertura y cierre que, al mismo tiempo, las aísla y las hace penetrables»; y sexto, «en relación con los demás espacios, tienen una función, la cual opera entre dos polos opuestos»[8]. Mediante estos seis principios, Foucault analiza cómo las heterotopías operan su capacidad de «representar, impugnar o invertir» los espacios normativos de la sociedad. En las heterotopías a los sujetos les resulta posible liberarse de las normas sociales que la mayoría de los espacios sociales vigilan y refuerzan. El hogar familiar, por ejemplo —que no suele mostrarse como heterotopía— limita las relaciones paterno-filiales, la relación marital, las relaciones entre generaciones, etcétera, fijándolas dentro de cada uno de los papeles definidos socialmente. Escapar a esas normas resulta más fácil cuando se abandona el espacio normativo del «hogar» y se accede a un espacio subversivo heterotópico.

Foucault identifica dos categorías de heterotopías: heterotopías de crisis y heterotopías de desviación. Plantea que las heterotopías de crisis son «lugares aforados, o sagrados o vedados, reservados a los individuos que se encuentran en relación con la sociedad, y en el medio humano en cuyo seno viven, en crisis, a saber: los adolescentes, las menstruantes, las embarazadas, los ancianos, etcétera» y que pertenecen sobre todo a las «sociedades "primitivas"». Para Foucault, en 1967 y en nuestra sociedad, ésta es una categoría que se encuentra en proceso de desaparición. Pensemos en la iniciación sexual como forma de crisis y en los espacios diseñados para cobijarla como heterotopías: el internado o el servicio militar en el caso de los hombres, la tradición de la luna de miel en el caso de las mujeres, todos ellos auspiciando que la iniciación sexual tenga lugar fuera del hogar y de la familia[9].

El caso de las heterotopías de la desviación es diferente: están reservadas para individuos cuyo comportamiento se desvía de la norma, como los asilos, los hospitales psiquiátricos o las cárceles, en los cuales se confina al individuo que se considera aberrante y se le aísla del resto de la sociedad. Estas heterotopías protegen los espacios «normales» de las actividades no normativas y ofrecen otros, seguros, para que éstas queden acogidas, lugares en los que no supongan un riesgo para el resto de la sociedad. Los ejemplos que propone Foucault como heterotopías de la desviación incluyen las residencias para ancianos (que son, al mismo tiempo, heterotopías de crisis), los cementerios, los teatros, los cines, los jardines, los museos, las bibliotecas, los recintos feriales del extrarradio, las ciudades de vacaciones, los hammam, las saunas, las habitaciones de motel, los prostíbulos, las colonias, los barcos.

Foucault describe la habitación de un motel americano como una heterotopía en la que «la sexualidad ilícita está al mismo tiempo completamente a cubierto y completamente escondida, en un lugar aparte, sin estar sin embargo a la vista»[10]. También los hoteles encajarían en esta definición. Aunque Foucault no los menciona en su ensayo, dentro de ellos, como sucede en el resto de heterotopías de la desviación, se crea un espacio social peculiar, único. Los hoteles reúnen a individuos cuyos caminos no se cruzarían en circunstancias normales y crean para ellos relaciones y

251

jerarquías sociales nuevas, relaciones y jerarquías que no siempre se corresponden con las relaciones «normales» de los individuos fuera del hotel. En esa subversión del *statu quo* estos espacios se constituyen como espacios políticos, en su sentido más amplio. Las heterotopías, según Foucault, existen en todas las sociedades, pero no están determinadas por las características formales del edificio; ni siquiera los crea un arquitecto: es la sociedad en su conjunto la que lo hace[11].

El Hotel Overlook y sus fantasmas

El terror que domina *El resplandor* de Stephen King tiene su origen en las nociones freudianas del trauma psicológico y la represión. King ha señalado que «los monstruos son reales, y los fantasmas también. Viven dentro de nosotros y, a veces, ellos ganan»[12]. En *El resplandor*, los monstruos y los fantasmas de Jack Torrance son los restos del maltrato físico al que lo sometió su padre en la infancia, de la violencia que soportó su madre y del alcoholismo hereditario que les ha torturado tanto a él como a su padre. En los espacios «normales», de la vida diaria, Jack es capaz de mantener a estos monstruos y fantasmas a raya, más o menos, pero en el Hotel Overlook reaparecen y le dejan indefenso ante el influjo controlador de ese espacio heterotópico, «encantado».

El Hotel Overlook está lleno de fantasmas. Como heterotopías, los edificios pueden estar «encantados», atrapados en las marañas del pasado; por eso están «definidos socialmente». El Hotel Overlook es una heterotopía como consecuencia de todo tipo de comportamientos ilícitos que han tenido lugar en él durante décadas, incluyendo un largo historial de transgresiones sexuales. Es el uso social que se le da a un lugar determinado durante un periodo de tiempo prolongado lo que define la naturaleza de los acontecimientos que tienen lugar en el presente diegético de la novela/película y, en este caso, se trata de los mismos usos sociales que se les da a los hoteles de forma generalizada. Al principio de la novela de King se nos cuenta la historia de Mrs. Massey, la mujer de sesenta años que llegó al hotel en compañía de un amante mucho más joven que ella y se suicidó cuando él la abandonó. Volveremos a encontrar a Mrs. Massey más adelante, o al menos su cadáver en descomposición en la habitación 217 de la novela y en la 237 de la película, una presencia que es algo más que una mera aparición, que Danny y Jack llegan a percibir como un peligro físico. Otro ejemplo de transgresión sexual en el hotel lo observa Wendy hacia el final de la película de Kubrick: un hombre vestido con un disfraz de perro le realiza sexo oral a otro hombre, éste de esmoquin. En la novela de King aparecen explicados muchos de estos detalles, al contrario que en la película. Los lectores pueden identificar al hombre del esmoquin como Harry Derwent, el que fuera antaño propietario del Hotel Overlook, y al hombre con el disfraz de perro como su amante, Roger. En la novela ambos se encuentran en el baile de disfraces al que asiste Jack, en el salón Colorado, entregados a ritos sadomasoquistas de seducción. Poco después, el hombre-perro se enfrenta a Danny con el hocico, la barbilla y las mejillas cubiertas de sangre[13].

Más allá de las actividades sexuales ilícitas, el Hotel Overlook ha sido escenario de transgresiones peores, de un pasado terrible que a sus dueños les gustaría olvidar pero que Watson, el encargado de mantenimiento, se encarga de recordarle a Jack: «Calculo que en este hotel deben de haber muerto unas cuarenta o cincuenta personas desde que mi abuelo comenzó con el negocio en 1910»[14]. Entre la larga lista de muertos se pueden contar a tres miembros de la familia del fundador, incluyendo a su hijo menor, que murió en 1908 o 1909, durante la construcción del edificio; a un presidente de la empresa propietaria posterior, que se mató en 1957 tras ser imputado en un escándalo; a un estudiante de literatura que se despeñó o fue defenestrado desde una de las ventanas del tercer piso en 1961; al jefe de una banda y dos de sus guardaespaldas, asesinados con una escopeta en la suite presidencial del hotel en 1966; a un senador que sufrió un ataque al corazón en 1968, en una época en la que Jack cree que el hotel era utilizado como prostíbulo (otra variedad de heterotopía según Foucault). Y la mujer que se marcha del hotel el día en que llega la familia Torrance menciona que su marido murió en la cancha de roqué de un infarto en 1955 (lo que no le ha impedido a ella cumplir con sus visitas anuales al Overlook).

Sin embargo, las muertes más significativas en el Overlook, las que presagian de forma más clara la experiencia de los Torrance, son las de una mujer y sus dos hijas, asesinadas por el marido/padre, Delbert Grady, tan sólo unos años antes de que los Torrance se instalen en él. Igual que Jack, Grady había sido contratado como vigilante de invierno del hotel. Según Stuart Ullman, Grady mató a sus dos hijas con un hacha y a su mujer con una escopeta. La familia se había alojado incluso en las mismas dependencias del hotel que los Torrance se preparaban para ocupar. En la película de Kubrick los fantasmas de las dos chicas se le aparecen a Danny en múltiples ocasiones, invitándolo a jugar con ellas «para siempre, siempre».

En *El resplandor* podemos ver cómo el tiempo y el espacio convergen en el Hotel Overlook para crear lo que Foucault llama una «heterotopía crónica» o una heterotopía del tiempo, «que se acumula hasta el infinito». Heterotopías en las que «el tiempo no deja de amontonarse y posarse hasta su misma cima». Foucault propone como ejemplos de las mismas los museos y las bibliotecas, que almacenan momentos diferentes en un mismo lugar, un lugar que está, él mismo, fuera del tiempo.

La idea de acumularlo todo, la idea de formar una especie de archivo, el propósito de encerrar en un lugar todos los tiempos, todas las épocas, todas las formas, todos los gustos, la idea de habilitar un lugar con todos los tiempos que esté él mismo fuera de tiempo, y libre de su daga, el proyecto de organizar de este modo una especie de acumulación perpetua e indefinida del tiempo en un lugar inmóvil es propio de nuestra modernidad[15].

La heterotopía del tiempo, o heterotopía crónica, coloca en primer término el cruce entre lo que Foucault ve como la preocupación fundamental del siglo XIX, el tiempo/la historia, y el espacio, la obsesión que él considera el origen de la angustia moderna. La historia, esa «obsesión» del siglo XIX, proyecta su sombra sobre el Overlook y hace que salgan a la luz los fantasmas que aterrorizan a la familia Torrance y reclaman a Jack para la eternidad.

En la novela de King, Jack Torrance descubre un libro de recortes en el que está documentada la historia entera del hotel, incluyendo sus momentos más oscuros. Los supuestos fantasmas que lo habitan son retazos de otros tiempos; el pasado está vivo en él. La película de Kubrick termina con una imagen que ahonda en esa desintegración de las fronteras temporales: la fotografía de la fiesta del 4 de julio de 1921, en cuyo centro aparece Jack. Mientras que Wendy y Danny han logrado escapar de esa muerte en vida, Jack queda inmortalizado en el lugar mismo en que murió. Y así se nos muestra el Overlook como un cementerio, que para Foucault es el «lugar heterotópico en grado sumo»: «Se inicia con una rara hetcrocronía que es, para la persona, la pérdida de la vida, y esta cuasieternidad en la que no para de disolverse y eclipsarse»[16]. Así, Jack Torrance sólo será borrado por completo si el hotel resulta destruido, algo que en la novela de King sucede por la explosión de una vieja caldera y el inmenso fuego que se propaga a continuación.

El historial de asesinatos que se recuerda en la novela de King no funciona sólo como mera premonición del frenesí asesino de Jack, ni como justificación para los fantasmas que pueblan el hotel. La historia siniestra del edificio lo define como un espacio de transgresión, una heterotopía en la que el comportamiento social «normal» puede distorsionarse, invertirse o pervertirse. Un lugar que, en *El resplandor*, permite a Jack Torrance, padre y marido, perder el juicio y tratar de asesinar a su mujer y a su hijo, lejos del espacio normativo del «hogar», donde su comportamiento estaría sujeto a ciertas restricciones (o donde, al menos, Wendy habría tenido la posibilidad de avisar a la policía o a los servicios médicos). Leído desde un nivel sobrenatural, el Hotel Overlook está encantado y sus fantasmas obligan a Jack a intentar matar a su familia. Leído desde el nivel de la heterotopía, vemos que las normas sociales han quedado anuladas en un espacio cuya existencia pretende ofrecer la posibilidad de que tales normas no existan. El Hotel Overlook obtiene tanto sus terroríficas apariciones como su entidad perturbadora de su condición de heterotopía.

Pero no todos los individuos se decantarían por anular, subvertir o transgredir las normas sociales, ni siquiera si pudieran hacerlo dentro de los límites de una heterotopía. Frente a la perversión de Jack Torrance, Wendy y Danny luchan por que las reglas que sustentan el núcleo familiar en esa residencia temporal sigan vigentes, aunque es una batalla perdida. Jack nunca ratificó esas normas: con su alcoholismo y el maltrato físico contra Danny ya había minado su rol paternal. En el espacio heterotópico del Hotel Overlook él es el vencedor de la batalla contra Wendy y Danny. Sus propios fantasmas emergen, decantando la balanza a favor de sus pavorosas transgresiones.

Apartado y casi inaccesible durante el invierno, el Hotel Overlook atrapa a la familia Torrance y les impide recurrir a las interacciones, rutinas y obligaciones sociales habituales; ni siquiera a algún tipo de ayuda externa. Como heterotopía de la desviación, el hotel acoge el desarrollo de la locura violenta de Jack y la aísla del resto de la sociedad, misión propia de las heterotopías más ampliamente analizada por Foucault, la cárcel y el hospital psiquiátrico. Sin embargo, deja a su mujer y a su hijo atrapados con él, en una forma de heterotopía de crisis. Las relaciones familiares normales, basadas en el amor y la protección, se invierten y subvierten a medida que este espacio doméstico no normativo ejerce su influencia sobre el atormentado patriarca.

El concepto de la heterotopía desarrollado por Foucault nos ayuda a entender cómo la arquitectura cinematográfica puede llegar a ser un personaje más de una narración. Los espacios arquitectónicos en el cine son, en esencia, representaciones de las relaciones sociales. Así, en el contexto cinematográfico, la arquitectura no sirve sólo como un telón de fondo o escenario en el que pueda desarrollarse la narración. La arquitectura «actúa» sobre el resto de personajes de la historia, hace que el argumento avance y, en ese sentido, puede considerarse otro personaje. Aquí, en *El resplandor*, el Hotel Overlook hace posible la existencia de un Jack Torrance convertido en figura paternal pervertida.

El cine de hotel

La teoría de la heterotopía es, en mi opinión, una herramienta sumamente útil a la hora de analizar espacios tanto literarios como cinematográficos. Aunque los primeros puedan describir un espacio heterotópico en mayor profundidad, dando cuenta de todas sus posibilidades, la narrativa fílmica nos permite visualizar el espacio como a un actor más. En este contexto, merece la pena mencionar la frecuente utilización por parte de

Alfred Hitchcock de hoteles de lujo como escenarios para sus películas de suspense. En *Rebeca* (1940), un adinerado aristócrata inglés se enamora de una joven huérfana en el vestíbulo de un hotel (¿podría acaso ocurrir en algún otro lugar?). En *Atrapa a un ladrón* (1955), un ladrón de joyas retirado se hace pasar por un empresario del Medio Oeste para investigar un robo y es en el vestíbulo y en el restaurante de un hotel donde engaña a una rica viuda americana y a su refinada hija. En *Con la muerte en los talones* (1959), un hombre de negocios sentado en el bar de un hotel es confundido con un famoso espía, y esa confusión identitaria es la que pone en marcha todo el argumento. Un espacio heterotópico similar, el motel, es el elegido para imponer su presencia en *Psicosis* (1960), como lo eligiera poco antes Orson Welles, con siniestra maestría, en *Sed de mal* (1958).

Resulta interesante examinar todas estas películas a la luz de lo que Geoffrey Cocks describe como el «subgénero del hotel» en la literatura y el cine, una corriente temática que, plantea, comenzó con el relato de Stephen Crane «El hotel azul», de 1898, y en la que Cocks, en su trabajo monográfico acerca de Stanley Kubrick, sitúa también *El resplandor*. Afirma que «entre 1898 y 2001 se rodaron como mínimo doscientas noventa y ocho películas centradas en hoteles en todo el mundo» y señala la importancia de *Gran Hotel* (Edmung Goulding, 1932) como uno de los primeros ejemplos[17]. En ese Gran Hotel la gente a menudo no es lo que parece: el barón es un ladrón; Preysig, un respetable empresario y padre de familia, decide, en un momento de desesperación, mentir a los posibles inversores y lanzarse a una aventura extramarital; la sofisticada bailarina Gurschinskaya resulta ser una mujer solitaria, insegura y sin confianza alguna en su éxito y talento.

El hotel de *Gran Hotel* se revela como una heterotopía por diferentes razones. En la película somos testigos del proceso por el que las relaciones sociales se trastocan, se tornan del revés.

Por ejemplo, a lo largo del metraje, el director general Preysig, un rico capitalista, y Otto Kringelein, el humilde contable que había trabajado en la fábrica de Preysig hasta poco antes, ven intercambiarse sus identidades sociales. Dentro de la heterotopía del hotel, la figura pública de Preysig se revela como una farsa al romper las normas de su vida burguesa normal: les miente a sus socios empresariales para comenzar una nueva asociación, intenta tener una relación sexual con una joven taquígrafa y termina cometiendo un asesinato. Lo sacan del hotel esposado, arruinado, caído en desgracia, desenmascarando así su verdadera personalidad. Al mismo tiempo, Kringelein, su antiguo empleado, experimenta una forma de vertiginoso ascenso social, de transformación, y acaba saliendo del hotel con la bella taquígrafa del brazo. Goulding, en una fantasía propia de la Depresión, se llena de optimismo y reparte justicia de forma equitativa y consolatoria, pero la función del hotel, etérea, sigue siendo la de revelar las cualidades esenciales de los personajes.

Una comparación entre el Gran Hotel y el Hotel Overlook ilustra la diferencia entre los dos tropos espaciales fundamentales de Foucault: la heterotopía y el panóptico. Foucault describe este último en *Vigilar y castigar*. El panóptico es un tipo de edificio utilizado en cárceles y otras instituciones de control social, en el que se recurre a la plena visibilidad para ejercer el poder y conservar la autoridad. En una penitenciaría panóptica, cuyo primer modelo fue creado por Jeremy Bentham en 1791, el diseño arquitectónico maximiza la vigilancia visual. Ese diseño induce, obliga, a interiorizar la mirada omnipresente (o, al menos, su amenazante presencia) de la autoridad. Las heterotopías, en cambio, no se basan en un diseño determinado: pueden tomar la forma de cualquier diseño arquitectónico. Un prostíbulo, por ejemplo, es una heterotopía porque las relaciones sociales que prevalecen en él son distintas a las que rigen fuera de sus muros: no requiere una disposición espacial específica para constituirse como heterotopía (véanse los planos realizados por Claude-Nicolas Ledoux en 1780 para construir un burdel con la forma de un falo erecto).

El Gran Hotel (un decorado diseñado por el escenógrafo de la MGM Cedric Gibbons) es un panóptico: varios pisos, todos con planta circular, alrededor del atrio abierto en el centro. Un empleado se encarga de vigilar visualmente cada uno de los pasillos circulares. No le resulta nada fácil al ladrón del hotel moverse sin ser visto. Las heterotopías, como dijimos, no necesitan de ninguna forma arquitectónica específica. En contraste con la enorme visibilidad que el Gran Hotel permite, el Hotel Overlook es un espacio laberíntico con una compleja red de pasillos. La sensación de que existen secretos, saberes escondidos, simbólicamente alojados en cada una de las habitaciones del hotel, es fundamental para el suspense que crean tanto King como Kubrick. Con los movimientos de la cámara que sigue a Danny y a su triciclo por varios pasillos, llegamos a sentir que el terror nos aguarda al doblar cada una de las esquinas. Los hoteles no podrían ser arquitectónicamente más diferentes en estas dos películas y, sin embargo, ambos funcionan como espacios heterotópicos.

Este «subgénero del hotel» (Cocks utiliza ambos términos), que, según Cocks, alcanzó plena entidad y fuerza en los años setenta, presenta estos espacios como lugares que pueden ser de intriga, de misterio, de amenaza, como un «escenario y símbolo de peligro público y poder estatal»; como un microcosmos peligroso, hasta enloquecido, de la sociedad en general; y, metafóricamente, como espacios en los que los individuos «se abandonan a las fuerzas de los poderes del mundo y a la indiferencia universal». Cocks describe específicamente el Hotel Overlook de *El resplandor* como un «símbolo de lo más malvado del hombre»[18]. El Hotel Overlook entra dentro del modelo de la heterotopía porque en él tienen cabida comportamientos que no podrían ocurrir con tanta facilidad en espacios más «normativos», como el hogar.

Sin mencionar a Foucault, Cocks prácticamente alude a la heterotopía cuando apunta que «el hotel literario o cinemático —y, desde *Psicosis*, el motel— es un hogar sin serlo, el lugar de la privacidad y la vulnerabilidad, de la colectividad y el aislamiento». En ese «hogar sin serlo» resuenan los ecos de la definición que Foucault propone para las heterotopías como espacios que «se encuentran en relación con todos los demás espacios, pero invirtiendo las relaciones sociales normales».

Conclusión

A pesar de su utilidad a la hora de analizar los discursos narrativos, la teoría de la heterotopía no es, en mi opinión, de demasiada ayuda en lo que se refiere a la arquitectura real, pues describe espacios sociales, no físicos. Henry Urbach analiza las diferentes maneras en las que, durante los años setenta, los teóricos de la arquitectura (incluyendo a Demetri Porphyrios, Manfredo Tafuri y Georges Teyssot) intentaron trasladar la teoría de Foucault a los diseños arquitectónicos, reduciéndola así a una lista de características formales y a una esencia fija. Sin embargo, como plantea Urbach, tales tentativas ignoraron el núcleo de la teoría de Foucault, en la que la heterotopía se alza como una poderosa herramienta política que «disuelve, desestabiliza e interrumpe» el poder[19]. Las heterotopías menoscaban nuestra noción de orden, de definición, de entendimiento y, por tanto, hasta cierto punto, nuestra noción de *control* sobre los espacios que ocupamos. Al contrario que sus opuestos, los espacios normativos, las heterotopías son espacios en los que la transgresión no está sujeta del mismo modo a censura. No están creadas por los arquitectos, sino por los usuarios de la arquitectura.

El hotel Overlook de Stephen King destaca como caso paradigmático de espacio heterotópico en un discurso narrativo —tanto en la novela como en la película— como una amenaza contra las normas sociales. La arquitectura del Hotel Overlook no es neutral, no es indiferente; es un personaje del drama, un actor con influencia sobre el comportamiento y las emociones humanas. Se desdobla como hogar y hotel para la familia Torrance: «hogar» en el sentido de un espacio social normativo y «hotel» en el sentido de espacio «Otro» que lo subvierte, minando la seguridad sobre la que se cimienta la normalidad de la familia. Entre sus muros, Jack puede permitir que sus impulsos más oscuros se desboquen y campen a sus anchas; entre esos mismos muros, Wendy y Danny son presas de un pavor casi letal. Cualquier cosa puede ocurrir en ausencia de un control social, ausencia que puede ser tanto liberadora como terrorífica. Los fantasmas pueden aparecerse y pueden, incluso, ganar.

Para Foucault, la heterotopía «representaba, impugnaba e invertía» todos los «espacios reales que pueden hallarse en el seno de una cultura». Haciendo explícito lo que Foucault deja únicamente implícito, Urbach entiende como beneficiosos los efectos de la heterotopía porque exponen «la normalidad aparente de otros espacios como algo ficticio y restrictivo»[20]. Pero *El resplandor* sugiere la necesidad de tener cuidado con lo que deseamos, con lo que liberamos, pues los comportamientos transgresores plantean amenazas verdaderamente reales. Los monstruos liberados en esos «otros espacios» pueden, a veces, ganar. En la novela de King, Jack sabe perfectamente que el hotel le está utilizando para destruir a su familia; si quiere escapar de la siniestra heterotopía del hotel y de sus perversas intenciones, debe sacrificar su propia vida, un gesto final que lo restituye a su papel paternal como protector de la familia y aval de las normas sociales. En el género de terror conservador, las heterotopías nunca son liberadoras ni progresistas: ésa es la gran diferencia entre Stephen King y Michel Foucault.

NOTAS

¹ Michel Foucault, «Los espacios otros», en *Astrágalo*, n.º 7 (septiembre de 1997), pp. 83-91. Trad. cast.: Luis Gayo Pérez Bueno.
² Sobre esta cuestión, ver en este mismo libro la reflexión de Greg Littmann, p. 68.
³ Stephen King, *Danza macabra*, Madrid, Valdemar, 2016, pp. 72-76. Trad. cast.: Óscar Pálmer Yáñez.
⁴ Bob Fear, «Evil Residence: The House and the Horror Film», en *Architecture and Film II*, London, Wiley-Academy, 2000, p. 37.
⁵ Michel Foucault, *Las palabras y las cosas*, Buenos Aires, Siglo xxi, 1968, p. 9. Trad. cast.: Elsa Cecilia Frost.
⁶ Tal y como plantea Henry Urbach en «Writing Architectural Heterotopia», *The Journal of Architecture*, n.º 3 (enero de 1998), p. 37.
⁷ Michel Foucault, «Los espacios otros», op. cit.
⁸ Ibíd.
⁹ Ibíd.
¹⁰ Ibíd.
¹¹ Henry Urbach critica la apropiación del término «heterotopía» por arquitectos que la comprenden como una categoría de la metodología del diseño, y que la utilizan para «identificar y ensalzar ciertas obras, proyectos, lugares» («Writing Architectural Heterotopia», op. cit., p. 349). Tal apropiación trivializa la idea de la heterotopía, minando su importancia política y su potencial teórico.
¹² Stephen King, introducción a *The Shining*, Nueva York, Pocket Books, 2001, p. xvi.
¹³ Stephen King, *El resplandor*, Barcelona, Debolsillo, 2001, pp. 498 y 515. Trad. cast.: Marta I. Guastavino. Steven Bruhm lee la visión de Danny del hombre-perro con las fauces ensangrentadas como una amenaza de castración. Steven Bruhm, «On Stephen King's Phallus; or, The Postmodern Gothic», en *The American Gothic: New Interventions in a National Narrative*, ed. Robert K. Martin y Eric Savoy, Iowa, University of Iowa Press, 1998, pp. 77-78.
¹⁴ Stephen King, *El resplandor*, op. cit., p. 33.
¹⁵ Michel Foucault, «Los espacios otros», op. cit.
¹⁶ Íbid.
¹⁷ Geoffrey Cocks, *The Wolf at the Door: Stanley Kubrick, History, and the Holocaust*, Nueva York, Peter Lang, 2004, p. 184.
¹⁸ Ibíd., p. 177.
¹⁹ Henry Urbach, «Writing Architectural Heterotopia», op. cit., p. 349.
²⁰ Ibíd., p. 351.

PLANETARIO

Edmundo Paz Soldán

Una de la mañana
Habían estado cazando ratas desde las once de la noche. En la sala de control del segundo piso Hurtado esperaba el regreso de Winkler mientras veía a saltos el documental de un danés sobre los orígenes extraterrestres de la civilización.

Winkler cojeaba cuando reapareció: contó con voz apresurada que subía y bajaba de tono, como si hubiera perdido la capacidad de modularla, que una rata blanca y grande se le abalanzó cerca de las boleterías del Planetario, y que al intentar eludirla se golpeó con la pared. Hurtado no había visto nada de eso a través del circuito cerrado: sólo a Winkler deambulando por las salas del primer piso sin animarse a bajar al sótano, de donde provenían las ratas.

Necesitas descansar, dijo Hurtado. Me toca dar una vuelta.

Winkler se encogió de hombros. Un pañuelo sucio se esforzaba por juntar su cabellera rubia, pero algunas hebras desordenadas le caían sobre las orejas. En el pecho latía un crucifijo de cobre con incrustaciones de vidrios de colores.

Siento que están cerca, dijo Winkler, las puedo oler. Me persiguen.

Cogió su lanzallamas y salió del cuarto. Hurtado la siguió por las pantallas del circuito cerrado. Cuando ella daba rondas en busca de las ratas él vigilaba las pantallas y se comunicaba a través de un *walkie talkie*. La noche anterior habían matado a siete, una ciega y tan grande —la cola arqueada y movediza como un látigo— que Winkler sugirió que se trataba de una mutación. Arrinconado en el baño del segundo piso, Hurtado vio a través del espejo el ingreso ordenado de las ratas y se arrepintió de haber aceptado el turno de noche para eliminarlas. A las seis de la mañana, dos horas antes de que se abriera el Planetario, venía el relevo a limpiar las ratas apachurradas. Según Hurtado debía declararse una emergencia y cerrarse el Planetario por una semana, pero el director temía que las autoridades se aprovecharan de ello para recortar su presupuesto.

Dos de la mañana

Hurtado seguía con un ojo el documental del danés y con el otro los pasos de Winkler en el circuito cerrado. El Planetario no era grande, apenas dos pisos y el sótano donde se acumulaban cajas, telescopios en desuso y un aparato proyector obsoleto; por eso le llamó la atención que después de quince minutos Winkler desapareciera de las pantallas. Ella había estado en la Sala de Exposiciones en el primer piso, y al salir de ella Hurtado ya no la pudo ver. Winkler le hacía esas bromas; conocía dónde estaban las cámaras y se daba modos para eludirlas.

Hurtado se escabulló a la Sala de Proyecciones mientras Winkler se decidía a reaparecer. Era su sala favorita: a través de un programa de realidad aumentada te envolvía una réplica a escala del cosmos, simplificada para privilegiar los cuerpos celestes más importantes. Apretó un botón y la realidad aumentada se encendió: planetas, estrellas y asteroides de colores y brillos distintos desperdigados en una sala que los visitantes recorrían sin seguir un camino fijo, barridos por una luz azulina. Si uno se ponía los audífonos podía apuntar a cualquier cuerpo con un cursor y una voz metálica proveía la información básica.

Hurtado caminó por ese cosmos como un gigante en tierra liliputiense, atravesando cinturones galácticos que se desarmaban al contacto con su piel y volvían a armarse a sus espaldas, ráfagas de hielo, polvo y roca que formaban cometas, enormes magnetares de color violeta, una supernova acabada de explotar. Avanzó entre los arracimados cuerpos celestes, alcanzó a contar setecientas estrellas, le dio un manotazo a la Vía Láctea, distinguió el movimiento subrepticio de Ultima Thule —un gigantesco muñeco de nieve, la insólita unión de dos astros que chocaron y terminaron fusionándose— dentro de la nube del cinturón de Kuiper. El viejo aparato de proyección había sido reemplazado meses atrás por un carísimo sistema de realidad aumentada con actualizaciones en tiempo real; sólo la semana pasada se añadió Farout, el planeta más distante del sistema solar. Era rosado y enano y Hurtado podía verlo en los confines del sistema, cerca del techo de la sala.

Había tantos puntos titilantes en ese cosmos que costaba orientarse. Pese a ello, Hurtado no podía dejar de seguir a Farout. Tercera vez que regresaba aprovechando los intersticios de la caza de ratas. El planeta pulsaba como si tuviera un corazón en su interior, y hacía que un brillo relampagueante saliera de adentro e iluminara su superficie helada como si ésta fuera radiactiva. Farout lo llamaba desde los confines de la sala; estaba imantado por él.

Hurtado vio —creyó ver— organismos diminutos pululando en torno a Farout. Aguzó la vista: eran como algas blancas. Mejor: ratitas microscópicas. El corazón le tembló: su misión en el turno de noche lo estaba sugestionando. Las ratas se le colaban en el cerebro y comenzaba a verlas en todas partes. De todos modos, iría al oculista: desde hace unos meses filamentos extraños flotaban en su campo visual.

Cerró los ojos. Cuando los abrió, las ratitas seguían ahí.

Farout era, quizás, el planeta esperado. Las ratitas tenían consciencia y controlaban a las ratas del planetario. Habían enviado un mensaje y las ratas habían iniciado la rebelión. Comenzarían aquí, luego tomarían la ciudad y el planeta entero.

Debía ir al baño, lavarse la cara, prepararse un café. No estaba acostumbrado a permanecer despierto toda la noche.

Tres de la mañana

Hurtado vio aparecer a Winkler en el vano de la puerta de la sala de control, pálida, despeinada —había perdido el pañuelo que sujetaba su cabellera— y con el brazo sangrante. Hurtado le ordenó que se sentara en el sillón mientras buscaba el botiquín de primeros auxilios. Winkler negó con la cabeza.

He encontrado el orificio, dijo. El criadero de las ratas. Hay que volver. Matémoslas a todas, no debería tomar ni diez minutos. Luego me puedes curar.

El director le había puesto un precio a cada rata; era tentador tratar de deshacerse de ellas, sobre todo si Winkler había descubierto el escondite. Si no lo hacían esa noche otros guardias se llevarían el dinero al día siguiente.

Cambia, todo cambia, cantó Winkler. *Cambia, todo cambia.* El planeta cambia. Ya no somos los de ayer, tampoco seremos los de mañana.

¿Te refieres a las mutaciones? Me parece que tienes razón, no son ratas normales.

Puede que sí, puede que no.

¿Qué significa esa respuesta?

Eso mismo, precisamente.

Winkler se apretaba el brazo con un pañuelo a modo de torniquete. ¿Qué habría visto? Hurtado creyó que quizás era oportuno contarle sus sospechas de Farout. No se animó.

Agarró su lanzallamas y se puso en marcha. Winkler lo siguió cojeando. Bajaban al primer piso cuando tosió sangre. ¿Estaría infectada? Hurtado alejó ese pensamiento. A las seis de la mañana, cuando llegara el relevo, podría irse a la habitación que alquilaba cerca del mercado y pediría licencia. Se restregaría el cuerpo con alcohol hasta que saliera ese olor a rata muerta que lo envolvía.

Estaba en el sótano cuando salieron de un agujero, dijo Winkler. Eran seis, ruidosas y con sus ojos brillando en la noche. Enormes es decir poco, una de ellas incluso más grande que la que vimos ayer, de unos ochenta, noventa centímetros. No se movían con rapidez, se arrastraban. Me rodearon. Fui girando cautelosamente, apuntándoles con el lanzallamas, esperando que hicieran el primer movimiento. Las contaba mentalmente para no perderlas de vista cuando descubrí que eran siete. ¿Cómo podía ser? ¿En qué momento apareció una más?

Estarías nerviosa, dijo Hurtado. Y era oscuro. Fácil confundirse.

Sé contar. Lo peor es que volví a contarlas y eran seis de nuevo. Luego volvieron a ser siete. Una aparecía y desaparecía y yo no sabía qué hacer.

Lo de los números es lo de menos.

Es lo más importante, Winkler jugó con su crucifijo. Si no puedes decidir si estás viendo seis o siete ratas no podrás llegar nunca al meollo de la cuestión.

Si te preocupa tanto podemos revisar qué fue lo que captó el circuito cerrado.

Una cámara no me va a decir lo que vi con mis propios ojos.
¿Entonces?

Mientras me decidía, las ratas atacaron. Una me mordió.
Lo siento. Debe doler.

Eso se supera. Lo otro es más complicado.

Las ratitas controlan a las ratas, dijo Hurtado.

Totalmente de acuerdo, dijo Winkler.

Cuatro de la mañana

Bajaron al sótano. Las linternas iluminaron el piso retorcido en una argamasa de colinas y valles. A medida que Hurtado descendía, su olfato se llenaba de caca de rata, aunque no estaba seguro de que olieran así, sólo se activaba el recuerdo de una rata muerta en el sótano de la casa de sus padres. La estela de sangre que había dejado Winkler al huir se confundía con su nuevo rastro de sangre, y se preguntó si eso no enloquecería a las ratas. Las que vio ayer le habían sorprendido por su agresividad.

Hurtado iluminó en torno suyo. Barriles, cajas podridas, tubos desmontados del proyector. Sus botas pisaron una sustancia pegajosa y el eco retumbó en el recinto. Leyó las letras negras en una caja de madera: PLANETARIO PEDRAHUÍ. 1941. ¿Era tan antiguo el edificio? No. Fue inaugurado en los años setenta. ¿Importaba la diferencia?

Ya no escucho a las ratas, dijo Winkler.

Las luces de las linternas se abrieron en abanico de izquierda a derecha. El sótano era más profundo de lo que parecía. El mal olor aumentaba; Hurtado pensó en la decadencia de los objetos, en cosas enterradas, en pisos fantasmales. No parecía, pero en la Sala de Proyección, en medio de tanto objeto sublime, también ocurría la decadencia. Volvería al planetario dentro de cincuenta años y la realidad aumentada tendría para entonces más estrellas y planetas, pero en esas cinco décadas no parecería que el universo hubiera avanzado hacia su descomposición. Todo tan engañoso. Y qué decía: pronto no habría realidad aumentada, una nueva tecnología la reemplazaría.

Cambia, todo cambia, susurró Winkler.

Hurtado vio delante de él, flotando en la oscuridad, Farout, el planeta enano y rosado. Por su superficie circulaban las ratitas microscópicas y lo llamaban telepáticamente. Pasó la mano delante de sus ojos, como tratando de apartar los filamentos, pero éstos no se movieron. Estaban ahí, debía aceptarlas. Un mensaje del origen. Se preguntó cómo haría para ser el mismo después de esta noche.

Y él, ¿de qué lado estaba? ¿Del planetario o de las ratas?

Escuchó ruidos detrás de él. Su linterna iluminó una pared de concreto perforada en los cimientos; asomaban cables mordidos.

De ahí salieron, dijo Winkler. ¿Qué es eso? ¿Las oyes?

Me regreso, Hurtado tosió. No sé qué hago con un lanzallamas. No me importa no ganar un peso más. Si quieres te puedes quedar con todo. Yo que tú también me volvería.

Seis ratas, dijo Winkler. Luego siete. Luego seis. Con eso ya he visto todo.

Hurtado se sintió en el fondo del océano, con un traje de buzo de esos antiguos, con casco de metal. Quería salir a la superficie, volver a respirar aire puro. Farout seguía delante de él, llamándolo. ¿Cómo sería el aire en ese planeta?

Se dio la vuelta para emprender el regreso. Descubrió que ya no podía subir los escalones: estaban rodeados de ratas. Se habían movido silenciosas y ahora centenas de ojitos agazapados seguían sus movimientos. Algunas, ciegas y enormes, carecían de patas traseras y se arrastraban con una maligna disposición. Una mutación repugnante había estado ocurriendo en el sótano del edificio, algo que la naturaleza hubiera prohibido que sucediera bajo el ojo del sol. Pero aquí abajo la naturaleza había adquirido una cara tenebrosa.

Hurtado apuntó el lanzallamas en dirección a las ratas. Ellas retrocedieron.

Las ratas… las ratas tienen algo contigo, dijo Winkler.

¿Cómo lo sabes?, dijo Hurtado. ¿Entraste a la Sala de Proyección?

¿De qué me hablas?

Farout. ¿Sentiste lo que sentí? ¿Lo que estoy sintiendo?

Sólo sé que primero había seis ratas y luego siete y luego seis de nuevo. Eso me debió haber dicho todo lo que necesitaba saber. Oh, Dios.

Hurtado alumbró la cara de Winkler. Un hilillo de saliva se escurría de la boca. Ella se puso a correr en dirección a los escalones, arrastrando una pierna.

Tranquila, gritó Hurtado, mientras Winkler encendía el lanzallamas y atacaba a las ratas.

Hubo chillidos, y algunas ardieron en el fuego. Un penetrante olor a carne chamuscada se esparció por el sótano. Winkler se resbaló; una rata inmensa y gorda atacó sus piernas. Hurtado se quedó quieto viéndola, asombrado por su tamaño. La mutación proseguiría y terminaría desarrollando alas.

Un mordisco en su pierna lo sacó del estupor. Varios mordiscos. Las iluminó con su linterna; seis ratas lo atacaban. No, siete. No, seis.

Tranquilas, dijo. Vengo en son de paz. Estamos en el mismo bando.

Sus oídos se llenaron con los chillidos de las ratas. Se sintió adormecido por los mordiscos. Dejó caer su lanzallamas, se arrodilló entre los cuerpos peludos que llenaban el suelo.

Lo último que vio delante de él fue una esfera rosada y pulsante.

Seis de la mañana

A Rocha y Estívariz les llamó la atención que cuando llegaron a relevar a Hurtado y Winkler no los encontraron en la sala de los guardias en la parte posterior del Planetario. Rocha especuló con que debían haberse quedado dormidos en el segundo piso,

274

allí los sillones eran cómodos. Compró una lata de refresco en una máquina expendedora. Estívariz contó un chiste:

¿Qué hace una rata con una metralleta? Ratatatatatata.

Vieron las manchas de sangre cerca de la boletería. Llamaron a gritos a Hurtado y Winkler y el eco les devolvió sus voces quebradas. Las paredes del Planetario eran altas, el edificio tenía un buen sistema de acústica, el sonido se difundía con facilidad por los pasillos. Y, sin embargo, nada.

Rocha persiguió las manchas hasta llegar a los escalones que conducían al sótano.

Bajemos, dijo mientras se ponía los guantes.

Yo no voy, dijo Estívariz. Me asusta la sangre.

Unas cuantas ratas, ¿cuál es el lío? Soy tu jefe y te ordeno que bajemos.

Podemos dividirnos labores, dijo Estívariz. Uno abajo y otro al segundo piso. Cara, bajo yo. Cruz, bajas tú.

Rocha asintió de mala gana y sacó una moneda. La moneda dio vueltas en el aire y bailó en el suelo antes de revelar el destino: cruz.

El sótano estaba oscuro. Rocha encendió su linterna.

KATHERINE ALLEN es filósofa a tiempo parcial y fan del horror a tiempo completo. Ha escrito sobre gran variedad de temas relacionados con la filosofía en la literatura, incluido los placeres ocultos que nos proporcionan las novelas de serie B de mala reputación y el poder de la literatura para mejorar nuestra empatía. A pesar de las terribles advertencias bioconservadoras, Katherine es transhumanista, y le gustaría convertirse en una «posthumana mejorada» (aunque, si fuera posible, querría mantener sus dientes y su cabello intactos).

KELLY BYAL es licenciada en Filosofía por la Universidad de Oregón. Se graduó en la Universidad de Kingston en Londres y cursó un máster en Filosofía Europea Contemporánea en la Universidad de París 8. Sus especialidades son la intersección entre la filosofía y la literatura, el existencialismo y la filosofía del horror. Ha escrito sobre Freud, Beauvoir y Kristeva, y más recientemente ha publicado el libro sobre John Waters *Pink Flamingos*. Hasta la fecha, sus habilidades telequinéticas siguen sin demostrarse.

TIMOTHY M. DALE es profesor asistente de Ciencias Políticas en la Universidad de Wisconsin, La Crosse. Imparte sus clases en el área de Filosofía Política, y sus intereses de investigación se mueven entre la teoría democrática, los mensajes políticos en la cultura popular y la teoría sobre la enseñanza y el aprendizaje. Es coeditor de varios libros sobre cultura y política popular, entre ellos *Jim Henson and Philosophy: Imagination and the Magic of Mayhem* (2015); *Homer Simpson Ponders Politics: Popular Culture as Political Theory* (2013); y *Homer Simpson Marches on Washington: Dissent through American Popular Culture* (2010), y es coautor de *Political Thinking, Political Theory, and Civil Society* (1997).

MARIANA ENRIQUEZ nació en 1973 en Buenos Aires. Es licenciada en Periodismo y Comunicación Social, trabaja como subeditora del suplemento *Radar* del diario *Pagina/12* y es docente de Periodismo Narrativo en la Universidad Nacional de La Plata. Publicó las novelas *Bajar es lo peor* (Espasa Calpe, 1995 / Galerna, 1995), *Cómo desaparecer completamente* (Emecé, 2004) y *Éste es el mar* (Literatura Random House, 2017), las colecciones de cuentos *Los peligros de fumar en la cama* (Emecé, 2009 / Anagrama 2017), *Cuando hablábamos con los muertos* (Montacerdos, 2013) y *Las cosas que perdimos en el fuego* (Anagrama, 2016), la *nouvelle Chicos que vuelven* (Eduvim, 2010), los relatos de viajes *Alguien camina sobre tu tumba. Mis viajes a cementerios* (Galerna, 2013 / Laguna Libros 2017) y el perfil *La hermana menor. Un retrato de Silvina Ocampo* (Ediciones UDP, 2014 / Anagrama, 2018). Su libro *Las cosas que perdimos en el fuego* fue traducido a veintidós idiomas, recibió el premio Ciutat de Barcelona a mejor obra en lengua castellana en 2016 y el 3.° Premio Nacional de Literatura por relato corto en Argentina, 2018. Ha publicado relatos en medios como *Granta*, *The New Yorker*, *Freeman's* y *Electric Literature*.

LAURA FERNÁNDEZ (Terrassa, 1981) es autora de cinco novelas: *Bienvenidos a Welcome* (Elipsis, 2008 / Literatura Random House, 2019), *Wendolin Kramer* (Seix Barral, 2011), *La chica zombie* (Seix Barral, 2013), *El Show de Grossman* (Aristas Martínez, 2013) y *Connerland* (Literatura Random House, 2017). Su obra ha sido traducida al francés y al italiano, y sus cuentos han sido incluidos en numerosas antologías, entre ellas *Riplay. Historias para no creer* (Adriana Hidalgo, 2015) y la reciente *Insólitas. Narradoras de lo fantástico en Latinoamérica y España* (Páginas de Espuma, 2019). También es periodista y crítica literaria y musical. Tiene dos hijos y un montón de libros de Philip K. Dick. La primera novela de Stephen King que leyó fue *Carrie*. Cuando la leyó hacía dos meses que había cumplido los catorce. Recuerda, como si en vez de un recuerdo fuese un tesoro lector, que leyó *Misery* poco después, ese mismo año (1995), escuchando en bucle el *Tragic Kingdom* de No Doubt. Aún hoy no puede escucharlo sin pensar en Annie Wilkes. Se siente afortunada porque una vez llevó en coche a uno de los hijos de Stephen King y pudo preguntarle todo tipo de cosas sobre Stephen King, además de confesarle que su vida no hubiera sido la misma sin él.

JOSEPH J. FOY es vicerrector adjunto de Asuntos Académicos y profesor asociado de Ciencias Políticas en la Universidad de Wisconsin. Ha coordinado los libros *Homer Simpson Goes to Washington: American Politics through Popular Culture* (2008) y *SpongeBob SquarePants and Philosophy* (2011), y es coeditor de *Homer Simpson Marches on Washington: Dissent through American Popular Culture* (2010), *Homer Simpson Ponders Politics: Popular Culture as Political Theory* (2013) y *Jim Henson and Philosophy: Imagination and the Magic of Mayhem* (2015). Foy ha participado con más de dos docenas de ensayos en varias antologías sobre cultura popular, y forma parte del consejo editorial de *Journal of Popular Culture*. Además de todo esto odia a los payasos. De verdad.

RODRIGO FRESÁN nació en Buenos Aires en 1963 y vive en Barcelona desde 1999. Es autor de los libros *Historia argentina* (1991), *Vidas de santos* (1993), *Trabajos manuales* (1994), *Esperanto* (1995), *La velocidad de las cosas* (1998), *Mantra* (2001), *Jardines de Kensington* (2003), *El fondo del cielo* (2009) y la trilogía *La parte contada*, compuesta por *La parte inventada* (2014), (Best Translated Book Award 2018, USA), *La parte soñada* (2017) y *La parte recordada* (2019). Todos estos libros, excepto *Trabajos manuales*, publicados en Literatura Random House. En 2017 Fresán recibió en Francia el Prix Roger Caillois por el conjunto de su obra.

ELIZABETH HORNBECK es profesora asistente de Historia del Arte y Estudios sobre Cine en la Universidad de Missouri. El libro que está escribiendo en la actualidad, *Artists' Live on Film*, une estos dos intereses académicos en la intersección que forman el arte y la cultura popular. Ha publicado recientemente el ensayo «Who's Afraid of the Big Bad Wolf? Domestic Violence in *The Shining*» en *Feminist Studies*. Cuando enseña *El resplandor* (*The Shining*) en su curso sobre la importancia de la arquitectura en el cine, a menudo tiene que explicar la exclamación de Jack Torrance: «Heeeeere's Johnny!», intentando no destruir ninguna puerta en el proceso.

STEPHEN KING (Portland, Maine, 1947). Desde que en 1973 publicara su primer libro, *Carrie*, no ha dejado de escribir novelas y relatos, que le han convertido en uno de los escritores con más éxito de la actualidad. Conocido en todo el mundo, con más de sesenta novelas a sus espaldas y decenas de películas basadas en su obra, no ha tenido, sin embargo, el reconocimiento literario que merece. Al menos en nuestro país, ya que en Estados Unidos ha recibido la Medalla de la National Book Foundation en 2003 y la Medalla Nacional de las Artes en 2014, entre otros galardones.

GREG LITTMANN está bien. No le importa que, a veces, cuando abre la puerta de su casa, no vea nada más que la niebla y los monstruos. Simplemente, la vuelve a cerrar, y cuando la abre de nuevo, todo ha vuelto a la normalidad y puede ir a trabajar como profesor asociado de Filosofía en la Universidad de Southern Illinois. ¡Sin preocupaciones! Y ¿qué pasa si las cosas que zumban suavemente desde el pasillo arañan la puerta de su oficina mientras gritan su nombre? Qué más da... Cuanto menos sale de su despacho, más puede enfrascarse en su trabajo. Por eso ha podido publicar tantos libros sobre metafísica, epistemología, filosofía de la lógica, además de escribir numerosos capítulos en obras que relacionan la filosofía con la cultura popular, incluidos volúmenes sobre *Drácula*, *Frankenstein*, Roald Dahl, Neil Gaiman y Jonathan Swift, entre otros. Greg Littmann está bien, dejad de preocuparos por él.

TONY MAGISTRALE es profesor de Literatura y Escritura Creativa en la Universidad de Vermont. Posee una extensa obra que examina la literatura gótica en lengua inglesa, rastreando el gótico angloamericano desde sus orígenes en el Romanticismo del siglo XVIII hasta sus manifestaciones contemporáneas en la cultura popular, en particular en la obra de Stephen King, al que conoció mientras entrevistaba para su libro *Hollywood's Stephen King* (2003), y del que fue asistente de investigación durante varios años. Entre sus libros destacan el ya mencionado *Hollywood's Stephen King*, *Landscape of Fear: Stephen King's American Gothic* (1988), *The Shawshank Experience: Tracking the History of the World's Favorite Movie* (2016), *The Poe Encyclopedia* (1997) y *Abject Terrors: Surveying the Modern and Postmodern Horror Film* (2005).

TUOMAS W. MANNINEN ha sido un ávido lector de las obras de Stephen King durante la mayor parte de su vida, pero, a pesar de ello, no se consideraría a sí mismo el fan «número uno» del escritor. Obtuvo su doctorado en Filosofía en la Universidad de Iowa, donde estudió materias tan necesarias para la vida cotidiana como la Metafísica Analítica Contemporánea y la Historia de la Filosofía. Trabaja como profesor en la Universidad de Arizona, donde imparte las clases de Pensamiento Crítico, Filosofía de la Mente y Filosofía Social y Política. Actualmente vive en Phoenix, Arizona, con su esposa y sus dos hijas. Cualquier similitud entre él y el personaje de John Smith de *La zona muerta* es pura coincidencia, pero lo cierto es que él ya sabía que pensarías eso.

GARRET MERRIAM es profesor asociado de Filosofía en la Universidad de Indiana, donde imparte cursos de Ética, Filosofía de la Religión y Filosofía de la Ciencia. Ha publicado sobre gran variedad de temas filosóficos, entre ellos la ética animal, la bioética, la filosofía de la discapacidad y la neuroética. Su trabajo actual se centra en la relación entre la ética de la virtud y la neurociencia. Sus conferencias se pueden ver en su canal de YouTube, «Sisyphus Redeemed». No ha olvidado el rostro de su padre, pero considera que la voz de su madre tiene la misma importancia.

EDMUNDO PAZ SOLDÁN (Cochabamba, Bolivia, 1967) es escritor, profesor de Literatura Latinoamericana en la Universidad de Cornell y columnista en medios como *El País*, *The New York Times* o *Time*. Se convirtió en uno de los autores más representativos de la generación latinoamericana de los 90 conocida como McOndo gracias al éxito de *Días de papel* (1992), su primera novela, con la que ganó el premio Erich Guttentag. Es autor de las novelas *Río Fugitivo* (1998), *La materia del deseo* (2001), *Palacio quemado* (2006), *Los vivos y los muertos* (2009), *Norte* (2006), *Iris* (2013) y *Los días de la peste* (2017); así como de varios libros de cuentos: *Billie Ruth* (2012), *Las visiones* (2016), *Las máscaras de la nada* (1990), *Desapariciones* (1994) y *Amores imperfectos* (1988). Sus obras han sido traducidas a ocho idiomas y ha recibido galardones tan prestigiosos como el Juan Rulfo de cuento (1997) o el Naciones de Novela de Bolivia (2002).

The King.
Bienvenido al universo de
Stephen King es un libro editado fuera de
colección. Compuesto en tipos Dante, se terminó de imprimir en los talleres de KADMOS por cuenta de
ERRATA NATURAE EDITORES en mayo de 2019, sesenta y cinco
años después de que los editores de Dial Press decidieran, entre
whiskys solos en vaso ancho y sanos optimismos posbélicos, publicar una antología donde, según sus palabras, «tal vez no estarían los
mejores cuentos escritos en Estados Unidos durante el siglo XIX y la primera mitad del XX, pero sí los más queridos por los lectores», y ese volu-
men, *The Golden Argosy*, que se convirtió en el libro preferido de Stephen
King *forever and ever*, reunió a cuarenta autores y autoras maravillosos
y a punto estuvo de conseguir el ambicioso objetivo de sus editores,
peeeeeero (¿acaso a ustedes no les gusta salir a la caza del antólogo
en cuanto llega la primavera a los bosques literarios?) tuvieron
el imperdonable-inaceptable-inconcebible despiste de
dejar fuera «Un día perfecto para el pez plátano»,
de nuestro querido Mr. Salinger, publicado unos años antes.